苏轼研究

王水照文集

图书在版编目(CIP)数据

苏轼研究 / 王水照著. —上海：上海古籍出版社，
2024.3
（王水照文集）
ISBN 978‐7‐5732‐1028‐9

Ⅰ.①苏…　Ⅱ.①王…　Ⅲ.①苏轼(1037‐1101)—
人物研究②苏轼(1037‐1101)—古典文学研究　Ⅳ.
①K825.6②I206.2

中国国家版本馆 CIP 数据核字(2024)第 048762 号

王水照文集

苏轼研究

王水照　著

上海古籍出版社出版发行

（上海市闵行区号景路 159 弄 1‐5 号 A 座 5F　邮政编码 201101）

(1) 网址：www.guji.com.cn

(2) E-mail：guji1@guji.com.cn

(3) 易文网网址：www.ewen.co

江阴市机关印刷服务有限公司印刷

开本 890×1240　1/32　印张 10.25　插页 5　字数 256,000
2024 年 3 月第 1 版　2024 年 3 月第 1 次印刷
印数：1—2,500

ISBN 978‐7‐5732‐1028‐9

I・3795　定价：58.00 元

如有质量问题,请与承印公司联系

1997 年摄于台湾日月潭

摄于杭州苏东坡纪念馆

《苏轼论稿》书影

台湾万卷楼图书公司，1994 年

河北教育出版社，1999 年　　　　　　中华书局，2015 年

上海人民出版社，2019 年

《苏轼研究》书影

出 版 说 明

　　王水照,1934 年生,浙江馀姚人。1955 年考入北京大学中文系学习,1960 年毕业后进入中国科学院哲学社会科学部(今中国社会科学院)文学研究所工作。1978 年春,调入复旦大学中文系任教。先后担任复旦大学中文系教授、复旦大学首席教授、复旦大学文科资深教授,博士生导师。长期兼任复旦大学中文系学术委员会主任,中国宋代文学学会会长、名誉会长等。王水照先生从事古典文学研究六十馀年,在宋代文学、古代文章学、词学、钱锺书学术研究诸领域建树卓著,着力阐明或构建的"宋型文化"、"文化性格"、"破体为文"、"中唐——北宋枢纽论"、"古代文章学体系"等命题,产生了广泛的学术影响。他的苏轼研究,广博、深刻而富有文化情怀,尤为一般读书人所熟知。他是当代宋代文学研究的拓荒人和奠基者之一,也是古代文章学研究领域的一面旗帜,2012 年获上海市哲学社会科学学术贡献奖。

　　《王水照文集》共十卷,收入作者主要的学术著作和文章。

　　第一卷《宋代文学论丛》和第二卷《北宋三大文人集团》主要集中于两宋文学的整体性研究,反映出作者对宋代文学与文化的宏观关照。

　　第三卷《苏轼研究》、第四卷《苏轼选集》、第五卷《苏轼传稿》和《王水照说苏东坡》以及第六卷的《宋人所撰三苏年谱汇刊》,汇集了作者深研"苏海"的各类著述,以专著、选集、传记、年谱以及讲演稿等

1

不同形式呈现,是当代"苏学"研究的重要成果。

第六卷的《历代文话提要选刊》、第七卷《唐宋散文举要》、第八卷的《中国古代文章学研究》是作者有关古代文章学的系列研究论著,以文话提要、散文选注和专题研究等形式,考察了中国古代文章学的诸多重要问题,在侧重唐宋散文的同时,亦展现出对我国古代文章学史的整体考量。

第八卷的《半肖居文史杂论》纂辑了作者其他专书未收录的学术论文十四篇和为《中国大百科全书》撰写的若干词条,主要集中于唐代文学、词学和文学史编撰等论题;第九卷《鳞爪文辑》则是作者的随笔札记。两书体现了作者较为广泛而深邃的学术思考和文化使命感。

第十卷《钱锺书的学术人生》是有关钱锺书学术研究的论文结集,以钱锺书其人、其事、其学为核心,凝聚了作者"钱学"研究的重要心得。同卷《王水照访谈录》收录十二篇访谈,可一窥作者的学术成长经历和治学理念。

全书所收发表过的文章,都尽量列出最初出处,以备查核。书末附有作者著述年表,略供参考。

文集的编纂体例和总目由王水照先生亲自拟订,侯体健教授协助整理、统筹;文集出版得到复旦大学中文系、复旦大学中国古代文学研究中心的鼎力支持,谨此致谢。

上海古籍出版社

总　目

第三卷　整理说明

本卷汇集了作者研究苏轼的专题论文十八篇,附录三篇。从1995年编印中国台湾版《苏轼论稿》(万卷楼图书有限公司)起,又陆续印行不同版本的《苏轼研究》,计有河北教育出版社1999年版,中华书局2015年版,上海人民出版社2019年版。本书即在此基础上编成,篇目有所增删,但架构基本一致,主要删除了有关"苏门"文人集团的相关篇章(调整至本文集第二卷)。

第三卷目次

苏 轼 研 究

1

苏 轼 研 究

综　论　篇

走 近 "苏 海"

——苏轼研究的几点反思

　　近二十年来的苏轼研究取得了很大的成绩,在宋代作家研究中可谓独占鳌头。中华书局陆续出版了《苏轼诗集》(1982)、《苏轼文集》(1986)、《苏轼资料汇编》(1994),最近问世的孔凡礼先生百万字的《苏轼年谱》(1998),又为苏轼研究提供了重要的基础性文献资料。1980年成立的全国苏轼学会,在组织和推动研究上也发挥了良好作用,先后出版过《苏轼研究专集》(《四川大学学报丛刊》第6辑,1980)、《东坡词论丛》(四川人民出版社,1982)、《东坡诗论丛》(同上,1983)、《东坡文论丛》(同上,1986)、《东坡研究论丛》(四川文艺出版社,1986)、《论苏轼岭南诗及其他》(广东人民出版社,1986)、《纪念苏轼贬儋八百九十周年学术讨论集》(四川大学出版社,1991)、《全国第八次苏轼研讨会论文集》(四川大学出版社,1996)、《中国第十届苏轼研讨会论文集》(齐鲁书社,1999)等重要论文集。我们还拥有一批有质量的学术专著和论文。至于普及性的苏诗、苏词、苏文选本更是不可胜举。要之,在基础性资料建设、理论性阐释探讨、鉴赏评析性推介等不同层面上,均有显著业绩可述,在不算兴盛发达的宋代文学研究中,也许算得上一道颇有亮色的学术风景线。

　　然而,处于世纪之交的历史时刻,对这一研究领域进行回顾与前瞻,我们仍感差距甚远,深感与研究对象本身所具有的研究价值与意义颇不相称。苏轼是我国文化史上一位罕见的全才,是人类知识和才华发展到某方面极限的化身。人们对苏轼所创造的文化世界,曾有"苏海"之称。虽然最早元人李淦的提法是"韩如海"、"苏如潮"(《文章精义》),但嗣后人们却习称"苏海韩潮"。韩文公的"驱驾气势,若掀雷挟电,撑抉于天地之间"(司空图《题柳集后》),以"潮"作喻,至为恰当;而苏轼的文化世界,非大海之广不足以言其"波澜浩大,变化不测"(《吕氏童蒙训》),非大海之深不足以言其"力斡造化,元气淋漓,穷理尽性,贯通天人"(宋孝宗《御制文忠苏轼文集赞并序》),"苏海"遂成定评。清代注释苏诗的一位大家王文诰,在他的《苏文忠公诗编注集成》完稿后,续有所得,编为五卷,即以"苏海识馀"标题。他说,"苏海之说旧矣",以此寓含"汪洋渺弥、横无涯际,观于海者,亦足致朝宗之意焉"。甚至连俞樾对"苏海"表示过"误矣"之指责(《茶香室丛钞》卷八),也未能改变这一评价。苏轼的诗、词、文、赋、书、画等皆足名家,都是宋代文学艺术中的标志性成果。陈师道说:"苏诗始学刘禹锡,故多怨刺。"(《后山诗话》)以作家姓氏冠于"诗"字前,组成专门术语,在中国诗歌史上,除"陶诗"、"杜诗"、"韩诗"外,苏轼也获此不可多得的光荣,昭示其诗歌创作的独创性与典范意义。面对这位海涵地负、千汇万状的一代文宗,我们的确应在已有的研究基础上更上层楼,提供出整体性的综合研究成果。其次,苏轼又是一位复杂而难以评论的作家,在他身上存在着不少研究难点,同时也往往成为论争的热点和焦点。如政治态度的变法与反变法、思想上的儒释道关系、创作分期的划分、文化性格的特质和核心,这些已经或正在讨论的问题以及还将提出的诸多问题,就其繁多和复杂而言,在我国古代作家个案研究中也是较为少见的。这些问题的存在,正是"东坡世界"包孕丰富、深刻的必然反映,也是学术探讨与发展的最佳生长点,研究者大有用武之地。第三,在我国古代作家中,能够持久地跟同时和后世人们建立起亲切动人关系者并不多,苏轼却是其中突出的一位。李白的天马行空、脱略羁绊,固然使人心折倾倒,但不免太高太远,难以企及;杜甫忠悃诚笃,感时伤世,人们不能无动于衷,但学起来又太难太苦,苏轼则是现世性与超越性水乳交融在一起的一位智者。他总是拥有一代又一代的众多读者、研究者和文艺家,引起他们连绵不断的文化怀念,形成了一部以审美陶冶、理性阐释和创作滋养为内容的苏学接受史,并一直延伸到今天。在时下商品大潮汹涌的环境中,苏轼的全部文化创造并没有失去它的价值和作用。固然,这种作用不是也不可能是急功近利式的,毋庸说是一种无用之用。而无用之用正是一种大用,它是能够成为当代文化资源的组成部分的。对于苏轼文化遗产的当下意义和现代转换,也有待于研究者们的共同探索。

翁方纲不止一次地说到,"苏学盛于北,景行遗山仰"(《斋中与友论诗》),"有宋南渡以后,程学行于南,苏学行于北"(《石洲诗话》卷五)。他所谓的"苏学"似主要指苏诗而言。我们不妨接过这一概念,用以规划和设计苏轼研究的整体格局,力求研究的系统性与严整化,以争取苏轼研究的更大突破。譬如说,在已有研究的基础上,可否出版一套苏学研究丛书,不仅可以涉及苏轼文学方面的种种贡献,也可涉及诸如苏轼与党争,苏轼与文学结盟,苏学接受史乃至苏轼在日本、在朝鲜等专题;一部翔实全面的苏轼大传也是人们久所期盼的。我们不想与批评专书方面的"龙学"、小说方面的"红学"等显学相攀比,但展望新世纪的苏轼研究,怀有这一设想,大概不算奢望吧。

在我有限的专业范围内,苏轼研究始终是关注的一个课题。但多年来所获寥寥,乏善可陈。谨将几点感想略述如次,以向学术同道请益。

一是应重视"小环境"和具体事件的实证研究。人类的精神生活是与整个外部环境互动互摄的心智活动,作家的文化创造不可能在完全封闭的内心世界中孤立地进行。我们要走近"苏海",就应努力缩短古与今的时间隔阂,追踪和品味苏轼的生活遭际与心灵律动,重视他的文化创造与外部环境、人文生态的密切关系。所谓外部环境,主要自然是宋代的政治状况、经济形态、文化思想、士风民俗等"大环境",更应从其具体的生存方式,如人际关系、交游酬和、家居生活、行迹细节等"小环境"入手,才能获得更切实的认识和透彻的理解。这也是纠正目前某些空疏浮浅、大而无当的学风的良药。近读一些苏学论著,从正反两方面引发我这点想法。

如对文学群体的关注,是不少学者所选取的研究视角,确能收到过分局限于单个作家研究所不能得到的效果。在"苏门"研究中,关于《西园雅集图》真伪之争,就是一个饶有兴味的题目。从这个美术史问题中,可以挖掘出对苏轼研究颇有意义的内容和史料。我看到的有四篇长文,即(一)美国梁庄爱论(Ellen Laing)《"西园雅集"与〈西园雅集图〉考》(载《朵云》1991 年第 1 期);(二)上海徐建融《"西园雅集"与美术史学——对一种个案研究方法的批判》(载《朵云》1993 年第 4 期);(三)台湾衣若芬《一桩历史的公案——"西园雅集"》(载台湾《中国文哲研究所集刊》第 10 期,1997 年 3 月);(四)香港杨锺基《苏轼西园雅集考辨》(载香港中文大学《中国文化研究所学报》新第 6 期,1997 年)。此四文都涉及三个争论之点:历史上是否发生过苏轼等 16 人雅集于西园之事?李公麟是否画过《西园雅集图》?今存《西园雅集图记》是否为米芾所作?对此我不敢妄予判断。但上述四文均为取材丰赡、梳理细致、考据谨严的力作,却又观点对立或有差异,倒有不少发人深思之处。从事件而言,苏轼等 16 人可能不会在元祐时同一天集会于一处,因其时有的画上人物不在汴京,但诸文引用的大量材料表明,当时苏门文酒诗会之活动十分频繁,王诜家的园苑之胜闻名遐迩,更成为苏门的重要活动中心,也是我们研究苏门的一个极好窗口。从李公麟作画而言,虽在北宋文献中尚未见有关信息,但从南宋楼钥《跋王都尉湘乡小景》(《攻媿集》卷七七)"顷见《雅集图》,坡、谷、张、秦一时巨公伟人悉在焉",说明已有苏门聚会的《雅集图》;刘克庄《郑德言书画·西园雅集图》在言及其友郑德言所藏《西园雅集图》时亦有"比之龙眠墨本"之语(《后村先生大全集》卷一〇四),已透露出李公麟确有墨本《西园雅集图》之作,至少刘克庄是如此认定的。从北宋到南宋,文献材料之所以由晦而显,疑与元祐党人一案有关。"苏门"大都属元祐党人。米芾《西园雅集图记》所列的 16 人中,就有苏轼、苏辙、黄庭坚、秦观、张耒、晁补之、李之仪、王钦臣等 8 人名列元祐党人碑,有所讳饰,自属情理之中。因此遽然否认李公麟作此图,指为"子虚乌有",是缺乏说服力的。而从研究苏门的角度来看,此图乃是一种艺术创作,它不是对苏轼等 16 人某次聚会的照相式的如实记录,而是把苏门聚会时常有的或挥毫,或作画,或听弹阮琴,或题石,或讨论佛理(画面即分此五个单元)的场景艺术地再现出来。它形象有力地说明苏门乃一才俊云集、精英如林的人才网络结构,显示出苏门成员之间高品位的文化交流水平。据传古代不少小说家进行创作时,往往先从人物画像中汲取灵感;小说之所以流行绣像本,也为使读者从直观形象中引起遐想。研究苏门,此图(现存有两幅传为北宋的画作,另一幅为南宋马远所仿作)实是一幅不可多得的艺术写真,使研究者置身于鲜活的历史生活情景之中。研究者也需要一点想象力。再从《西园雅集图记》而言,虽然迟至明代始见称引,至清初始见全文,但细按全篇,并无作伪破绽(称苏轼为"东坡先生",自称"米元章",不能作为证伪依据)。在目前既无法证实也无法证伪的情况下,仍不失为一篇描述苏门的精彩而有内容的文字,真实地传达出苏门的群体氛围,具有重要的文献价值。即使以后有材料证明此文确非米芾所作,但伪作仍有不伪之处,并不完全失去其研究价值①。另据梁氏考察,历代著录《西园雅集图》画

① 谢巍《中国画学著作、史实考证四则》(载《朵云》1998 年 12 月),其中有《米芾〈西园雅集图记〉考》一则,列举更多材料,证明"西园雅集"其事、其画、其记三者,并非"理想"或伪作,对米芾《西园雅集图记》与郑天民《述古图记》之关系,亦有颇为合理的推断,以此论证《西园雅集图记》非伪,可供参酌。

作共有 47 幅,她还见到过存世的《西园雅集图》41 幅,共计 88 幅;衣若芬女士说,她"所见又不只于此"。"西园雅集"已成为美术史中一个摹本仿本不绝、久盛不衰的题材。这也是非常特殊的现象。衣若芬女士说得好,"不论'西园雅集'是真实历史事件或者全为虚构都不妨碍后人对它的向往",应从其"历史文化特质"方面加以探讨。这是一个很有开拓性的文化研究视野。我觉得,苏门的全面状况乃至苏轼被后代所接受的详细过程,均可从围绕《西园雅集图》的继续探讨中,从某一方面或角度,得到更深入切实的阐述。

我还很有兴趣地读了鲍志成《高丽寺与高丽王子》(杭州大学出版社,1998 年)一书。1996 年 2 月,杭州西湖筲箕湾花家山庄施工现场出土一尊圆雕石像。据该书作者考证,其地为宋代高丽寺(慧因寺)遗址,此石像像主乃当时任杭州知州的苏轼,他是作为护法神被塑像供奉于寺内伽蓝殿的。作者所搜集的大量资料和颇称严密的论证,对认识苏轼的某一方面是很有意义的。我在《论苏轼的高丽观》中也已论及(已收入本书),苏轼曾先后向朝廷上书七篇奏议,反对密切宋朝与高丽的外交关系,所讨论的问题亦与鲍书相涉。元丰八年,高丽僧统义天访华巡礼,问道于杭州慧因寺净源法师,研习华严教义,由苏轼友人杨杰馆伴。苏轼曾作《送杨杰》诗,对义天此举尚采取友善欢迎态度。到了元祐四年,义天因净源已圆寂,派遣其徒寿介等三人前来祭奠,时任知州的苏轼却激烈反对。从这里可以看出苏轼对待对外文化交流与外交关系,持有迥异的立场。此中缘由,拙文已有分析。读了鲍文后又发现后一事件中还存在种种问题点:(一)苏轼在《论高丽进奉第二状》中,指责净源"本是庸人",而实际上净源是当时华严宗的"中兴教主",被尊为华严宗的七祖或十祖。华严宗在唐代会昌法难以后,经论散失;至宋,净源是继其师子璿之后振兴华严的最重要法师。且义天此次携来华严散佚疏钞向净源求教,回国后又送来金书《华严经》三种译本 180 卷,净源特建华严阁安置。后又奉命正式把慧因寺改名为教寺,成为弘扬华严的道场,慧因寺又有高丽寺之称。(二)苏轼本人长期染指佛学,对华严宗尤有偏嗜。孔武仲《谒苏子瞻因寄》(《宗伯集》卷三)诗云:"华严长者貌古奇,紫瞳烨烨双秀眉。"他称苏轼为"华严长者",使我们联想到五代时名僧怀洞,他因"弘华严之教"而"河朔缁素尊事之",被称为"老华严"(南宋晓莹《云卧纪谈》卷下)。苏轼诗文中与华严关涉因缘者多多。诗如《和子由四首·送春》"凭君借取《法界观》,一洗人间万事非",《送刘寺丞赴馀姚》"手香新写《法界观》",前者向苏辙索看《华严经·法界观》,后者称赞刘扬手写《华严经》81卷之举。文如《送钱塘僧思聪归孤山叙》:"聪又不已,遂读《华严》诸经,入法界海慧。……使聪日进不止,自闻思修以至于道,则《华严》法界海慧,尽为蘧庐,而况书、诗与琴乎!"《跋王氏华严经解》提到《华严》有80卷,对王安石"独解其一"表示疑异,均为体会有得之语。惠洪《冷斋夜话》卷五,评苏诗"如《华严经》举因知果,譬如莲花,方其吐华,而果具蕊中"。指出苏诗与《华严经》的相通之处。刘熙载《艺概》卷二《诗概》中亦云:"滔滔汩汩说去,一转便见主意,《南华》、《华严》最长于此。东坡古诗惯用其法。"提出苏诗(特别是七古)浑浩流转之风与《华严经》之一致;刘氏在《游艺约言》中还补充说:"东坡诗字字华严法界。华严界一谓清凉界,坡所谓'读我壁间诗,清凉洗烦煎'是也。"唐华严宗五祖之一的澄观,曾得德宗"清凉法师"之号,此处刘氏又谓苏诗之境界与华严宗相通。(三)苏轼直至晚年,仍坚持抵制高丽进奉的一贯立场。写于绍圣二年(1095)三月二十三日的《付僧惠诚游吴中代书十二》(《东坡志林》卷二)中云:"下天竺净慧禅师思义学行甚高,综练世事。高丽非时遣僧来,予方请其事于朝,使义馆之。义日与讲佛法,词辩蜂起,夷僧莫能测。又具得其情以告,盖其才有过人者。""予方请其事于朝",即指他《论高丽进奉状》事;"夷僧"指寿介等三人。这则材料揭示了苏轼当年曾指派思义去应对、监视寿介的重要情节,同时表明他直到

11

晚年仍不改初衷,对自己此举津津乐道。我想借鲍志成先生文章提出的问题是:如果从解开以上种种矛盾点出发,再进一步地探讨苏轼的信仰生活及其与政治等的关系,对深入认识他的思想面貌或许会有所助益。至于苏轼身后流传的他充当"伽蓝护法神"的故事,那是属于苏轼接受史的问题,但苏轼本人是不会同意充当的,这也是一个颇为耐人寻思的现象。

胡适在 1932 年的《赠与今年的大学毕业生》中有句十分醒目的话:"第一要寻问题。脑子里没有问题之日,就是你的智识生活寿终正寝之时!""问题意识"确是治学的要领。在苏轼研究中,与其简单重复一些老生常谈的大题目,不如切实地开掘出一批富有学术内涵的中、小型课题,有根有据地予以研讨与阐明,必能提高我们研究的总体水平。

二是对新材料的挖掘和鉴别。材料是一切研究的基础和前提,其重要性是不言自明的。本世纪的几次重大学术突破都导源于新材料的重大发现,甲骨、敦煌宝藏的重见天日,举世震惊;《宋会要辑稿》的面世,也给宋代文史研究带来深广影响。就苏轼研究而言,其最基本的材料,如作品、生平传记等背景资料,应该说已大致完备,但也不是说没有再发现的可能。如本书的"谱学篇"中有两文所论及的两种国内久佚而存于日本的苏轼年谱(施宿和何抡所作),均系笔者首次引回中土。拙文对其主要构成和学术价值作了较详的评介,解决了苏轼生平和苏集版本上的一些难点和疑点,对苏轼研究不无补益。

然而,基于苏轼研究最基本材料已大致完备这一估计,对所谓新发现的一些"珍贵材料",必须采取慎重的态度。近年在浙江地区陆续出现三篇传为苏轼所写的族谱序,均不见于苏轼本集,有的研究者认为是佚文,即(一)《叶氏宗谱序》,见于《义乌南阳叶氏宗谱》;(二)《题杨氏族谱序》,见于杭州《杨氏宗谱》;(三)《越江郑氏序》,

见于温岭市横峰祝家洋村的《郑氏宗谱》。第一篇序在《文学遗产》1993年第3期发布后，曾枣庄先生即著文质疑，列举种种证据，断为赝品（见《文学遗产》同年第6期）；第二篇序在文章格式和文字上与第一篇序大都类似，也是毋庸置辩的伪作。第三篇序始发刊于《郑虔传略》（黄山书社，1998年），原文如下：

越江郑氏序

郑氏出自姬姓，周宣王封弟友于郑，其先，都西周畿内，后徙荥阳。桓公子武公，孙庄公，并为周司徒。自庄公后裔讳国，字子徒者，列孔门中，优入圣域。子徒五子，遗下二十四□，战国时，分处国都，其族昌大，子姓繁衍，名贤迭出。汉时，忠于汉室。迨至唐至德年间，虔公字若齐者，谪宦于台，实荥阳旧址人也。后终于台，其子孙遂为台州人。洎后九世孙侠公入道谪宦家，序次广文派下七世图，珍藏之，以俟后世能知其所自，缵继行业也，永守勿替，则德泽之远或可究也。轼叨任翰苑，盖亦有年，亦以谪宦海南。时日间，入道持是图征予成谱牒。入道与予相友善，且知广文博学多才，称为三绝，天下共仰，而入道又能好古，缵述先业，谱牒之作，尤其尊祖敬宗之意，诚不容辞。虽然，此特器也。君子以器寓道，习道以成德，故予所以望于郑氏之子若孙：思祖德，创业以裕后昆，袭祖德，守成以光先烈；尊尊以亲亲，长长以幼幼，则伦理正，恩义笃。将见作善降祥，惠迪而吉，绵绵瓜瓞，久而益昌，则是之作不为无补也，斯为入道序。

时大宋绍定四年辛卯季冬吉旦

翰林国子直讲兼修国史经筵大学士东坡苏轼序

刊布者认为，此序"基本上与正文可相互补益，甚有价值"，"应确认苏轼序之真实性"。据此，则苏轼此篇为其友人郑侠所作之序，因序中明言"后九世孙侠",郑侠就成了台州郑虔之九世孙了。

我认为此《序》疑点甚多。第一,郑侠的先代世系,其传、志记载,班班可考,实不出台州郑虔一支。郑侠《西塘集·附录》有宋人夏之文所撰《墓志》,开篇云:"公讳侠,字介夫,其先光州固始(今属河南)人。唐末四世祖佶随王氏入闽,居福州之永福。曾祖御徙福清令,遂为福清人。祖谧,以通直故赠奉议郎。父翚,有德望,为学者师法,仕至通直郎致仕,教子业儒。治平四年,公(郑侠)擢甲科。弟偁继登进士第。通直及见之,乡间以为盛事。"荥阳郑氏自汉末至唐代,一直以世家望族著称,裔脉繁多。直至近代尚有郑姓人家刻"荥阳"于大门,以示乃荥阳郑氏之后。但郑虔确占籍荥阳,唐至德二年(757)贬台州,遂终于此,子息流衍。而郑侠四世祖郑佶在唐末随王潮、王审知兄弟(同为光州固始人)入闽,由福州之永福而至福清,其传承谱系一清二楚。宋人谢凤所撰《郑侠传》、宋《景定建康志》所载《郑侠传》,均同《墓志》,因而郑侠不出于郑虔一系应是毫无疑义的。(王潮、王审知兄弟入闽,其后代建立闽国,引起福建不少族姓的攀附之风,往往把自家的中原籍贯改称为光州固始,宋代已有此现象。南宋郑樵为莆田《南湖郑氏家乘》作序时已指出:"今闽人称祖者,皆曰光州固始。实由王绪举光、寿二州,以附秦宗权,王潮兄弟以固始众从之。后绪与宗权有隙,遂拔二州之众入闽。王审知因其众以定闽中,以桑梓故,独优固始。故闽人至今言氏谱者,皆云固始,其实谬滥云。"但郑侠一族,不属此类情况。)需要说明的是,《四库全书》所收的《西塘集》,其附录《宋史》本传、夏《墓志》、谢《传》均有目无文,但1935年钧社所校印之《西塘集》已据当时江苏图书馆所藏明刊本收入,当不难寻觅。

第二,此序最明显的破绽是序尾所署时、名。时间为"大宋绍定四年辛卯季冬","绍定"为宋理宗年号,其"四年辛卯"为1231年,距苏轼辞世已整整一百三十年,显然龃龉不合。或谓乃是"重修中讹误",应为"绍圣四年丁丑","此时,轼尚在海南儋州贬所,与文义合"。按,此序中明言苏轼"亦以谪宦海南,时日间,入道(郑侠)持是图征予成谱牒",则是郑侠亲自手持家藏所谓"广文派下七世图"当面向苏轼求序的。考诸苏、郑两人交游,于史有载者仅见面一次,即元符三年(1100)十一月①。苏轼从海南召还途经英州时,才与时编管英州的郑侠相遇,且有诗歌唱和,今各存于《苏轼诗集》卷四四和《西塘集》卷九。若在绍圣四年(1097),苏轼远在儋耳,郑侠任泉州录事参军,何能远道渡海过访求序?"大宋"云云,苏轼文中从无如此标明时代之用法,倒与前述叶氏、杨氏两篇宗谱序相同。又,苏轼自署"翰林国子直讲、兼修国史、经筵大学士东坡苏轼序",亦多疑异之处:苏轼从未任职于国子监,亦从未修过国史,他曾任翰林侍读学士,属经筵官,但宋朝从无"经筵大学士"之名。苏轼绍圣四年时的身份乃是"琼州别驾、昌化军安置",若署此堂皇职衔,岂非自取其咎,授政敌以柄?"东坡"是他的别号,在比较严肃的文章中只能自署"苏轼叙"或"苏轼子瞻叙",绝无"东坡苏轼序"之例(苏轼祖父名苏序,他避讳不用"序"字而用"叙"字)。

　　第三,苏轼称郑侠为郑虔之"九世孙侠公入道",亦不妥。郑虔生于 685 年,郑侠生于 1041 年,相距 356 年。依照苏洵《族谱后录下篇》所说的"以三十年而一易世"来计算,约为十二世,"九世孙"云云,颇为可疑。苏轼比郑侠年长五岁,郑侠曾求助过苏轼,见其《谢苏子瞻端明启》(《西塘集》卷八),自称"则不肖之于门下,不为无补报者也",以"门下"相称,执弟子礼甚恭;苏轼亦有《乞录用郑侠王𫚉状》(《苏轼文集》卷二七)予以援手。而苏轼称人为"公",均为年长位高者,如"今吾乐全先生张公安道"(《乐全先生文集叙》),"故谏议大夫

---

① 洪迈《夷坚丙志》卷一三"铁冠道士"条(中华书局 1981 年版)认为绍圣初,郑侠再谪英州,适苏轼谪惠州,两人"始与相遇,一见如故交"。按,洪说实不确。因苏轼贬惠在绍圣元年(1094),郑侠则迟至元符元年(1098)再窜英州,时苏轼已在海南,不能相遇。

赠司徒田公表圣奏议一篇"(《田表圣奏议叙》),因而是不会称郑侠为"公"的。郑侠为北宋名臣,其字、号史有明文:其字介夫;因贬居英州,有大庆山,故自号大庆居士;后归福清,仅携一拂,又自号一拂居士。各种载籍均未发现他有"入道"之字,苏轼与其唱和诗题即称"介夫"。凡此种种,"九世孙侠公入道"云云,不可能出自苏轼笔下。

第四,苏轼在元符三年所作的《次韵郑介夫二首》其一(《苏轼诗集》卷四四)有云:"相与啮毡持汉节,何妨振履出商音。"前句用苏武典,众所熟知;后句"兼用《汉书》郑尚书履声事"(翁方纲《苏诗补注》卷六)。检《汉书·郑崇传》:"(傅)喜为大司马,荐崇,哀帝擢为尚书仆射。数求见谏争,上初纳用之。每见曳革履,上笑曰:'我识郑尚书履声。'"之所以说是"兼用",因最初出典乃是《庄子·让王篇》:"曾子居卫","三日不举火,十年不制衣,正冠而缨绝,捉衿而肘见,纳屦而踵决。曳縰而歌《商颂》,声满天地,若出金石"。苏诗两句,一苏一郑,各切两人之姓,此乃苏轼律诗中的拿手好戏。如《次韵孙巨源,寄涟水李、盛二著作,并以见寄五绝》其三(《苏轼诗集》卷一二)云"漱石先生难可意,啮毡校尉久无朋",上句以孙楚喻孙觉(巨源),下句亦以苏武自喻,分别切合孙、苏二姓。而如《张子野年八十五尚闻买妾,述古令作诗》(《苏轼诗集》卷一一)中,则一口气用了张镐("九尺鬓眉苍")、张生("莺莺")、张祜("燕燕")、张苍("柱下相君")、张禹("安昌客")等几个张姓典故,以切合张子野之姓,更是一个突出的例子。

但苏轼此诗用郑尚书(郑崇)喻指郑侠,实不伦不类,明显不妥。苏武被苏洵视作先祖之列,见其所作《族谱后录下篇》;若是其时郑侠正好请苏轼作《越江郑氏序》,或是苏轼知道他乃是郑虔之后裔,岂能不用既是郑侠之祖又有贬谪经历的郑虔之典?岂非"本地风光",典雅贴切,而又亲切有味,含义深永吗?苏轼并非拒绝使用郑虔典故,这在他诗中屡见。如《送郑户曹》(《苏轼诗集》卷一六):"公业有田常乏食,广文好客竟无毡。"上句谓东汉郑太(字公业)交结豪杰,性喜挥霍，广有田产却食常不足；下句即谓郑虔任广文博士而贫困无毡。《病中大雪数日未尝起……》（《苏轼诗集》卷四）："谁云坐无毡，尚有裘充货"，则是暗用、反用郑虔之典。因此，苏轼在与郑侠的唱和诗中，拉来无甚关涉的郑尚书，而放弃现成绝妙的郑虔，这对熟悉苏诗用典习惯的人来说，是颇难理解的。唯一合理的解释就是郑虔根本不是郑侠的九世祖，苏轼自然也不知道郑侠有这层血缘关系。

要之，对于有关苏轼的新材料，一要努力搜讨，二要认真鉴别，才于研究有利。

新材料的获取实可遇而不可求，倒是对常用的参考书籍，由于阅读不细，致使有用材料失之眉睫之间的事常有发生。不妨举个我自己处理陈师道以"雷大使舞"评苏词的例子。今本《后山诗话》云："退之以文为诗，子瞻以诗为词，如教坊雷大使之舞，虽极天下之工，要非本色。"我原来主要依据蔡絛《铁围山丛谈》卷六的一条材料，谓"太上皇（徽宗）在位，时属升平，手艺人有称者"，在"教坊，琵琶则有刘继安，舞有雷中庆，世皆呼之为'雷大使'"，而陈师道卒于建中靖国元年（1101）十二月，虽为徽宗即位的第二年，却并非"升平"时期（徽宗在位共 26 年），因而陈师道不可能及知"雷大使"事。由此推论，此条《后山诗话》记载，并非出诸陈氏之手。这也是《四库总目提要》和郭绍虞先生《宋诗话考》的意见。但毕竟只算孤证，说服力不强。近知孟元老《东京梦华录》卷九"宰执亲王宗室百官入内上寿"条，记"天宁节"祝寿仪规云："第一盏御酒，歌板色，一名唱中腔，一遍讫。……宰臣酒，乐部起倾杯。百官酒，三台舞旋，多是雷中庆。其馀乐人舞者诨裹宽衫，唯中庆有官故展裹。"按，天宁节是庆祝徽宗诞辰的节日，"徽宗亦以五月五日生，以俗忌改作十月十日为天宁节"（《癸辛杂识》后集"五月五日生"条）。此节始建于元符三年（1100）四月（《续通鉴》卷八六），其庆贺仪规之定型当有一个由简到繁的过程，上述"御酒"、"宰臣酒"、"百官酒"的三个阶段的不同乐、舞，其定制应在徽宗朝"升平"之际。这套仪规南宋时亦沿用，见吴自牧

《梦粱录》卷三"宰执亲王南班百官入内上寿赐宴"条,文字全同,只是在"百官酒"时,无"多是雷中庆"、"唯中庆有官故展裹"字样,因其时雷中庆已不当值(时已撤销教坊司)或竟已去世了。又,"中庆有官"正是雷中庆任职教坊使之明证,而教坊使本来就有"教坊大使"之尊称。如《梦粱录》卷二十《妓乐》云"向者汴京教坊大使孟角球曾做杂剧本子",此乃作者追叙北宋时教坊实况。所以,《东京梦华录》这条记载与《铁围山丛谈》所述若合符节,因两位作者均经历徽宗朝时期,故闻见一致。雷中庆即雷大使无疑,由此推断《后山诗话》批评苏词"非本色"的记述,非出诸陈氏之手,应能成立。其他理由参见我在别处的论述,兹不赘。

从这一实例说明,就在常见书籍中蕴藏着浩瀚无尽的有用材料,这些材料一旦被首次使用,也就成为"新材料"。此应是研究者搜集材料时的着力重点。苏轼的两句诗"旧书不厌百回读,熟读深思子自知"(《送安惇秀才失解西归》),研究者亦需作如是观。

三是对文本的正确解读。"红学"已在呼吁回归文本,要求从"曹学"拉回到《红楼梦》研究本身;苏轼研究中尚不存在此类问题,作家研究与作品研究大致是同时并举,互为表里的。存在问题的是对文本的准确解读,常因考察不周而影响结论的科学性。这里仅举"麇糟陂里叔孙通"一例加以说明。

北宋著名的"洛蜀党争",其起因竟是一件细事。据《河南程氏外书》卷一一(见《二程集》,中华书局1981年版)云:"温公(司马光)薨,朝廷命伊川(程颐)主其丧事。是日也,祀明堂礼成,而二苏往哭温公,道遇朱公掞,问之。公掞曰:'往哭温公,而程先生以为庆吊不同日。'二苏怅然而反,曰:'麇糟陂里叔孙通也。'自是时时谑伊川。"此则记载又见刘延世所编《孙公谈圃》卷上,但此句作"燠糟鄙俚"(见《历代笔记小说集成》影印本,河北教育出版社1995年版),这件事大概是真实的。自然,这只是"洛蜀党争"的导火线,其背后当有更深刻的政治、学术、人生志趣等方面的巨大差别存在,否则就不会引发那么激烈、持久的冲突了。对此我暂不讨论,这里只想对"鏖糟陂里叔孙通"的含义作些探讨。

先论"鏖糟"之义。此词在宋代口语中习用,意指肮脏,如《朱子语类》卷二七论《论语》时有云:"缘是他气禀中自元有许多鏖糟恶浊底物,所以才见那物事便出来应他。"卷二九云:"子路譬如脱得上面两件鏖糟底衣服了,颜子又脱得那近里面底衣服了。"卷七二论《易》时又云:"某尝说,须是尽吐泻出那肚里许多鏖糟恶浊底见识,方略有进处。"及至元代,陶宗仪《南村辍耕录》卷十"鏖糟"条云:"俗语以不洁为鏖糟。按,《霍去病传》'鏖皋兰下'注:'世俗谓尽死杀人为鏖糟。'然义虽不同,却有所出。"这条《汉书·霍去病传》"鏖皋兰下"注,是晋灼所作,并得到颜师古的赞同与补充:"鏖谓苦击多杀也。皋兰,山名。"据此则"鏖糟"已有"不洁"、"尽死杀人"二义。清胡文英《吴下方言考》卷五《二萧》云:"苏东坡与程伊川议事不合,讥之曰:'颐可谓鏖糟鄙俚叔孙通矣。'按,鏖糟,执拗而使人心不适也。吴中谓执拗生气曰鏖糟。"则又增加"执拗、固执"一义,且把"鏖糟陂里"更换为"鏖糟鄙俚",可能觉得"陂里"两字不易通解之故。

其实,此词的确解正应从"陂里"两字探究。原来宋汴京城外有一沼泽地名叫"鏖糟陂"。宋庄绰《鸡肋编》卷中"地名之讹"条记载,在"许昌至京师道中","又有大泽,弥望草莽,名好草陂。而夏秋积水,沮洳泥淖,遂易为鏖糟陂"。吕希哲《吕氏杂记》卷下也说:"都城西南十五里,有地名鏖糟陂,土人恶之,自易为好草陂。至今四乡之人犹袭旧号,问彼方之民,佥曰好草陂也。"这两则宋人笔记,都指明"鏖糟陂"乃一地名(许昌正在开封西南),只不过一说是原名,一说是改称后之名,但均取其同音相谐,这在地名演化中乃是司空见惯的。

"鏖糟陂"之"鏖糟",取其"不洁"之义,言其"沮洳泥淖",脏乱不堪;"鏖糟陂里叔孙通",意谓从脏乱之地而来的冒牌叔孙通,则既富幽默的地区色彩,又与历史人物叔孙通之制定朝仪、举朝庄严整肃形成强烈反差,由此取得入骨三分的讽刺效果,引起程颐的极度嫉恨也就可以理解了。

苏轼在黄州时的《与王定国》(《苏轼文集》卷五二)一信中云:"邻曲相逢欣欣,欲自号鏖糟陂里陶靖节,如何?"也是同一取义,只是自讽亦兼自谦,谦言自己是不合格的陶渊明,与他一再说的"我比陶令愧"(《辩才老师退居龙井……》),"我不如陶生,世事缠绵之"(《和陶饮酒二十首》其一)是一致的。《吴下方言考》释为"执拗、固执",于讥人处勉强可通,程颐的行为可视之为"执拗";但于自讽处却扞格难解,"固执的陶渊明"就莫明其义了。顺便说及,"鏖糟"一词在今天吴语区仍然流行,其义仍指肮脏不洁。昆山市有家百年面食店"奥灶馆",其得名"奥灶"实从"鏖糟"而来。据介绍,此店面食之汤料,是用"青鱼的鳞、鳃、肉、粘液加上螺蛳、鳝骨、鸡骨、猪骨等原料"加以长时间煮闷而成,却获得意外的美味(见《文汇报》1998 年 11 月 21 日)。这些原料,大都是弃之不食的下料,本来是杂乱不洁之物。

《河南程氏外书》在"鏖糟陂里叔孙通"句下,有条原注"言其山野",倒是庶几近之的。另外,《太平治迹统类》卷二三《元祐党事始末上》、《宋史纪事本末》卷四五《洛蜀党议》记苏、程交恶事,此句作"枉死市叔孙通",互不相同;但"枉死市"与"鏖糟陂"均指处所,两者的词组结构却是相同的。

要之,弄清此句的全部含义,才能懂得这句话何以会变成"洛蜀党争"的导火线了。

《论语》上说:"贤者识其大者,不贤者识其小者。"我对文本正确解读的强调,大概不会受到这样的讥讽吧。

(原载《文学评论》1999 年第 3 期,
收入本书时作了较大增补)

苏轼创作的发展阶段

北宋三位举足轻重的大作家欧阳修、王安石和苏轼都活了六十六岁，这真是历史的巧合。就苏轼现存集子来看，他最早的一篇成名文章是嘉祐二年(1057)应试时所作的《刑赏忠厚之至论》，时年二十二岁①；最早一批诗作是嘉祐四年(1059)再次赴京途中父子三人合编《南行集》里的四十多首作品，时年二十四岁②；最早的词写于熙宁五年(1072)，时任杭州通判，年三十七岁③。其创作起时并不比欧、王早，但也度过了长达四十多年的创作生涯，为我们留下了二千七百多首诗、三百多首词和四千八百多篇散文作品，其数量之巨为北宋著名作家之冠，其质量之优则为北宋文学最高成就的杰出代表。

时间跨度如此漫长、作品内容如此丰富的创作历程，必然呈现出阶段性。探讨和研究苏轼的创作分期，必将有助于对其作品思想和

① 苏轼在应试以前，曾于庆历五年(1045)作《夏侯太初论》(今仅存残句)、至和二年(1055)作《正统论三首》(《苏轼文集》卷四)等。
② 查慎行、冯应榴、王文诰均谓苏诗最早之作为嘉祐四年出蜀前的《咏怪石》、《送宋君用游辇下》两诗，但有人疑是伪作。
③ 苏轼《与子明兄》云："记得应举时，见兄能讴歌，甚妙。弟虽不会，然常令人唱，为作词。"(据《苏轼文集》卷六〇。"为作词"，《东坡续集》卷五作"为何词"，疑误。)是知苏轼于嘉祐元年四月抵汴京后已"作词"。近人或谓其《一斛珠》(洛城春晚)为嘉祐元年闰三月路经洛阳之作，《华清引》(平时十月幸莲汤)为治平元年罢凤翔赴京过骊山之作，均早于熙宁五年倅杭之时，但尚待进一步确证。

艺术特点的深入理解。最早提出这个问题的就是他的弟弟苏辙。在《东坡先生墓志铭》中，他说苏轼"初好贾谊、陆贽书，论古今治乱，不为空言"；"既而读《庄子》"，有深得其心之叹；"谪居于黄，杜门深居，驰骋翰墨，其文一变，如川之方至，而辙瞠然不能及矣"；又说"公诗本似李杜，晚喜陶渊明"。这里对"初好"、"既而"的时间断限虽不明确，但认为黄州、岭海为其创作变化时期则是清楚的。《苕溪渔隐丛话·后集》卷三〇云："余观东坡自南迁以后诗，全类子美夔州以后诗，正所谓'老而严'者也"，进一步申述岭海为诗风"老而严"时期。陈师道云："苏诗初学刘禹锡，故多怨刺，学不可不慎也；晚学太白，至其得意则似之矣，然失于粗。"（《后山诗话》）苏轼的好友参寥补充说：苏轼"少也实嗜梦得诗，故造词遣言，峻峭渊深，时有梦得波峭。然无己此论施于黄州以前可也。……无己近来（指建中靖国时）得（苏轼）渡岭越海篇章，行吟坐咏，不绝口吻。常云：'此老深入少陵堂奥，他人何可及！'其心悦诚服如此，则岂复守昔日之论乎？"（《曲洧旧闻》卷九）也认为黄州、岭海为两个创作阶段。清人王文诰在《苏文忠公诗编注集成·识馀》中，把苏轼一生创作分为八期：《南行集》和签判凤翔、熙宁还朝、倅杭守密、入徐湖、谪黄、元祐召还、谪惠、渡海；他还指出谪黄、谪惠为两大变，渡海后则"全入化境，其意愈隐，不可穷也"。前人的这些评论，值得重视。

苏轼的作品是他生活和思想的形象反映，他的创作道路不能不制约于生活道路的发展变化。他一生历经了北宋仁宗、英宗、神宗、哲宗、徽宗五个朝代，这是北宋积贫积弱的局势逐渐形成、社会危机急剧发展的时代，也是统治阶级内部政局反复多变、党争此起彼伏的时代。苏轼卷入了这场党争，他的一生也就走着坎坷不平的道路。除了嘉祐、治平间初入仕途时期外，他两次在朝任职（熙宁初、元祐初）、两次在外地做官（熙宁、元丰在杭、密、徐、湖；元祐、绍圣在杭、颍、扬、定）、两次被贬（黄州、惠州、儋州），就其主要经历而言，正好经历两次"在朝—外任—贬居"的过程。

苏轼这种大起大落、几起几落的生活遭遇,造成他复杂矛盾而又经常变动的思想面貌和艺术面貌,给研究创作分期带来不少困难。但是,第一,他的儒释道杂糅的人生思想是贯串其一生各个时期的;笔力纵横、挥洒自如又是体现于各时期诗、词、文的统一艺术风格。这是统一性。第二,他的思想和艺术又不能不随着生活的巨大变化而变化。我们认为,与其按自然年序,把他的创作划分为早、中、晚三期,不如按其生活经历分成初入仕途及两次"在朝—外任—贬居"而分为七段,并进而按其思想和艺术的特点分成任职和贬居两期:思想上有儒家与佛老思想因素消长变化的不同,艺术上有豪健清雄和清旷简远、自然平淡之别。这是特殊性,也是分期的根据。

嘉祐、治平间的初入仕途时期,是苏轼创作的发轫期。他怀着"奋厉有当世志"(《东坡先生墓志铭》)的宏大抱负走上政治舞台,力图干一番经世济时的事业。他唱道"丈夫重出处,不退要当前"(《和子由苦寒见寄》),"屈原古壮士,就死意甚烈。……大夫知此理,所以持死节"(《屈原塔》),一副舍身报国、迈往进取、风节凛然的儒者面目。反映在诗文创作中,是《郿坞》、《馈岁》、《和子由蚕市》等一批富有社会内容的诗歌和《进策》二十五篇、《思治论》等充满政治革新精神的政论文。苏轼是位早有创作准备的作家,这时的诗文虽然不免带有一般早期作品幼稚粗率和刻意锻炼的痕迹,但艺术上已日趋成熟。论辩滔滔、汪洋恣肆的文风,才情奔放、曲折尽意的诗风,都已烙下个人的鲜明印记。如古体诗《凤翔八观》,王士禛认为"古今奇作,与杜子美、韩退之鼎峙","此早岁之作"可与黄州后所作匹敌(《池北偶谈》卷一一"岐梁唱和集"条)。《辛丑十一月十九日,既与子由别于郑州西门之外……》,汪师韩叹为"诗格老成如是"(《苏诗选评笺释》卷一)。而《和子由渑池怀旧》等近体诗,纪昀评为"意境恣逸,则东坡本色"(纪批《苏文忠公诗集》卷三)。其豪健清雄更足以代表他以后整个任职时期的独特风格。

两次在朝任职时期是苏轼创作的歉收期。熙宁时与王安石变法派矛盾,元祐时又与司马光、程颐等论争,激烈动荡的统治阶级内部斗争占据了他的注意中心。今存熙宁初二三年间所作诗歌不足二十首,为苏诗编年的最低数字(前在凤翔任职的三年内,写诗共一百三十多首)。元祐初所作固然不少(二百首左右),但除题画诗外,名篇佳作寥寥无几;且题材较狭,以应酬诗为主,虽不能一笔抹煞,但毕竟视线未能注视到更重要的生活领域。这时的诗歌风格,仍然在多样化之中保持健笔劲毫的统一倾向。他的至亲好友文同曾追忆熙宁初他天天去汴京西城访晤苏轼,"虽然对坐两寂寞,亦有大笑时相轰。顾子(苏轼)心力苦未老,犹弄故态如狂生。书窗画壁恣掀倒,脱帽褫带随纵横。喧呶歌诗蹋文字,荡突不管邻人惊"(《往年寄子平〔即子瞻〕》),宛然是李白再世。其时为数甚少的诗作也多少留下这种狂放不羁的投影;或记人物"吾州之豪任公子,少年盛壮日千里"(《送任伋通判黄州兼寄其兄孜》),或抒感慨"君不见阮嗣宗臧否不挂口,莫夸舌在齿牙牢,是中惟可饮醇酒。读书不用多,作诗不须工,海边无事日日醉,梦魂不到蓬莱宫"(《送刘攽倅海陵》),或写书法艺事"兴来一挥百纸尽,骏马倏忽踏九州。我书意造本无法,点画信手烦推求"(《石苍舒醉墨堂》)。至于元祐初在京所作的一批题画诗,如《虢国夫人夜游图》《赵令晏崔白大图幅径三丈》《次韵子由书李伯时所藏韩干马》《郭熙画秋山平远》《书王定国所藏烟江叠嶂图》等,苍苍莽莽,一气旋转,令人想见其濡墨挥毫时酣畅淋漓、左右逢源的快感。胡应麟《诗薮·外编》卷五云:"子瞻虽体格创变,而笔力纵横,天真烂漫。集中如虢国夜游、江天叠嶂、周昉美人、郭熙山水、定惠海棠等篇,往往俊逸豪丽,自是宋歌行第一手。"除咏周昉美人图的《续丽人行》作于徐州,《定惠海棠》作于黄州外,其他三篇皆作于此时。而《定惠海棠》淡雅高绝,已属贬居时期的风格,实不宜以"俊逸豪丽"目之。

　　熙宁、元丰和元祐、绍圣的两次外任时期是苏轼创作的发展期。不仅创作数量比在朝时增多,名篇佳作亦美不胜收。先后两次外任都是苏轼自己请求的,他企图远离统治阶级内部斗争的漩涡,一则避开是非,保全自己;二则希望在政治上有所作为,以践初衷。因此,其时尽管由于抑郁失意不时流露出超旷消沉的情绪,但积极入世精神仍是主导。加之实际生活扩大了他的政治视野和社会阅历,他的总数不多的社会政治诗大都产生于此时,其中有抨击时政的《吴中田妇叹》及其他涉及新法流弊的诗篇,有他杭州赈济疏湖、密州收养"弃子"、徐州抗洪开矿、颍州纾民饥寒的艺术记录,有《於潜女》、《新城道中》、《无锡道中赋水车》、《石炭》等各地风土人物的形象描绘。这都说明苏轼具有反映重大题材的思想基础和艺术才能,只是由于生活巨变等原因未能继续得到新的开拓,在贬谪时期的创作注意力主要转到个人抒慨,题材趋向日常生活化。政治社会性较强是苏轼整个外任时期(包括初入仕途时期)诗歌的共同思想特点。

　　其次,以这时期为主的整个任职时期,苏轼诗歌的主要风格在豪健清雄方面,于前代诗人,对李杜韩刘(禹锡)汲取较多。他的不少七古七绝,如《东阳水乐亭》、《欧阳少师令赋所蓄石屏》、《书丹元子所示李太白真》等颇具李白超迈豪横之气,前引《送刘攽倅海陵》的起句直逼李白《行路难》,其《送张嘉州》"峨眉山月半轮秋,影入平羌江水流。谪仙此语谁解道,请君见月时登楼",更是句用李诗《峨嵋山月歌》,格从李诗"解道澄江净如练,令人长忆谢玄晖"(《金陵城西楼月下吟》)化出,而此诗首句"少年不愿万户侯,亦不愿识韩荆州",则反用李白《与韩荆州朝宗书》。他的《荆州十首》之于杜甫《秦州杂诗》,《真兴寺阁》之于《同诸公登慈恩寺塔》,《访张山人得山中字二首》之于《寻张氏隐居二首》以及《次韵张安道读杜诗》、《寿星院寒碧轩》等诗,前人常有"句句似杜"、"前六句杜意,后二句是本色"(纪昀语)之类的评论。他的《石鼓歌》，其奇横排奡、泼墨淋漓堪与韩愈《石鼓歌》比肩，《司竹监烧苇园，因召都巡检柴贻勖左藏以其徒会猎园下》亦与韩《汴泗交流赠张仆射》、《雉带箭》等围猎之作一脉相承。至于由杜韩肇端的议论化、散文化倾向对于苏诗结构、选字、用韵以至宏伟风格的形成，更发生了直接的重大影响。赵翼《瓯北诗话》卷五云："以文为诗，自昌黎始；至东坡益大放厥词，别开生面，成一代之大观。"所言甚确。至于刘禹锡、陈师道谓苏轼学其"怨刺"，则有《郿坞》、《雨中游天竺灵感观音院》及指斥新法流弊诸作可为佐证，参寥谓苏学其"峻峙渊深"、"波峭"，苏辙也推重刘诗"用意深远，有曲折处"（《吕氏童蒙诗训》），这在苏诗中也不乏其例。从上述师承关系中不难从一个方面看出苏轼其时的审美倾向。前人又多谓苏诗"伤率、伤慢、伤放、伤露"，"犷气太重"（纪昀语），"一泻千里，不甚锻炼"（赵翼语），正是放笔快意，追求豪健清雄风格所带来的缺点。

第三，这时期苏轼正式开始了词的创作。虽然比之于诗，起时较晚，但一开始即以有别于传统婉约词的面貌登上词坛。通判杭州初试词笔，他就打破了"诗庄词媚"（王又华《古今词论》引李东琪语）的旧框框，运用诗的意境、题材、笔法、语言入词，初步显示出"以诗为词"的倾向。记游的《行香子》（一叶舟轻）写浙江桐庐七里濑"重重似画，曲曲如屏"的景色，观潮的《瑞鹧鸪》（碧山影里小红旗）写钱塘弄潮儿搏击江潮的习俗，抒写乡情的《卜算子》（蜀客到江南），感慨身世的《南歌子》（苒苒中秋过），都有一种清新流畅、疏宕俊迈的诗的情调。尤如赠别杭州知州陈襄的一组词作，如《行香子·丹阳寄述古》、《虞美人·有美堂赠述古》、《诉衷情·送述古、迓元素》、《清平乐·送述古赴南都》、《南乡子·送述古》等，语言明净，意境深远，与设色浓艳、抒情纤细的传统送别词各异其趣。在自杭赴密途中，他作《沁园春·赴密州，早行，马上寄子由》云："当时共客长安，似二陆初来俱少年。有笔头千字，胸中万卷，致君尧舜，此事何难！用舍由时，行藏在我,袖手何妨闲处看? 身长健,但优游卒岁,且斗尊前"勃勃英气,力透纸背,洋溢着待时而沽、"天生我材必有用"的自信和自豪。沿着这一创作倾向继续发展,终于在密州时期写下了《江城子·密州出猎》和《水调歌头·丙辰中秋,欢饮达旦,大醉,作此篇,兼怀子由》这两首最早的豪放词代表作,从而在词坛上树起"自是一家"的旗帜。徐州所写《浣溪沙》五首农村词则以浓郁的泥土芳香和淳朴真挚的思想感情,表示了词在题材、意境上的进一步开拓。这时期词作的这一倾向与他以儒家积极进取精神为主导的思想倾向是一致的,也与诗风的主要倾向相类。

第四,包括这时期在内的整个任职时期,散文写作着重在议论文(政论、史论)和记叙文两类。前者如奏议、策论、进论是为了向朝廷直接表达政见,后者如亭台楼堂记是为了立碑上石,大都带有应用文性质,并非严格意义上的文学创作,但仍有很高的文学价值。如凤翔所作《喜雨亭记》、《凌虚台记》、密州所作《超然台记》、徐州所作《放鹤亭记》等,都是传诵一时的名篇。杂记《日喻》、《石钟山记》等则不仅以形象生动感人,而且以警策哲理给人以有益的启迪。

以上是苏轼前后三十多年任职时期的主要思想面貌和艺术面貌。

元丰黄州和绍圣、元符岭海的两次长达十多年的谪居时期,是苏轼创作的变化期、丰收期。

震惊朝野的"乌台诗案"是苏轼生活史的转折点。他开始了四年多的黄州谪居生活。沉重的政治打击使他对社会、对人生的态度,以及反映在创作上的思想、感情和风格,都有明显的变化。

苏轼人生思想的特点是"杂":既表现为儒佛道思想因素同时贯串他的一生,又表现为这三种思想因素经常互相自我否定。如《韩非论》对"虚无淡泊"的老庄哲学斥为"猖狂浮游之说",指出他们把"君臣父子"关系视作"萍游于江湖而适相值",那么,"父不足爱而君不足忌。不忌其君，不爱其父，则仁不足以怀，义不足以劝，礼乐不足以化。此四者皆不足用，而欲置天下于无有，岂诚足以治天下哉！”在《议学校贡举状》中，指责“今士大夫至以佛老为圣人”的风气，认为庄子“齐死生、一毁誉、轻富贵、安贫贱”的一套，是“人主”用以“砥世磨钝”的“名器爵禄”的腐蚀剂。这是从儒家治世的角度批判佛老。而在《和文与可洋川园池三十首·二乐榭》中又谓：“仁智更烦诃妄见，坐令鲁叟作瞿昙。”“二乐榭”命名来源于孔子“知者乐水，仁者乐山”之说（《论语·雍也》），文同提出质疑“二见因妄生，仁智何常用”，苏轼和诗亦意谓佛理高于儒学。儒家入世，佛家超世，道家避世，三者原有矛盾，苏轼却以“外儒内道”的形式将其统一起来。宋代释智圆云：“儒者饰身之教，故谓之外典也；释者修心之教，故谓之内典也。”“故吾修身以儒，治心以释。”（《闲居编·中庸子传上》）苏轼《轼以去岁春夏，侍立迩英……》诗云：“定似香山老居士，世缘终浅道根深。”署名王十朋的《集注分类东坡诗》卷二引师（尹）曰：“白居易晚年自称香山居士，言以儒教饰其身，佛教治其心，道教养其寿。”一僧一俗，所言全同。在宋代三教合一日益成为思想界一般潮流的情势下，苏轼对此染濡甚深，并具体化为以下形式：任职时期，以儒家思想为主；贬居时期，以佛老思想为主。两件思想武器，随着生活遭遇的不同而交替使用。这又是与儒家“穷则独善其身，达则兼善天下”（《孟子·尽心》）的旨趣相通的。

苏轼在《初到黄州》诗中写道：“自笑平生为口忙，老来事业转荒唐。长江绕郭知鱼美，好竹连山觉笋香。逐客不妨员外置，诗人例作水曹郎。只惭无补丝毫事，尚费官家压酒囊。”在自我解嘲中，仍想有“补”国“事”，对贬逐则淡然处之。但是，政治处境险恶如故，生活困顿与日俱增，一种天涯沦落的悲苦孤寂之感油然而生。最初寓居定惠院时所作的《卜算子》中“有恨无人省”、“拣尽寒枝不肯栖”的孤鸿，《寓居定惠院之东，杂花满山，有海棠一株，土人不知贵也》中那株地处炎瘴江城而

"幽独"无闻的高洁海棠,都是诗人的自我写照,使我们很容易联想起柳宗元"永州八记"之类作品中的山山水水。然而,苏轼很快找到了排遣苦闷的精神武器,这就是早年已经萌发的佛老思想。他自白:到黄州后"归诚佛僧","间一二日辄往(安国寺)焚香默坐,深自省察,则物我相忘,身心皆空,求罪始所从生而不可得。一念清净,染污自落,表里翛然,无所附丽,私窃乐之。且往而暮还者,五年于此矣。"(《黄州安国寺记》)他还倾心于道家的养生术,曾去黄州天庆观养炼多日,又与知己滕达道等互相研讨。元丰五年(1082)苏轼的一批名作如《前赤壁赋》、《后赤壁赋》、《定风波》(莫听穿林打叶声)、《浣溪沙》(山下兰芽短浸溪)、《西江月》(照野弥弥浅浪)、《临江仙》(夜饮东坡醒复醉)等,大都写得翛然旷远,超尘绝世。苏轼的情绪是随时多变的,但这一年所流露的超旷放达的情绪却相对稳定,应是他黄州时期思想逐渐成熟的表现。如《前赤壁赋》利用主客对话所体现的作者思想由乐到悲、又以乐作结的演变过程,可以看作他黄州时期整个基本思想感情"乐—悲—乐(旷)"发展过程的缩影。因此,这时作品中尽管交织着悲苦和旷达、出世和入世、消沉和豪迈的种种复杂情绪和态度,但这种超然物外、随缘自适的佛老思想仍是它的基调。

应该说明,在此以前的苏轼作品中也不乏避世退隐思想的流露,黄州时期也有表达积极进取的儒家精神之作。然而,对传统思想的汲取只有与生活实践紧密结合才能化为真正的血肉,发挥能动的作用。苏轼很早的一首《夜泊牛口》诗,在写风土人情后,退隐之意摇笔自来:"人生本无事,苦为世味诱","今予独何者,汲汲强奔走",这只能算作"题中应有之义"而已。即如《凌虚台记》、《超然台记》等对老庄出世哲学的阐述,也多少带有因台名而生发的书生议论色彩。苏轼在黄州就不同了。他面对的最大、最紧逼的人生问题是对逐客生涯如何自处,他的主要生活内容是东坡躬耕的"垦辟之劳"和"玉粒照筐筥"(《东坡八首》)的收获之喜,是"初被酒以行歌兮,忽放杖而醉偃"(《黄泥坂词》)的出游,是访友,是养生以及坚持五年每一二日一往的安国寺参禅活动。他虽然对政事并未忘情,毕竟已远离论政于朝堂、理事于衙门簿籍之间的官场生涯,没有也不可能去施展他的政治抱负。苏轼说:"中年忝闻道,梦幻讲已详"(《去岁九月二十七日,在黄州,生子遁……病亡于金陵,作二诗哭之》其二),把他对佛老思想较为深刻的理解和运用定在黄州时期的"中年";苏辙《东坡先生墓志铭》中"后读释氏书,深悟实相,参之孔、老,博辩无碍,浩然不见其涯也"一段,也叙于"谪居黄州"之后。这是值得深思的。正是在这个意义上,我们认为佛老思想在黄州时期日益浓厚,甚至占据了思想的主导地位,在以后岭海时期更有所发展。

说"主导"并不意味着苏轼已成为佛教徒或道教徒。他在《答毕仲举书》等文中,一再说明对玄奥难测的佛学教义并不沉溺,只是取其"静而达"的观察问题的方法,以保持达观的处世态度,保持对人生、对美好事物的执着和追求。这与其时对儒家思想的某种坚持,正好相反相成。事物的辩证法就是这样:本质消极的佛老思想,在苏轼身上起了积极的作用(当然也有消极的一面)。《定风波》中那位在风雨中"吟啸徐行"、对困境安之若素的形象,才是我们熟悉的苏轼面貌,他不同于屈原、杜甫在失意时仍时刻燃烧着忠君爱国的热情,也不同于韩愈、柳宗元在贬逐时悲苦无以自抑的精神状态。

与此相联系,黄州时期的创作有以下几个特点:

一、抒写贬谪时期复杂矛盾的人生感慨,是其主要题材。比之任职时期,政治社会诗减少,个人抒情诗增多。他在赴黄州途中与苏辙会于陈州,有诗云:"别来未一年,落尽骄气浮。嗟我晚闻道,款启如孙休。"(《子由自南都来陈三日而别》)虽然平生豪气未必销尽,受谗之恨、被谪之怨未必泯灭,但从主要方面看,已由从前的矜尚气节、迈往进取的"骄气"转而为对旷达超俗、随遇而安的佛老之"道"的追求。早年离蜀赴京时所作《荆州十首》其十云:"北行连许邓,南去极衡湘。楚境横天下,怀王信弱王!"纪昀评云:"此犹少年初出气象方盛之时也。黄州后无此议论也。"的确,这种勃勃雄心、不可一世的自负感此时很少再现,习见的是抑郁不平或超逸清空的精神境界,尤其是后者。同是中秋抒情,密州名作《水调歌头》充满了入世和出世的矛盾,既向往"琼楼玉宇"之纯洁而又嫌其寒冷,既憎恶现实社会之恶浊而又留恋人世的温暖,以月下起舞为胜境,千里婵娟为祝愿;时隔六年的黄州《念奴娇·中秋》,则写"人在清凉国"的表里澄澈,写"水晶宫里,一声吹断横笛"的绝响遗韵。其时所作《前赤壁赋》有"羽化而登仙"的名句,前人评其时所作《卜算子》为"非吃烟火食人语"(黄庭坚语,见《苕溪渔隐丛话·前集》卷三十九引),都可与此词互相印证。同是重阳述怀,元丰元年(1078)徐州所作《千秋岁》虽然也有"明年人纵健,此会应难复"的常规慨叹,但充溢画面的是"如玉"的"坐上人",与玉人交映的"金菊",纷飞相逐的"蜂蝶",乃至满袖珍珠般的"秋露";而在黄州所作《南乡子》却以"万事到头都是梦,休休,明日黄花蝶也愁"作结,《醉蓬莱》又以"笑劳生一梦,羁旅三年,又还重九"开头,这里有对世事无常、"人生如梦"的低沉喟叹,更有泛观天地、诸缘尽捐的旷远心灵的直接呼喊!王国维《人间词话》卷上云:"东坡之词旷,稼轩之词豪","旷"、"豪"的差别就在于苏轼接受了佛家静达圆通、庄子齐物论等世界观和方法论的深刻影响。

二、这时期创作的风格除了豪健清雄外,又发展清旷简远的一面,透露出向以后岭海时期平淡自然风格过渡的消息。黄州词如《念奴娇·赤壁怀古》、《满江红·寄鄂州朱使君寿昌》、《水调歌头·黄州快哉亭赠张偓佺》等,"铜琶铁板",神完气足,属豪旷一路,诚如其时他自评云"日近新阕甚多,篇篇皆奇"(《与陈季常》);但如《卜算子·黄州定惠院寓居作》以及上述元丰五年《定风波》(莫听穿林打叶声)诸作,则出以空灵蕴藉、高旷洒脱之笔,风格有所变化。诗歌中的名篇如《定惠院寓居月夜偶出》、《次韵前篇》、《寓居定惠院之东,杂花满

31

山,有海棠一株,土人不知贵也》《和秦太虚梅花》等,前人亦多以"清真"(查慎行语)、"清峭"(纪昀语)许之,而其近体诗更追求一气呵成的浑然自然之趣。试以几组和韵诗为例。倅杭时所作《腊日游孤山访惠勤惠思二僧》一组四首和韵诗,选用"挐"、"遽"等险韵描摹西湖景色,因难见巧,愈出愈奇。《同柳子玉游鹤林、招隐、醉归呈景纯》一组"冈"字韵诗七首,熔铸经史子集,出入野史笔乘,极尽腾挪跌宕之能事,最后一首结云:"背城借一吾何敢,慎莫樽前替戾冈",意谓不敢再出和篇,但竟以"羯语"入诗,真是匪夷所思。(《晋书·佛图澄传》:羯语,"替戾冈,出也。")黄州时期元丰四年、五年、六年每年正月二十日所作"魂"字韵三诗,却自然浑成,毫无为韵拘牵之迹。像次联"稍闻决决流冰谷,尽放青青没烧痕","人似秋鸿来有信,事如春梦了无痕","五亩渐成终老计,九重新扫旧巢痕",设景抒慨叙事,清幽新颖熨帖,皆成名联。这都说明黄州诗写得更娴熟,渐入化境。他的一些小诗,如《东坡》《南堂》《海棠》等更是精致流利,坦率地表现了他洒脱的胸襟和生意盎然的生活情趣。

苏轼在黄州于前代诗人对白居易、陶渊明仰慕备至。"东坡"的命名来源于白氏忠州东坡①,苏轼又以躬耕其地而"邻曲相逢欣欣,欲自号鏖糟陂里陶靖节"(《与王巩定国》),或以东坡比为陶之斜川:"梦中了了醉中醒,只渊明,是前生。"(《江城子》)他对白、陶的仰慕此时偏重在人生态度方面,但也影响到创作。他不仅檃括《归去来兮辞》为《哨遍》一再吟唱,而且其有关劳动诗如《东坡八首》等也有陶诗淳朴浑厚的风味。这种淡远风格在黄州只是初露端倪,要到以后岭海时期才趋于明显。因为他一离黄州,随着政治风云的变幻而由此带来的个人生活的变化,又唱起豪健清雄的歌声了:"愿为穿云鹘,莫作将雏鸭"(《岐亭五

---

① 参看《容斋三笔》卷五"东坡慕乐天"条:"苏公责居黄州,始自称东坡居士。详考其意,盖专慕白乐天而然。"

首》其五),宛然是"楚境横天下,怀王信弱王"(《荆州十首》其十)的旧歌重唱!"空肠得酒芒角出,肝肺槎牙生竹石。森然欲作不可回,吐向君家雪色壁"(《郭祥正家,醉画竹石壁上……》),似乎又恢复了文同笔下熙宁初的狂放面目!"东方云海空复空,群仙出没空明中。荡摇浮世生万象,岂有贝阙藏珠宫?"(《登州海市》)又回到了任职时期"炜炜精光,欲夺人目"(纪昀语)的创作面貌。苏轼在任职时期和贬居时期确有两副胸襟,两幅笔墨。黄州时期是第一个"在朝—外任—贬居"过程的结束,有人把它看成创作中期的开始,从而与以后的元祐初在朝、元祐绍圣四任知州合为一个"中期",是不尽妥当的。

三、在散文方面,任职时期以议论文(政论、史论)和记叙文为主,这时期则着重抒情性,注重于抒情与叙事、写景、说理的高度结合,出现了带有自觉创作意识的文学散文或文学性散文,其中尤以散文赋、随笔、题跋、书简等成就为高。赤壁二赋,光照文坛。这两篇题名为赋、文体为散文,而其实质乃是诗情、画意、理趣的融为一体,以其巨大的艺术魅力脍炙人口九百年,历久弥新。而他的笔记小品如《记承天寺夜游》、《游沙湖》(一作《游兰溪》)、《书蒲永升画后》、《书临皋亭》以及数量众多的书简,字里行间,都有一个活脱脱的坡公在,而行文又极不经意,似乎信手拈来,信口说出,如他自己所说,是"天然地别是风流标格"(《荷花媚》词)。这种追求最大的表达自由的倾向,也在贬居岭海时期得到进一步发展。除此以外,这时期还写了不少有关佛教的文字,也是他生活内容变化的结果。

惠州、儋州的贬谪生活是黄州生活的继续,苏轼的思想和创作也是黄州时期的继续和发展。佛老思想成为他思想的主导,而且比前有所滋长。他说:"吾生本无待,俯仰了此世。念念自成劫,尘尘各有际。下观生物息,相吹等蚊蚋。"(《迁居》)一念之间世界顿生成坏(劫),世界(尘)又无所不在,佛家的时间观和道家的空间观使他把万物的生存与蚊蚋的呼吸等量齐观。由于地处罗浮,他对道家理论家葛洪更加倾倒:"东坡之师抱朴老,真契久已交前生。"(《游罗浮山一首示儿子过》)"愧此稚川翁,千载与我俱。画我与渊明,可作三士图。"(《和陶〈读山海经〉》其一)当然,他依然是从自我解脱、排遣苦闷的角度去汲取佛老,而不是沉溺迷恋其中。后来北归途中他有《乞数珠赠南禅湜老》诗云:"从君觅数珠,老境仗消遣。未能转千佛,且从千佛转。"《传灯录》卷五载慧能为法达禅师说法,有"心迷《法华》转,心悟转《法华》"之语,苏轼即自谓未能彻底悟道,不过借某些佛理作为"老境"的"消遣"而已。如果说,黄州时期尚不免豪气偶现,迁谪之怨时有流露,那么,此时随着年事日高,对佛老习染更深,因而表现为胸无芥蒂、一任自然的精神境界。苏辙说:"东坡先生谪居儋耳,置家罗浮之下,独与幼子过负担渡海,葺茅竹而居之,日啖薯芋,而华屋玉食之志,不存于胸中。"(《子瞻和陶渊明诗集引》)对他当时的生活和思想作了真实的记录。这时尽管也有出世、入世的矛盾,也有对政事的继续关注,写过像《荔枝叹》这样富有战斗性的诗篇,但对君主、对仕途的认识确又有所变化。他在《别黄州》一诗中开头即云:"病疮老马不任鞿,犹向君王得敝帏。"典出《礼记·檀弓下》:"敝帏不弃,为埋马也;敝盖不弃,为埋狗也。"对朝廷改迁汝州感到莫大的恩德,态度谦卑。而此时所作《和陶〈咏三良〉》开头却云:"我岂犬马哉,从君求盖帏。"结云:"仕宦岂不荣,有时缠忧悲。所以靖节翁,服此黔娄衣!"宁可像黔娄那样临死仅得一床"覆头则足见,覆足则头见"的布被,也不向君王乞求。同一典故,正反两用,反映出他前后对君主、仕途的不同态度。这首《和陶〈咏三良〉》还一反陶诗原作之意,严厉批判"三良"(指奄息、仲行、鍼虎三人)为秦穆公殉葬是违背"事君不以私"的愚忠行为,鲜明地提出"君为社稷死,我则同其归。顾命有治乱,臣子得从违"的君臣关系的原则,这里重点在君命可能有"乱",臣子可以有"违",多么可贵的民主性思想闪光!而在早年凤翔所作的《秦穆公墓》中,却一面为君主开脱:"昔公生不诛孟明,岂有死之日而忍用其良"；一面赞美"三良"："乃知三子徇公意，亦如齐之二子从田横。"同一事件，两种议论，说明他晚年思想具有新因素、新发展。

这时期的创作具有和黄州时期许多共同的特点。抒写贬谪时期复杂深沉的人生感慨是其主要内容。由于从佛老思想中找到精神支柱，他虽处逆境而仍热爱生活，并在司空见惯的生活中敏锐地发现诗意和情趣。比之黄州时期，这时的题材更加日常生活化，并在我国诗歌史上第一次摄入岭海地区旖旎多姿的南国风光。前者如写"旦起理发"、"午窗坐睡"、"夜卧濯足"的《谪居三适》，写月夜汲水煮茶的《汲江煎茶》，写黎明前偶然兴感的《倦夜》等，都能取凡俗题材开创新境界，从常人习见的琐细处显出新情致，充分表现其化纤芥涓滴为意趣无穷的艺术功力；后者如《舟行至清远县见顾秀才，极谈惠州风物之美》、《江涨用过韵》、《食荔支二首》、《食槟榔》、《儋耳》、《丙子重九二首》等。散文也以杂记和书简等文学散文为主，如《记游松风亭》、《在儋耳书》、《书海南风土》、《书上元夜游》及一些抒写谪居生活的书简，也写了不少有关佛教的文字。词的写作较少，今可考知者不足十首。

黄州时期初露端倪的诗风转变到这时日益明显。苏轼任职时期豪健清雄的诗风，同时带来伤奇伤快伤直的疵病和斗难斗巧斗新的习气。纪昀说："东坡善于用多，不善于用少；善于弄奇，不善于平实。"（《和陶〈读山海经〉》批语）颇中肯綮。苏轼自己似也有所觉察，如他在答复一位和尚的求教时就说："字字觅奇险，节节累枝叶。咬嚼三十年，转更无交涉。"（《竹坡诗话》）因而在诗论中一再推崇自然平淡的风格。《欧阳少师令赋所蓄石屏》云："含风偃蹇得真态，刻画始信有天工。"《书鄢陵王主簿所画折枝二首》其一云："诗画本一律，天工与清新。"所谓自然，就是这种仿佛得自天工而不靠人力的天然美。《邵氏闻见后录》卷一四记载："鲁直以晁载之《闵吾庐赋》问东坡何如？东坡报云：'晁君骚辞细看甚奇丽，信其家多异材邪？然有少意，欲鲁直以渐箴之。凡人为文宜务使平和，至足之馀，溢为奇怪，盖出于不得已耳……'"（苏轼此信，又见《东坡七集·续集》卷四)在徐州所写《送参寥师》中又崇尚"淡泊"中有"至味"的"妙"的境界。所谓平淡，也就是内含韵味、出入奇丽的本色美。到了这时，由于生活和人生态度的变化，苏轼对此不仅有了更深刻的认识，而且找到了"师范"的圭臬陶渊明。

苏轼对陶渊明的认识在评陶历史上有着突出的意义。陶渊明在世时并未得到应有的重视。钟嵘《诗品》把这位六朝最大的诗人列为"中品"。唐代诗人多有推重，也有微辞。杜甫《可惜》云："宽心应是酒，遣兴莫过诗。此意陶潜解，吾生后汝期"，着眼于陶的生活态度；而《遣兴五首》其三却说："陶潜避俗翁，未必能达道。观其著诗集，颇亦恨枯槁"，对其人其诗皆予非议。苏轼却不然：

> 柳子厚诗在陶渊明下，韦苏州上。……所贵乎枯淡者，谓其外枯而中膏，似淡而实美，渊明、子厚之流是也。
>
> ——《评韩柳诗》

> 苏、李之天成，曹、刘之自得，陶、谢之超然，盖亦至矣。而李太白、杜子美以英玮绝世之姿，凌跨百代，古今诗人尽废；然魏晋以来高风绝尘，亦少衰矣。……独韦应物、柳宗元发纤秾于简古，寄至味于淡泊，非馀子所及也。
>
> ——《书黄子思诗集后》

> 吾于诗人无所甚好，独好渊明之诗。渊明作诗不多，然其诗质而实绮，癯而实腴，自曹、刘、鲍、谢、李、杜诸人，皆莫及也。
>
> ——见苏辙《子瞻和陶渊明诗集引》

显然，苏轼对陶诗"外枯而中膏，似淡而实美"，"质而实绮，癯而实腴"的品评是深刻的，纠正了杜甫的偏颇，为后世陶诗研究者所公认。他以前曾从政治上推重杜甫为"古今诗人"之首（《王定国诗集叙》），现在又从艺术上认为杜于陶诗的"高风绝尘"有所不及，并进而以陶渊明压倒一切诗人。他对陶诗的"平淡"作了深得艺术辩证法的阐发。白居易在《题浔阳楼》中说："常爱陶彭泽，文思何高玄"，注意到陶诗的"高玄"，但对其"自然"风格似体味不深。《能改斋漫录》卷三"悠然见南山"条云："东坡以渊明'采菊东篱下，悠然见南山'，无识者以'见'为'望'，不啻碔砆之与美玉。然余观乐天《效渊明诗》有云'时倾一尊酒，坐望东南山'，然则流俗之失久矣。惟韦苏州《答长安丞裴说》诗有云'采菊露未晞，举头见秋山'，乃知真得渊明诗意，而东坡之说为可信。"苏、韦定"见"，白氏从"望"，这不单纯是个版本异文问题，而是对陶诗"自然"风格的理解问题。苏轼认为，作"望"，"则既采菊又望山，意尽于此，无馀蕴矣，非渊明意也"；作"见"，"则本自采菊，无意望山，适举首而见之，故悠然忘情，趣闲而累（思）远，此未可于文字精粗间求之。"①苏轼此说也为大多数陶诗研究者所接受，"望"、"见"的是非优劣固然仍可继续讨论，但表现出苏轼对陶诗自然风格的理解在于不经意、不斧凿、"适然寓意而不留于物"（陆游《老学庵笔记》卷四评苏轼"见"字说）的天然之美。这也是深得艺术真谛的。

　　苏轼把他所深刻理解的自然平淡风格推为艺术极诣。于是，陶柳二集被看作南迁"二友"（《与程全父书》），"细和渊明诗"（黄庭坚《跋子瞻和陶诗》）成了创作的日课。苏轼在元祐七年开始和陶，作《和陶〈饮酒二十首〉》，而在这时"尽和其诗"（《和陶归园田居六首·引》），共一百多首。对于这一我国诗歌史上罕见的特殊现象，前人多从学得"似"或"不似"来品评二人艺术上的高低，意见不一。其实，学不像固然不能算好，学得可以乱真也未必好。依照苏轼自己对陶诗

---

① 　见晁补之《鸡肋集》卷三三《题渊明诗后》引苏轼语，参看《东坡题跋》卷二《题渊明饮酒诗后》（又见其《书诸集改字》一文）。

艺术的体会,陶诗境界其高处既是可遇而不可求的天然美和本色美,则从根本上说,是不能也是不必摹拟的。杨时说:"陶渊明诗所不可及者,冲澹深粹,出于自然。若曾用力学,然后知渊明诗非着力之所能成。"(《龟山先生语录》卷一)这些和陶诗的意义在于它是苏诗艺术风格转变的确切标志,是探讨其晚年风格的有力线索。他在扬州所作《和陶〈饮酒〉》实与陶诗风格不侔。元好问《跋东坡和渊明饮酒诗后》云:"东坡和陶,气象只是东坡。如云'三杯洗战国,一斗消强秦'(按,此为苏《和陶〈饮酒〉》第二十首之句),渊明决不能办此。"即指豪横超迈之气不能自掩。惠州、儋州和作,力求从神理上逼近陶诗风味。即以惠州第一次所作《和陶〈归园田居六首〉》为例。第一首云:"环州多白水,际海皆苍山。以彼无尽景,寓我有限年。……门生馈薪米,救我厨无烟。斗酒与只鸡,酣歌饯华颠。禽鱼岂知道,我适物自闲。悠悠未必尔,聊乐我所然。"所用都是淡语、实语,乍读似觉枯淡,反复吟诵自有深味。"禽鱼"四句纯系议论,也能体会其静思默察、有所了悟的乐趣。第二首云:"南池绿钱生,北岭紫笋长。提壶岂解饮,好语时见广。春江有佳句,我醉堕渺莽。"对于"春江"两句,陆游曾云:"东坡此诗云'清吟杂梦寐,得句旋已忘'(按,此《湖上夜归》诗句,作于通判杭州时),固已奇矣。晚谪惠州,复出一联云'春江有佳句,我醉堕渺莽',则又加于少作一等。近世诗人,老而益严,盖未有如东坡者也。"(《渭南文集》卷二七《跋东坡诗草》)查慎行亦评为"句有神助"(《初白庵诗评》卷中),纪昀亦评为"此种是东坡独造"(纪批《苏文忠公诗集》)。"少作"意谓沉浸创作,梦中得句又忘,虽不愧佳句,但稍见矜持之态;"晚作"则谓春江自藏佳句,只是醉中堕入一片浑沌之中,没能也不必去寻觅,更显妙境偶得,意趣悠远。如果再同唐庚的"疑此江头有佳句,为君寻取却茫茫"(《春日郊外》),或陈与义的"忽有好诗生眼底,安排句法已难寻"(《春日二首》其一),"佳句忽堕前,追摹已难真"(《题酒务壁》)等来比较,就显得一自然一安排、一言少意多一意随语尽的分别了。

　　"和陶诗"中所表现的美学趣尚，影响到苏轼岭海时期的整个创作。他在北返途中曾说"心闲诗自放，笔老语翻疏"（《广倅萧大夫借前韵见赠，复和答之二首》其二），这两句推美萧世范的话，实可移评他此时的风格。他一登琼岛，忽遇急雨，写诗说："急雨岂无意，催诗走群龙"，"应怪东坡老，颜衰语徒工。久矣此妙声，不闻蓬莱宫"（《行琼儋间，肩舆坐睡……》），似乎预示着他的诗歌从"语徒工"而追求钧天广乐般的"妙声"。一般说来，这时期的诗作不弄奇巧，不施雕琢，随意吐属，自然高妙。近体如惠、儋两地各以《纵笔》为题的四首诗、《被酒独行，遍至子云威徽先觉四黎之舍》、《六月十二日酒醒步月理发而寝》、《汲江煎茶》，古体如《十一月二十六日松风亭下梅花盛开》、《吾谪海南，子由雷州……》等，感时触物，油然兴发，一如风吹水面，自然成文。"用事博"是苏诗一大特色，此时一般少用或用常见之典，也不像以前那样过分追求工巧贴切因而常被诗评家所讥讪。至于像"岂意青州六从事，化为乌有一先生"（《章质夫送酒六壶，书至而酒不达，戏作小诗问之》）之类，谐趣横生，具见信手偶得的天然之妙，也是以前用典所不经见的。在诗歌结构上也表现出更为快利圆转，生动流走。有时甚至从个别看不免堆垛板滞，从全体看却仍如行云流水，如弹丸脱手。如《海南人不作寒食……》诗中间两联云"苍耳林中太白过，鹿门山下德公回。管宁投老终归去，王式当年本不来"，一连排比四个典故，但读全诗，仍觉爽口，一则典是常典，二则四事分指自己与符林，绾合紧密，因而并无镶嵌之痕。又如《六月二十日夜渡海》开头云："参横斗转欲三更，苦雨终风也解晴。云散月明谁点缀？天容海色本澄清。"读来一气喷出，细看才知前四字都作叠句。此时诗中用语平实朴素，设色大致素淡，即使为数不多的词作，也大都洗尽铅华，如《蝶恋花》（花褪残红青杏小）、《减字木兰花》（春牛春杖），朴而愈厚，淡而弥丽，无限情思感人肺腑，绚烂春光迎面而来。随笔小品也保持他一贯信笔直遂的清新流畅的文风。苏辙评此时苏作为"精深华妙,不见老人衰惫之气"(《子瞻和陶渊明诗集引》)。黄庭坚说他对苏轼"岭外文字""时一微吟,清风飒然,顾同味者难得尔"(《答李端叔》),"使人耳目聪明,如清风自外来也"(《与欧阳元老书》)。这些评论都说中了苏轼其时创作中自然平淡的风格。

风格是作家是否成熟的可靠标尺,而任何大作家又总是既有一种基本或主要的风格,又有在此基础上的风格多样化。苏轼在岭海时期表现出向自然平淡风格转化的明显倾向,这并不否认其时仍有豪健清雄之作。即如"和陶诗",前人已指出其"以绮而学质,以腴而学癯"(周锡瓒语,见《楹书偶录》卷五"宋本注东坡先生诗"条下),与陶诗有别。前面所引他对晁载之赋作的意见,也并不否定"奇丽",只是"晁君喜奇似太早",应先求"平和"而后"溢为奇怪";而在此时所作《与侄论文书》,一方面指出"凡文字少小时须令气象峥嵘,采色绚烂,渐老渐熟,乃造平淡",一方面又指出"其实不是平淡,绚烂之极也",叮嘱侄辈不要只见他"而今平淡",而要去学他以前"高下抑扬,如龙蛇捉不住"的文字。前后两说对平淡、奇丽孰先孰后的看法有所不同,但都说明苏轼艺术个性中始终存在崇尚豪健富丽的一面。然而这不应妨碍我们就其主要或重要倾向作出概括。前面论及各时期创作风格的特色也应作如是观。

"秀语出寒饿,身穷诗乃亨"(《次韵仲殊雪中西湖》),在四十多年的创作生活中,苏轼贬居时期的十多年比之任职时期的三十多年,无疑取得更大的成就。在走向生命旅程终点的时候,他曾说:"问汝平生功业,黄州惠州儋州。"(《自题金山画像》)对于兴邦治国的"功业"来说,这是一句自嘲的反话;而对于建树多方面的文学业绩而言,这又是自豪的总结。

(原载《社会科学战线》1984 年第 1 期)

思　想　篇

苏轼的人生思考和文化性格

苏轼作品的动人之处,在于展现了可供人们感知、思索的活生生的真实人生,表达了他深邃精微的人生体验和思考。这位我国文化史上罕见的全才,不仅接受了传统文化和民族性格的深刻影响,而且承受过几起几落、大起大落的生活波折。在此基础上,他个人特有的敏锐直觉加深了他对人生的体验,他的过人睿智使他对人生的思考获得新的视角和高度。苏轼算不得擅长抽象思辨的哲学家,但他通过诗词文所表达的人生思想,比起他的几位前贤如陶渊明、王维、白居易等来,更为丰富、深刻和全面,更具有典型性和吸引力,成为后世中国文人竞相仿效的对象,影响了一代又一代后继者人生模式的选择和文化性格的自我设计。

一

出处和生死问题,是中国文人面临的两大人生课题。前者是人对政治的社会关系,后者是人对宇宙的自然关系,两者属于不同的范围和层次,却又密切关联,相互渗透,都涉及对人生的价值判断。

出和处的矛盾,中国儒佛道三家已提出过不同的解决途径。儒家以入世进取为基本精神,又以"达兼穷独"、"用行舍藏"作为必要的补充;佛家出世、道家遁世的基本精神,则又与儒家的"穷独"相通。苏轼对此三者,染濡均深,却又融会贯通,兼采并用,形成自己的鲜明特征。

　　苏轼自幼所接受的传统文化因素是多方面的,但儒家思想是其基础,充满了"奋厉有当世志"的淑世精神。儒家的"立德、立功、立言"的"三不朽"古训,使他把自我道德人格的完善、社会责任的完成和文化创造的建树融合一体,是他早年最初所确定的人生目标。他的社会责任感和历史使命感还由于其特殊的仕宦经历而得到强化和固定化。和他父亲苏洵屡试蹉跌相反,嘉祐二年(1057)他和苏辙至京应试,就像光彩灼熠的明星照亮文坛的上空,一举成名,声誉鹊起。就其成名之早(二十二岁)、之顺利、之知名度大,并世几无匹敌。嘉祐六年(1061)他应制举,又以"贤良方正能直言极谏"取入第三等,此乃最高等级,整个北宋取入第三等者仅四人(见《小学绀珠》卷六《名臣类下》)。宋朝开国百馀年来,免试直任知制诰者极少,欧阳修《归田录》卷一云:"国朝之制,知制诰必先试而后命,有国以来百年,不试而命者才三人:陈尧佐、杨亿及修忝与其一尔。"苏轼又得到同样的殊荣。这些仕途上的光荣,必将转为苏轼经世济时、献身政治的决心。他以"忘躯犯颜之士"(《上神宗皇帝》)自居,又以"使某不言,谁当言者"(《曲洧旧闻》卷五引)自负,并以"危言危行、独立不回"的"名节"(《杭州召还乞郡状》)自励。苏轼又历受宋仁宗、英宗、神宗三代君主的"知遇之恩",更成为影响他人生价值取向的重大因素。元祐三年(1088)当苏轼处于党争倾轧漩涡而进退维谷时,高太后召见他说:他之所以从贬地起复,乃"神宗皇帝之意。当其(神宗)饮食而停箸看文字,则内人必曰:此苏轼文字也。神宗每时称曰:奇才,奇才!但未及用学士,而上仙耳"。苏轼听罢"哭失声,太皇太后与上(哲宗)、左右皆泣"。高太后趁机又以"托孤"的口吻说:"内翰直须尽心事官家,以报先帝知遇。"(《续资治通鉴长编》卷四〇九)在苏轼看来,朝廷既以国士待我,此身已非己有,惟有以死报恩。我们试看他在元丰末、元祐初的一些奏章。元丰八年(1085)《论给田募役状》云:"臣荷先帝之遇，保全之恩，又蒙陛下非次拔擢，思慕感涕，不知所报，冒昧进计，伏惟哀怜裁幸。"元祐三年《大雪论差役不便札子》云："今侍从之中，受恩至深，无如小臣，臣而不言，谁当言者?"《论特奏名》云："臣等非不知言出怨生，既忝近臣，理难缄默!"《论边将隐匿败亡宪司体量不实札子》云："臣非不知陛下必已厌臣之多言，左右必已厌臣之多事，然受恩深重，不敢自同众人，若以此获罪，亦无所憾。"这类语句，不能简单地看成虚文套语，而是他内心深处的真实表白。这种儒家的人生观，强调"舍身报国"，即对社会、政治的奉献，并在奉献之中同时实现自身道德人格精神的完善;但是，封建的社会秩序、政治准则、伦理规范对个体的情感、欲望、意愿必然产生压抑和限制的作用，"舍身报国"的崇高感又同时是主体生命的失落感，意味着个体在事功世界中的部分消融。儒家的淑世精神是苏轼人生道路上行进的一条基线，虽有起伏偏斜，却贯串始终。

　　苏轼的人生苦难意识和虚幻意识，则更带有独创性，并由此形成他人生道路上的另一条基线，在中国文人的人生思想史上具有划时代的意义。翻开苏轼的集子，一种人生空漠之感迎面而来。"人生识字忧患始"(《石苍舒醉墨堂》)，这位聪颖超常的智者对人生忧患的感受和省察，比前人更加沉重和深微。老子说"吾所以有大患者，为吾有身"(《老子》十三章)，庄子说"大块载我以形，劳我以生"(《庄子·大宗师》)，佛教有无常、缘起、六如、苦集灭道"四谛"等说，苏轼的思想固然受到佛道两家的明显诱发，但主要来源于他自身的环境和生活经历。

　　首先是西蜀乡土之恋的文化背景。

　　西蜀士子从唐五代以来，就有不愿出仕的传统。范镇《东斋纪事》卷四云："初，蜀人虽知向学，而不乐仕宦。"苏洵《族谱后录》下篇亦云："自唐之衰，其贤人皆隐于山泽之间，以避五代之乱，及其后僭伪之国相继亡灭，圣人出而四海平一，然其子孙犹不忍去其父祖之故以出仕于天下。"苏辙《伯父墓表》也说:"苏氏自唐始家于眉,阅五季皆不出仕。盖非独苏氏也,凡眉之士大夫,修身于家,为政于乡,皆莫肯仕者。"曾巩《赠职方员外郎苏君墓志铭》也说:"蜀自五代之乱,学者衰少,又安其乡里,皆不愿出仕。"后苏轼伯父苏涣于天圣二年(1024)考中进士,竟轰动全蜀,"蜀人荣之,意始大变",才打破蜀人不仕的旧例。苏轼从万山围抱的蜀地初到京师,原对举试也未抱信心,他在《谢欧阳内翰启》中曾追叙"及来京师,久不知名,将治行西归,不意执事擢在第二",不料一帆风顺,由此登上仕途。但刚入仕途的嘉祐六年(1061),便与苏辙订下对床夜语、同返故里的誓盟。在以后宦游或贬谪生活中,他的怀乡之恋始终不泯。特别是他以视点更易形式而认同异乡的言论:如"居杭积五岁,自意本杭人"(《送襄阳从事李友谅归钱塘》),"某睹近事,已绝北归之望。然中心甚安之。未说妙理达观,但譬如元是惠州秀才,累举不第,有何不可? 知之免忧"(《与程正辅书》),"我本海南民,寄生西蜀州"(《别海南黎民表》)等,这种带有浓厚相对论色彩的思想,其隐含的前提正是对回归故乡重要性的强调。我们不妨看一看唐代士人在开放心态中所孕育而成的新的生活原则:他们"仗剑去国,辞亲远游",向往漫游生活,向往名山大川,向往边塞,向往仕途。李白说"抱剑辞高堂,将投霍冠军"(《送张秀才从军》),岑参说"男儿感忠义,万里忘越乡"(《武威送刘单判官赴安西行营便呈高开府》),高适说"岂不思故乡? 从来感知己"(《登陇》),这与苏轼是两种不同的生活观念。或许可以说,蜀人不仕所引起的深刻的乡土之恋,促成了苏轼人生思考的早熟,也预伏和孕育着他整个的人生观。王粲《登楼赋》云"人情同于怀土兮,岂穷达而异心",在苏轼心中得到放大、延伸和升华,正是从怀乡作为思考的起点,推演出对整个人生旅程无常和虚幻的体验。

其次是他一生坎坷曲折的经历。

苏轼一生经历两次"在朝—外任—贬居"的过程。他既经顺境,复历逆境,得意时是誉满京师的新科进士、独当一面的封疆大吏、赤绂银章的帝王之师;失意时是柏台肃森的狱中死囚、躬耕东坡的陋邦迁客、啜芋饮水的南荒流人。荣辱、祸福、穷达、得失之间反差的巨大和鲜明,使他咀嚼尽种种人生况味。元祐时,二十几天之间由登州召还,从礼部郎中、中书舍人升到翰林学士兼侍读,荣宠得来迅速,连他自己也不免愕然。绍圣时,从定州知州南贬,先以落两职、追一官以左朝奉郎(正六品上)知英州;诰命刚下,又降为充左承议郎(正六品下);途中又贬建昌军司马、惠州安置;再改贬宁远军节度副使、惠州安置。三改谪命,确乎需要超凡的承受能力。这种希望和失望、亢奋和凄冷、轩冕荣华和踽踽独处,长时间的交替更迭,如环无端,不知所终,也促使他去领悟宇宙人生的真相,去探索在纷扰争斗的社会关系中,个体生命存在的目的、意义和价值。从生活实践而不是从纯粹思辨去探索人生底蕴,这是苏轼思维的特点。

苏轼的人生苦难意识和虚幻意识是异常沉重的,但并没有发展到对整个人生的厌倦和感伤,其落脚点也不是从前人的"对政治的退避"变而为"对社会的退避"。他在吸取传统人生思想和个人生活体验的基础上,形成了一套"苦难—省悟—超越"的思路。以下从他反复咏叹的"吾生如寄耳"和"人生如梦"作些分析。

在苏轼诗集中共有九处用了"吾生如寄耳"句,突出表现了他对人生无常性的感受。这九处按作年排列如下:

(一)熙宁十年《过云龙山人张天骥》:"吾生如寄耳,归计失不蚤。故山岂敢忘,但恐迫华皓。"

(二)元丰二年《罢徐州往南京马上走笔寄子由五首》:"吾生如寄耳,宁独为此别。别离随处有,悲恼缘爱结。"

(三)元丰三年《过淮》:"吾生如寄耳,初不择所适。但有鱼与稻,生理已自毕。"

(四)元祐元年《和王晋卿》:"吾生如寄耳,何者为祸福。不如两相忘,昨梦那可逐。"

（五）元祐五年《次韵刘景文登介亭》："吾生如寄耳,寸晷轻尺玉","清游得三昧,至乐谢五欲。"

（六）元祐七年《送芝上人游庐山》："吾生如寄耳,出处谁能必?"

（七）元祐八年《谢运使仲适座上,送王敏仲北使》："聚散一梦中,人北雁南翔。吾生如寄耳,送老天一方。"

（八）绍圣四年《和陶拟古九首》："吾生如寄耳,何者为吾庐?""无问亦无答,吉凶两何如?"

（九）建中靖国元年《郁孤台》："吾生如寄耳,岭海亦闲游。"
这九例作年从壮（四十二岁）到老（六十六岁）,境遇有顺有逆,反复使用,只能说明他感受的深刻。在他的其他诗词中还有许多类似"人生如寄"的语句。

应该指出,"人生如寄"的感叹,从汉末《古诗十九首》以来,在诗歌史中不绝于耳。《古诗十九首》(驱车上东门)云："浩浩阴阳移,年年如朝露;人生忽如寄,寿无金石固。"曹植《浮萍篇》："日月不恒处,人生忽若寓;悲风来入怀,泪下如垂露。"直至白居易《感时》："人生讵几何,在世犹如寄","唯当饮美酒,终日陶陶醉",《秋山》"人生无几何,如寄天地间。心有千载忧,身无一日闲"等。苏轼显然承袭了前人的思想资料。他们的共同点是发现了人生有限和自然永恒的矛盾,这是产生人生苦难意识的前提。

然而,第一,前人从人生无常性出发,多强调其短暂,或以朝露为喻,或以"几何"致慨,或径直呼为"忽";而苏轼侧重强调生命是一个长久的流程（参看山本和义《苏轼诗论稿》,《中国文学报》第十三册）。"别离随处有","出处谁能必","何者为祸福","何者为吾庐"等,聚散、离合、祸福、吉凶都处在人生长途中的某一点,但又不会固定在某一点,总是不断地交替嬗变,永无止息。他的《和子由渑池怀旧》说："人生到处知何似? 应似飞鸿踏雪泥;泥上偶然留指爪,鸿飞那复计东西!""雪泥鸿爪"的名喻,一方面表现了他初入仕途时的人生迷惘,体验到人生的偶然和无常,对前途的不可把握;另一方面却透露出把人生看作悠悠长途,所经所历不过是鸿飞千里行程中的暂时歇脚,不是终点和目的地,总有未来和希望。

白居易《送春》诗说:"人生似行客,两足无停步。日日进前程,前程几多路。"虽也有人生是流程的意思,但时间短暂,前程无多。因此,第二,前人在发现人生短暂以后,大都陷入无以自抑的悲哀;而苏轼的歌唱中固然也如实地带有悲哀的声调,但最终却是悲哀的扬弃。前人面对人生短暂的难题,一是导向长生的追求,服药求仙,延年长寿;二是导向享乐,或沉湎杯酒,或优游山水,以精神的麻醉或心灵的安息来尽情享乐人生,忘却死亡的威胁;三是导向顺应,或如庄子那样,以齐生死、取消一切差别的相对主义来达到"天地与我并生,而万物与我为一"(《齐物论》)的境界,或如陶渊明那样"纵浪大化中,不喜亦不惧"(《神释》)的委运任化,混同自然。他们不求形骸长存转而追求精神上的永恒,这在中国文人的人生思想上开辟了新的天地。苏轼接受过顺应思想的深刻影响,早在嘉祐四年(1059)的《出峡》诗中,他就说:"入峡喜巉岩,出峡爱平旷。吾心淡无累,遇境即安畅。"但是,庄子是从"坐忘"、"心斋"的途径,达到主体与天地万物同一的神秘的精神境界,陶渊明则认为"人生似幻化,终当归空无"(《归园田居五首》其四),是一种放弃追求的追求。苏轼与这种反选择的被动人格实异其趣。他从人生为流程的观点出发,对把握不定的前途仍然保持希望和追求,保持旷达乐观的情怀,并从而紧紧地把握自身,表现出主体的主动性和选择性。在《送蔡冠卿知饶州》中,既感喟"世事徐观真梦寐",又表达了"人生不信长坎坷"的信念。《游灵隐寺得来诗复用前韵》说:"盛衰哀乐两须臾,何用多忧心郁纡。"在《浣溪沙》词中,更高唱"谁道人生无再少?门前流水尚能西,休将白发唱黄鸡"的生命颂歌。承认人生悲哀而又力求超越悲哀,几乎成了他的习惯性思维。他的《水调歌头》中诉说了"人有悲欢离合,月有阴晴圆缺"这个永恒的缺憾,而以"但愿人长久,千里共婵娟"的乐观祝愿作结。另一首写兄弟聚散的诗《颍州初别子由二首》其二也叙写他对"离合既循环,忧喜迭相攻"的发现,虽也不免发出"语此长太息,我生如飞蓬"的感喟,但仍以"多忧发早白,不见六一翁"相戒相劝,"作诗解子忧",排忧解闷才是最终的主旨。苏轼以人生为流程的思想,对生活中可能遇到的挫折和困苦具有淡化、消解的功能,所以,同是"人生如寄",前人作品中大多给人以悲哀难解的感受,而在苏轼笔下,却跟超越离合、忧喜、祸福、吉凶乃至出处等相联系,并又体现了主体自主的选择意识,表现出触处生春、左右逢源的精神境界。

苏轼诗词中又常常有"人生如梦"的感叹,这又突出表现了他对人生虚幻性的感受。如果说,"人生如寄"主要反映人们在时间流变中对个体生命有限性的沉思,苏轼却从中寄寓了对人生前途的信念和追求,主体选择的渴望,那么,"人生如梦"主要反映人们在空间存在中对个体生命实在性的探寻,苏轼却从中肯定个体生命的珍贵和价值,并执着于生命价值的实现。

仅从苏词取证。"人生如梦"原是中国文人的常规慨叹,苏轼不少词句亦属此类。如"世事一场大梦,人生几度新凉"(《西江月》),"笑劳生一梦,羁旅三年,又还重九"(《醉蓬莱》),"一梦江湖费五年"(《浣溪沙》),"十五年间真梦里"(《定风波》),"万事到头都是梦,休休,明日黄花蝶也愁"(《南乡子》)等,大都从岁月流驶、往事如烟的角度着眼,似尚缺乏独特的人生思考的新视角。白居易曾说"百年随手过,万事转头空"(《自咏》),苏轼则说"休言'万事转头空',未转头时是梦"(《西江月》),意谓不仅将来看现在是梦,即过去之事物是梦,而且现存的一切也本是梦,比白诗翻进一层,较之"世事一场大梦"等常规慨叹来,他对人生虚幻性的感受深刻得多了。但更重要的是,苏轼并不沉溺于如梦的人生而不能自拔,而是力求超越和升华。他说:

"古今如梦,何曾梦觉,但有旧欢新怨"(《永遇乐》),意谓人生之梦未醒,盖因欢怨之情未断,也就是说,摒弃欢怨之情,就能超越如梦的人生。李白《春日醉起言志》说:"处世若大梦,胡为劳其生? 所以终日醉,颓然卧前楹。"苏轼反其意而用之:"寄怀劳生外,得句幽梦馀"(《谷林堂》),同样表现了对如梦劳生的解脱。苏轼还从生存虚幻性的深刻痛苦中,转而去寻找被失落的个体生命的价值,肯定自身是惟一实在的存在。他说:"长恨此身非我有,何时忘却营营。"(《临江仙》)这也是反用《庄子》的意思。《庄子·知北游》云:"舜问乎丞曰:'道可得而有乎?'曰:'汝身非汝有也,汝何得有夫道?'舜曰:'吾身非吾有,孰有之哉?'曰:'是天地之委形也。生非汝有,是天地之委和也;性命非汝有,是天地之委顺也;孙子非汝有,是天地之委蜕也。'"庄子认为人的一切都是自然的赋予,把"吾身非吾有"、"至人无己"当作肯定的命题;苏轼却肯定主体,认为主体的失落乃因拘于外物、奔逐营营所致,对主体失落的悲哀同时包含重新寻找自我的热忱。他的《六观堂老人草书》也说:"物生有象象乃滋,梦幻无根成斯须。方其梦时了非无,泡影一失俯仰殊。清露未晞电已阻,此灭灭尽乃真吾。"佛家把人生看成如梦如幻如泡如影如露如电,称为"六如",苏轼却追求六如"灭尽"以后的"真吾"。他的名篇《百步洪》诗也是因感念人生会晤顿成"陈迹"而作。前半篇对水势湍急的勾魂摄魄的精彩描写,却引出后半篇"我生乘化日夜游,坐觉一念逾新罗","觉来俛仰失千劫,回视此水殊委蛇","但应此心无所住,造物虽驶如吾何"等哲理感悟,就是说,人们只要把握自"心",就能超越造物的千变万化,保持自我的意念,就能超越时空的限制而获得最大的精神自由。苏轼又说"身外傥来都是梦"(《十拍子》)、"梦中了了醉中醒"(《江城子》)等,也从否定身外的存在转而肯定自身的真实存在,并力图在如梦如醉的人生中,保持清醒的主体意识。

苏轼的人生思想,作为一个整体,它的各个部分是从互相撞击、制约中而实现互补互融的。他的经世济时的淑世精神和贯串一生的退归故土的恋乡之情,对刚直坚毅的人格力量的追求和自由不羁的个人主体价值的珍重,都奇妙地统一在他身上。随着生活的顺逆,他心灵的天平理所当然地会发生向某一方向的倾斜和侧重,但同时其另一方向并没有失重和消失。挫折和困境固然无情地揭开了人生的帷幕,认识到主体以外存在的可怕和威胁,加深了对人生苦难和虚幻的感受,但是,背负的传统儒家的淑世精神又使他不会陷入彻底的享乐主义和混世、厌世主义,而仍然坚持对美好生活的追求和信念。直到他晚年,他既表白"君命重,臣节在",但又说"新恩犹可觊,旧学终难改,吾已矣,乘桴且恁浮于海"(《千秋岁》)。北还过赣州,他作《刚说》,反驳"刚者易折"的说法,认为此乃"患得患失之徒"的论调,仿佛重现了风节凛然的直臣仪范;但同时又说"人世一大梦,俯仰百变,无足怪者"(《与宋汉杰书》),显出一个历经沧桑的老者的了悟。他任开封府推官时,曾结识爱好道术和炼丹的李父,此时恰逢其子,他说:"曾陪令尹苍髯古,又见郎君白发新"(《次韵韶倅李通直二首》其一),对炼丹那一套也似失去信仰;他临终写过"平生笑罗什,神咒真浪出"的绝笔,更拒绝高僧维琳"勿忘西方"的劝诫。确如他所说:"莫从老君言,亦莫用佛语。仙山与佛国,终恐无是处。"(《和陶神释》)他扬弃了佛道的愚妄和虚无。他的人生思考的多元取向,最终落实到对个体生命、独立人格价值的脚踏实地的不倦追求。直到生命之旅的终点,他没有遗憾、没有牵挂地离去。他有了一个很好的完成。

二

苏轼对人生价值的多元取向直接导致他文化性格的多样化,而他人生思考的深邃细密,又丰富了性格的内涵。千百年来,他的性格魅力倾倒过无数的中国文人,人们不仅歆羡他在事业世界中的刚直不屈的风节、物胞民与的灼热同情心,更景仰其心灵世界中洒脱飘逸的气度、睿智的理性风范、笑对人间厄运的超旷。中国文人的内心里大都有属于自己的精神绿洲,正是苏轼的后一方面,使他与一代又一代的读者建立了异乎寻常的亲切动人的关系。从人生思想的角度来努力掌握他有血有肉的性格整体,是很有意义的。以下仅从狂、旷、谐、适四个方面作些探索。

中国文人中不乏狂放怪诞之士,除了生理或病理的因素外,从文化性格来看,大致可分避世和傲世两类。前者佯狂伪饰以求免祸,但也有张扬个性的意味,如阮籍;后者却主要为了保持一己真率的个性,形成与社会的尖锐对抗,如嵇康。而其超拔平庸的性格力度和个性色彩,吸引后世文人的广泛认同。

苏轼早年从蜀地进京,原也心怀惴惴,颇有"盆地意识";作为这种意识的反拨,他又具有狂放不羁的性格特征。文同《往年寄子平(即子瞻)》中回忆当时两人交游情景说"虽然对坐两寂寞,亦有大笑时相矗。顾子(苏轼)心力苦未老,犹弄故态如狂生。书窗画壁恣掀倒,脱帽褪带随纵横。喧呶歌诗蹋文字,荡突不管邻人惊",为我们留下了青年苏轼任诞绝俗的生动形象。但是,正如他当时《送任伋通判黄州兼寄其兄孜》诗所说"吾州之豪任公子,少年盛壮日千里",苏轼的"豪",跟他的这位同乡一样,主要是"少年盛壮"、挥斥方遒的书生意气,尚未包含深刻的人生内涵。岳珂《桯史》卷八云"蜀士尚流品,不以势诎",木强刚直、蔑视权威的地方性格显然也对苏轼早期的狂豪起过作用。他当时也有"君不见阮嗣宗臧否不挂口,莫夸舌在齿牙牢,是中惟可饮醇酒。读书不用多,作诗不须工,海边无事日日醉,梦魂不到蓬莱宫"(《送刘攽倅海陵》)的强烈感叹,也是激愤的宣泄多于理性的思考。

到了"乌台诗案"以前的外任期间,随着人生阅历的丰富,他在多次自许的"狂士"中,增加了傲世、忤世、抗世的成分。在《次韵子由初到陈州》一诗里,他要求苏辙像东晋周顗那样"阿奴须碌碌,门户要全生",因为他自己已像周谟之兄周颙、周嵩那样抗直不为世俗所容。他在此诗中所说的"疏狂托圣明",是愤懑的反话,其《怀西湖寄晁美叔同年》诗就以"嗟我本狂直,早为世所捐"的正面形式径直说出同一意思了。细品他此时的傲世,也夹杂畏世、惧世的心情。《颍州初别子由二首》其一说"嗟我久病狂,意行无坎井",嗟叹悔疚应是有几分真情;《送岑著作》说"人皆笑其狂,子独怜其愚",并说"我本不违世,而世与我殊",似也表达与世谐和的一份追求。

"乌台诗案"促成了苏轼人生思想的成熟。巨大的打击使他深切认识和体会到外部存在着残酷而又捉摸不定的力量,转而更体认到自身在茫茫世界中的地位。这场直接危及他生命的文字狱,反而导致他对个体生命价值的重视和珍视,他的"狂"也就从抗世变为对保持自我真率本性的企求。他的《满庭芳》说"事皆前定,谁弱又谁强,且趁闲身未老,须放我些子疏狂。百年里,浑教是醉,三万六千场",对命运之神飘忽无常的慨叹,适见其对生命的钟爱,而酣饮沉醉即是保持自我本性的良方,正如他自己所说"醉里微言却近真"(《赠善相程杰》)。他的《十拍子》在"身外傥来都似梦"的感喟后,决绝地宣称:"莫道狂夫不解狂,狂夫老更狂。"他在《又书王晋卿画·四明狂客》中讥笑贺知章退隐时奏乞周宫湖之举"狂客思归便归去,更求敕赐枉天真",斫伤"天真"就配不上"狂客"的称号。

苏轼狂中所追求的任真,是一种深思了悟基础上的任真。晏幾道有"殷勤理旧狂"的奇句,"狂已旧矣,理之,而殷勤理之,其狂若有甚不得已者"(况周颐《蕙风词话》卷二)。小晏的任真,像黄庭坚在《小山词序》所描述的"四痴"那样,更近乎一种天性和本能,没有经过反省和权衡。据说苏轼曾欲结识小晏而遭拒绝,事虽非可尽信,但其吸引和排拒却象征着两狂的同异。

旷和狂是相互涵摄的两环。但前者是内省式的,主要是对是非、荣辱、得失的超越；后者是外铄式的，主要是真率个性的张扬。然而都是主体自觉的肯定和珍爱。苏轼以"坡仙"名世，其性格的实在内涵主要即是旷。

苏轼的旷，形成于几次生活挫折之后的痛苦思索。他一生贬居黄州、惠州、儋州三地，每次都经过激烈的感情冲突和心绪跌宕，都经过"喜—悲—喜（旷）"的变化过程。元丰时贬往黄州，他的《初到黄州》诗云："自笑平生为口忙，老来事业转荒唐。长江绕郭知鱼美，好竹连山觉笋香。逐客不妨员外置，诗人例作水曹郎。只惭无补丝毫事，尚费官家压酒囊。"他似乎很快地忘却了"诟辱通宵"的狱中生活的煎熬，在对黄州"鱼美"、"笋香"的称赏之中，达到了心理平衡。但是，贬居生活毕竟是个严酷的现实，不久又不免悲从中来：他写孤鸿，是"有恨无人省"，"拣尽寒枝不肯栖"；写海棠，是"名花苦幽独"，"天涯流落俱可念"，都是他心灵的外化。随后在元丰五年出现了一批名作：前后《赤壁赋》、《定风波》（莫听穿林打叶声）、《浣溪沙》（山下兰芽短浸溪）、《西江月》（照野弥弥浅浪）、《临江仙》（夜饮东坡醒复醉）等，都共同抒写出翛然旷远、超尘绝世的情调，表现出旷达文化性格的初步稳固化。绍圣初贬往惠州，他的《十月二日初到惠州》诗云："仿佛曾游岂梦中，欣然鸡犬识新丰。吏民惊怪坐何事，父老相携迎此翁。苏武岂知还漠北，管宁自欲老辽东。岭南万户皆春色，会有幽人客寓公。"这似是《初到黄州》诗在十几年后的历史回响！他又抒写"欣然"，描述口腹之乐。"苏武"一联明云甘心老于惠州，实寓像苏武、管宁那样最终回归中原之望，基调是平静的。但不久又跌入悲哀：《十一月二十六日松风亭下梅花盛开》诗，思绪首先牵向黄州之梅"春风岭上淮南村，昔年梅花曾断魂"，继而感叹于"岂知流落复相见，蛮风蜑雨愁黄昏"。经过一段时期悲哀的沉浸，他又扬弃悲哀了：他的几首荔枝诗，"人间何者非梦幻，南来万里真良图"（《四月十一日初食荔支》），"日啖荔支三百颗，不辞长作岭南人"（《食荔支》），借对岭南风物的赏爱抒其旷达之怀。绍圣四年贬往儋州,登岛第一首诗《行琼儋间,肩舆坐睡,梦中得句云:"千山动鳞甲,万谷酣笙钟。"觉而遇清风急雨,戏作此数句》,以其神采飞扬、联想奇妙而成为苏诗五古名篇:"应怪东坡老,颜衰语徒工,久矣此妙声,不闻蓬莱宫。"自赏自得之情溢于言表。但不久在《上元夜过赴儋守召,独坐有感》等作中,又不禁勾引起天涯沦落的悲哀:"搔首凄凉十年事,传柑归遗满朝衣。"但以后的《桄榔庵铭》、《在儋耳书》、《书海南风土》、《书上元夜游》等文中,又把旷达的思想发挥到极致。

苏轼三贬,贬地越来越远,生活越来越苦,年龄越来越老。然而这"喜—悲—旷"的三部曲过程却越来越短,导向旷的心境越来越快;同时,第一步"喜"中,旷的成分越来越浓,第二步的"悲",其程度越来越轻,因而第三步"旷"的内涵越来越深刻。苏轼初到贬地的"喜",实际上是故意提高对贬谪生活的期望值,借以挣脱苦闷情绪的包围,颇有佯作旷达的意味;只有经过实在的贬谪之悲的浸泡和过滤,也就是历经人生大喜大悲的反复交替的体验,才领悟到人生的底蕴和真相,他的旷达性格才日趋稳定和深刻,才经得住外力的任何打击。

苏轼的旷达不是那类归向灭寂空无的任达。南宋宋自逊《贺新郎·题雪堂》云:"一月有钱三十块,何苦抽身不早! 又底用北门摛藻? 儋雨蛮烟添老色,和陶诗翻被渊明恼。到底是,忘言好。"指出苏轼未能彻底任达,其实苏轼自己早就说过,"我比陶令愧"(《辩才老师退居龙井……》)、"我不如陶生,世事缠绵之"(《和陶饮酒二十首》其一),殊不知这点"不如",正是他的思想性格始终未曾完全脱离现实世界的地方。

"东坡多雅谑"(《独醒杂志》卷五)。他的谐在人生思想的意义上是淡化苦难意识,用解嘲来摆脱困苦,以轻松来化解悲哀。作为内心的自我调节机制,在他的性格结构中发挥着润滑剂、平衡器的作用。

56

他的谐首先具有对抗挫折、迎战命运的意义。他在惠州作《纵笔》诗，以"白头萧散满霜风"的衰病之身，却发出"报道先生春睡美，道人轻打五更钟"的趣语，岂料因此招祸再贬海南；他到海南后又作《纵笔三首》其一："寂寂东坡一病翁，白须萧散满霜风。小儿误喜朱颜在，一笑那知是酒红！"同题同句，表现了他对抗迫害的倔强意志，而满纸谐趣更透露出他的蔑视。晚年北返作《次韵法芝举旧诗》："春来何处不归鸿，非复赢牛踏旧踪。但愿老师真似月，谁家瓮里不相逢。"九死一生之后而仍向飘忽无常的命运"开玩笑"，实含对命运的征服。对苏轼颇有微词的朱熹，在《跋张以道家藏东坡枯木怪石》中说："苏公此纸出于一时滑稽诙笑之馀，初不经意。而其傲风霆、阅古今之气，犹足以想见其人也。"他的"滑稽诙笑"跟"傲风霆、阅古今"互为表里，因而他的谐趣又表现出"含着眼泪的微笑"和"痛苦的智慧"的特点，不同于单纯具有可笑性的俏皮，更不同于徒呈浅薄的油滑。

他的谐又是他真率个性的外化和实现，与狂、旷植根于同一性格追求，同时又表现了他对自我智商的优越感，增添了他文化性格的光彩。林纾《春觉斋论文》谓"东坡诗文咸有风趣，而题跋尤佳"，"风趣之妙，悉本天然"，"能在不经意中涉笔成趣"，"见诸无心者为佳"，揭示了谐趣或风趣在个性性格上的内涵。苏轼《六观堂老人草书》云："逢场作戏三昧俱"，这里的"三昧"，也不妨理解为自然真率之性。《苕溪诗话》卷一〇追溯俳谐体的渊源时指出，东方朔、孔融、祢衡、张长史、颜延年、杜甫、韩愈多有谑语，但"大体材力豪迈有馀，而用之不尽自然如此"，至苏轼笔下遂蔚为大国："坡集类此不可胜数。《寄蕲簟与蒲传正》云：'东坡病叟长羁旅，冻卧饥吟似饥鼠。倚赖东风洗破衾，一夜雪寒披故絮。'《黄州》云：'自惭无补丝毫事，尚费官家压酒囊。'《将之湖州》云：'吴儿脍缕薄欲飞，未去先说馋涎垂。'又'寻花不论命，爱雪长忍冻。天公非不怜，听饱即喧哄。'《食笋》云：'纷然生喜怒，似被狙公卖。'《种茶》云：'饥寒未知免，已作太饱计。''平生五千卷,一字不救饥。''饥来凭空案,一字不可煮。'皆斡旋其章而弄之,信恢刃有馀,与血指汗颜者异矣。"黄彻所举数例,多为苏轼生活困顿时期的日常细事,但生活的苦涩却伴随着谐趣盎然的人生愉悦,其原因即是其中跃动着孩提般纯真自然的心灵。

适,是中国士人倾心追求的精神境界,包含多方面的内容:充分实现个体生命价值的人生哲学,平和恬适的文化性格,宁静隽永、淡泊清空的审美情趣。苏轼人生思考的落脚点和性格结构的枢纽点即在于此,并以此实现从现实人生到艺术人生的转化。

王维晚年所写的《与魏居士书》是他后半生人生哲学的总结。他说:"孔宣父云:'我则异于是,无可无不可。'可者适意,不可者不适意也。……苟身心相离,理事俱如,则何往而不适?"王维借助孔子的话头,以禅宗的教义来阐发"适"的意义。他认为人只要"明心见性","身心相离",达到"理事俱如"即对精神本体和现象界大彻大悟的境界,也就"何往而不适"了。王维当然没有放弃尘世的享受,但他的禅理思辨主要帮助他从精神上达到自适,因此他的生活和创作更多地呈现出"不食人间烟火味"的高人雅士式的特点,并以体验空无、寂静作为最大的人生乐趣和最高的艺术精神。白居易《隐几》诗云:"身适忘四支,心适忘是非,既适又忘适,不知我是谁。百体如槁木,兀然无所知;方寸如死灰,寂然无所思。"则更是一种泯灭一切、忘却自我的闲适观。苏轼与他们并不完全相同。他的适,主要反映了个人主体展向现实世界的亲和性,从凡夫俗子的普通日常生活中发现愉悦自身的美。他在黄州时期所写的四则短文反复地叙说这一点。《记承天寺夜游》在简练地写出月夜清景后说:"何夜无月,何处无竹柏,但少闲人如吾两人耳。"《临皋闲题》说:"江山风月,本无常主,闲者便是主人。"正如西方哲人所说:"心境愈是自由,愈能得到美的享受。"(海德格尔语)苏轼也认为"闲人"才是无主江山的真正主人,多少佳景胜概被"忙人"匆匆错过。他的《书临皋亭》说："东坡居士酒醉饭饱,倚于几上,白云左缭,清江右洄,重门洞开,林峦岔入。当是时,若有思而无所思,以受万物之备,惭愧惭愧!"在一种寓意于物而不受制于物的精神状态下,领受大千世界的无穷之美,达到主体的完全自适和充分肯定。他在《雪堂问潘邠老》中,更自称追求"性之便,意之适"的极境,并云"吾非逃世之事,而逃世之机"。在这种思想支配下,他的文学创作展示了"微物足以为乐"的充盈的诱人的世界。他写《谪居三适》,一是《旦起理发》"老栉从我久,齿疏含清风。一洗耳目明,习习万窍通";二是《午窗坐睡》,"神凝疑夜禅,体适剧卯酒","谓我此为觉,物至了不受,谓我今方梦,此心初不垢";三是《夜卧濯脚》:"况有松风声,釜鬲鸣飕飕。瓦盎深及膝,时复冷暖投。明灯一爪剪,快若鹰辞鞲。"或写安适之趣,或写禅悦之味,于平庸卑琐中最大限度地发掘诗意。他的《六月十二日,酒醒步月理发而寝》云"千梳冷快肌骨醒,风露气入霜蓬根",《真一酒》云"晓日著颜红有晕,春风入髓散无声",写闲适心情下才能体会到的梳发舒体、酒气上脸并周流全身的幽趣,而《汲江煎茶》更是于静默中见清丽醇美的名篇。化俗为雅、以俗为雅,这是苏轼思想性格和文学创作的显著特点,也是宋代整个人文思潮的共同趋向:理学与日常生活的贴近,宋诗的不避凡庸,宋词题材的日趋生活化,都可说明,但苏轼应是杰出的代表。

苏轼对闲适的追求,并不停留在单纯世俗化的浅层次上。黄州知州之弟徐得之建造"闲轩",秦观作《闲轩记》,从儒家入世思想出发,不满徐得之"闲"的人生态度,"窃为君不取也";苏轼作《徐大正闲轩》却云:"冰蚕不知寒,火鼠不知暑,知闲见闲地,已觉非闲侣。……五年黄州城,不踏黄州鼓。人言我闲客,置此闲处所。问闲作何味,如眼不自睹。颇讶徐孝廉,得闲能几许?""应缘不耐闲,名字挂庭宇。我诗为闲作,更得不闲语。"他不满徐得之的是对闲适的自我标榜和刻意追求,他认为真正的闲适是性灵自然状态的不自觉的获得,是不能用语言说出、思维认知的。正如他论画所说:"君从何处看,得此无人态? 无乃槁木形,人禽两自在。"(《高邮陈直躬处士画雁二首》其一)这是高层次的自在境界。从这种意义上说,他的作品,特别是后期创作,都是真情的自然流露,既是闲适的表现,又是自适的手段。文艺创作使无可忍受的世界变得可以忍受,使他体认到个人生命活力的乐趣,主体自由的享受。他说:"某平生无快意事,惟作文章,意之所到,则笔力曲折,无不尽意。自谓世间乐事无逾此者。"(《春渚纪闻》卷六引)坎坷的境遇却因此化作充满艺术审美情趣的人生,艺术创作是苏轼的真正生命。

苏轼的狂、旷、谐、适构成一个完整的性格系统,统一于他的人生思考的结果之上。这些性格因子随着生活经历的起伏,发生变化、嬗递、冲突,但他都能取得动态的平衡。这一性格系统具有很强的调节、自控和制约的机制,使他对每一个生活中遇到的难题,都有自己一套的理论答案和适应办法。尽管他的思想性格有着驳杂骚动的特点,以致有"大苏死去忙不彻,三教九流都扯拽"(《坚瓠九集》卷一引董遏周语)的笑谈,为各类人引为知己和楷模,但他毕生为之讴歌的,毕竟是人生之恋的赞歌。

(原载《文学遗产》1989 年第 5 期)

苏、辛退居时期的心态平议

　　中国词史中"苏、辛"并称是有充分理由的：他们都是革新词派的领袖,在对词的观念和功能的看法上,在题材的扩大和内涵的深化上,在对词风中阳刚之美的追求上,特别是使词脱离音乐的附庸进而发展成为一种以抒情为主的长短句格律诗,他们之间有着明显的继承和发展关系。但是,超过这个范围,他们之间的相异点往往大于相同点,因而成就为各具面目的词中双子星座。这里拟从他们贬退时期心境的比较,作些说明。

　　苏、辛各有两次较长时期的退居生活。苏轼一在黄州,元丰三年(1080)至元丰七年(1084),一在惠州、儋州,绍圣元年(1094)至元符三年(1100)。所谓"问汝平生'功业',黄州、惠州、儋州",前后达十多年。辛弃疾则一在上饶带湖,淳熙九年(1182)至庆元二年(1196),一在铅山瓢泉,庆元二年(1196)至开禧三年(1207)。所谓"带湖吾甚爱","一日走千回","便此地(瓢泉),结吾庐",除其间几度出仕外,前后废居长达二十年。仕途的坎壈和挫折却带来创作上的共同丰收。苏轼的二千七百多首诗中,贬居期达六百多首,二百四十多首编年词中,贬居期七十多首,还有数量众多的散文作品;辛弃疾词共六百多首,带湖、瓢泉之什共约四百五十多首。这表明艺术创造日益成为他们退居生活的一个注意中心。

　　然而,首先是两人退居的身份不同。苏乃戴罪之身的"犯官",元丰时从幸免于死的"乌台诗狱"中释放贬黄州,绍圣时三改谪命,惩处逐一加重,来至瘴疠之地的惠州,最后竟至天涯海角的儋州。在他的周围,仍处处布满政治陷阱,情势险恶。辛弃疾虽然被劾落职,但实际上近乎退休赋闲。他不断地与朝廷命官、地方长官交往,他更有太多的复出任职的机会,"东山再起"始终是个现实的前景,而非渺茫的幻想。

其次是生活条件的不同。苏轼自称"初到黄,廪入既绝",只好"痛自节俭",把每月费用分成三十份挂于梁上,每日用画叉挑取,以免超支(《答秦太虚书》《与王定国书》),拮据窘迫之态,宛然可见;以后到了海南,更是"食无肉,病无药,居无室,出无友,冬无炭,夏无寒泉,然亦未易悉数,大率皆无耳"(《与程秀才书》),几乎濒于绝境。但辛弃疾的带湖新居,其"宏丽"曾使朱熹惊叹为"耳目所未曾睹"(陈亮《与辛幼安殿撰书》),而其瓢泉,更是一处颇富山水之趣,足供优游林泉的胜地。

但更为重要的,是两人人生思想和文化性格类型的不同。苏轼对《易经》、《论语》等作过诠释,但毕竟算不得建立了哲学体系的思想家,然而他对天道、人道以及知天知人之道,尤其是以出处为中心的人生问题,表现在他文学作品中的思考,超过了他的不少前辈,因而他是一位具有思辨型倾向的智者。辛弃疾却是醉心于事功的、带有强烈的现实行动要求的实践型人物,他似乎无意于对生死、天人关系等作形而上的思考,而执着于现实人生的此岸世界,真所谓"未知生,焉知死"。两人虽然都出入儒佛道三大传统思想,但苏轼已整合成一套具有灵活反应功能的思想结构,足以应付他所面对的任何一个政治的、生活的难题;在贬居时期,佛学思想占据了主导地位,借以保持乐观旷达的人生态度。辛弃疾却始终把社会责任的完成、文化创造的建树和自我价值的实现融为一体,并以此作为终生奋斗的目标;虽然随着境遇的顺逆,这个目标有所倾斜,但基本导向一生未变。陈廷焯《白雨斋词话》卷一云:"苏、辛并称,然两人绝不相似。魄力之大,

苏不如辛；气体之高，辛不逮苏远矣。"王国维《人间词话》云："东坡之
词旷，稼轩之词豪。"这里的"魄力"和"气体"之别，"旷"和"豪"之分，
从一个角度说出了苏辛人生思想和态度的不同特色，在中国文人中
各具典型性。

一

苏、辛二人在退居时期的作品中，所抒写的主要感情状态是悲愁
和闲适。拙作《苏轼的人生思考和文化性格》(《文学遗产》1989 年第
5 期)已对苏轼的"愁"和"适"作过较详的分析，本文着重研究辛弃疾
的悲愤词和闲适词及其与苏作的异同。

悲愁是辛弃疾晚年的一种基本心态。其内容一是失地难复、故
土难回的家国之痛。"夜半狂歌悲风起，听铮铮、阵马檐间铁。南共
北，正分裂"(《贺新郎・用前韵送杜叔高》)，"布被秋宵梦觉，眼前万
里江山"(《清平乐・独宿博山王氏庵》)，中宵不眠，念念在兹。二是
忧谗畏讥、功名未成的英雄失路之悲。从他经营带湖新居起，畏惧谣
诼的心理阴影一直笼罩着他，"秋江上，看惊弦雁避，骇浪船回"(《沁
园春・带湖新居将成》)，以后在《水龙吟》(被公惊倒瓢泉)中一再说：
"倩何人与问：'雷鸣瓦釜，甚黄钟哑？'"正声暗哑，奸邪之声却甚嚣尘
上，加深了他报国无门之慨："短灯檠，长剑铗，欲生苔。雕弓挂壁无
用，照影落清杯。"(《水调歌头・严子文同傅安道和前韵，因再和谢
之》)髀肉复生，事业无成，怎不一腔悲愤？三是年华逝去、老衰兼寻
的迟暮之恨。《鹧鸪天・重九席上再赋》云："有甚闲愁可皱眉？老怀
无绪自伤悲。百年旋逐花阴转，万事长看鬓发知。"《鹧鸪天・鹅湖归
病起作》云："不知筋力衰多少，但觉新来懒上楼。"《新居上梁文》云：
"人生直合在长沙，欲击单于老无力。"光景日逼、年事渐老的紧迫感，
使他的心情更为盘郁沉重。悲哀成了他反复吟诵的主题，应该说，他

对悲哀的感受，与苏轼一样，是很深刻的。

辛弃疾的悲，从总体性质上说，乃是英雄失志的悲慨，处处显出悲中有豪的军事强人的个性特色，他的感伤也具有力度和强度的爆发性，是外铄式的。苏轼也写沦落异乡的悲苦："岂知流落复相见，蛮风蜑雨愁黄昏"（《十一月二十六日松风亭下梅花盛开》），"枯肠未易禁三碗，坐听荒城长短更"（《汲江煎茶》）；抒发孤独老衰之愁："忽逢绝艳照衰朽，叹息无言揩病目"（《寓居定惠院之东》），"衰鬓久已白，旅怀空自清"（《倦夜》）。但他作为流人逐客对悲哀的咀嚼之中，逐渐发现主体之外存在着可怕的异己世界，进而引起对整个人生的思考，因此，他的感伤是理智沉思的、是内省式的。其次，辛弃疾并不追求悲哀的最终解脱。他填词陶写抑郁，把自己所感受、所积累的悲哀予以宣泄，也就得到了心理平衡。在这位"气吞万里如虎"的豪杰之士身上，完全能担当这份悲哀，而不会被悲哀所击倒。而苏轼却遵循自己"悲哀—省悟—超越"的思路，最后导致悲哀的化解，如我以前的文章所论。当然，辛弃疾也有过"避愁"、"去愁"、"消愁"的努力，罢居前早就唱过"欲上高楼去避愁，愁还随我上高楼。经行几处江山改，多少亲朋尽白头"（《鹧鸪天》），"是他春带愁来，春归何处？却不解、带将愁去"（《祝英台近》）。欲避而复随，欲舍而又来，他之于愁，如影随形，始终未能摆脱。约作于晚年的《丑奴儿》云："近来愁似天来大，谁解相怜？谁解相怜，又把愁来做个天。　都将今古无穷事，放在愁边。放在愁边，却自移家向酒泉。"末句化用杜诗"恨不移封向酒泉"（《饮中八仙歌》），企求在酒杯之中消解一片愁天恨海。这在苏轼看来，可能会"笑落冠与缨"的，他明确提出"无愁可解"的命题。他认为，以酒解愁，自"以为几于达者"，其实，"此虽免乎愁，犹有所解也。若夫游于自然而托于不得已，人乐亦乐，人愁亦愁，彼且恶乎解哉！"（《无愁可解》词序）《庄子·逍遥游》云："若夫乘天地之正而御六气之辩，以游无穷者，彼且恶乎待哉！"苏轼这里仿效庄子的口吻和思想，认为人的个体只要顺乎自然，亲和为一，乐愁一任众人，也就用不着"解"什么愁了。从根本上取消"愁"的实在性存在，也就取消了"解"的前提，这才是真正的"达者"。

苏、辛二人的悲哀内涵、表达形式和对付方法的不同，是由他们不同的时代条件、个人的政治环境和文化性格所致。从时代条件、政治环境来说，苏轼的被贬，是北宋尖锐激烈党争的牺牲品，而封建宗派倾轧的残酷和偏狭是骇人听闻的，达到了必欲置于死地而后快的地步。乌台诗案的被罚和元祐党人的被逐，都曾使苏轼濒临死境，因此他在政治上完全绝望无告，对贬居之地无权自由选择，其命运任人摆布。辛弃疾却是另一种情况。他选择信州作为退居之地是颇堪玩味的。洪迈应他之请而作的《稼轩记》中明确说到："国家行在武林，广信最密迩畿辅。东舟西车，蜂午错出，势处便近，士大夫乐寄焉。"这正是一个退可居、进可仕的理想的地理位置，正如苏轼在《灵壁张氏园亭记》中所说的"开门而出仕，则跬步市朝之上；闭门而归隐，则俯仰山林之下"。但苏轼一生从未找到这样的居处，而且此文在"不必仕不必不仕"的议论中，着重以"不必仕"来自警自戒，反映出他追求自适的人生理想；而辛弃疾却含有待时而沽的东山之志。南宋时的信州又是人文荟萃、寓公亭园密布之地。叶适说："方渡江时，上饶号称贤俊所聚，义理之宅，如汉许下、晋会稽焉。"（《徐斯远文集序》）退职名臣韩元吉的南涧苍筤，信州知州郑舜举的蔗庵，与辛的带湖新居，皆一时之选。赵蕃、韩淲、徐文卿等亦当地闻人。赵蕃《忆赵蕲州善扛诗》云："吾州（信州）忆当南渡初，居有曾吕守则徐。……尔来风流颇寂寞，南池二公也不恶：李公作州大如斗，公更蕲春方待守。"诗中谓赵文鼎（名善扛）和李正之（名大正）筑居南涧为邻，而辛亦与他们有词唱和（见其《蝶恋花·用赵文鼎提举送李正之提刑韵，送郑元英》）。辛与先后几任信州知州钱象祖、郑舜举、王桂发、王道夫等，更是过从甚密。至于他卜居瓢泉，除了钟情于佳泉外，也与它地处当时官道,南通福建,朝发夕至,东连上饶,便于友朋交游,便于获取政治信息有关。事实也正如此。他在带湖、瓢泉闲居期间,都曾先后出仕,正如黄榦《与辛稼轩侍郎书》所说:"一旦有警,拔起于山谷之间,而委之以方面之寄,明公不以久闲为念,不以家事为怀,单车就道,风采凛然,已足以折冲于千里之外。"再从个人文化性格来说。苏轼基于险恶环境所形成的人生思想,并由此构成狂、旷、谐、适的完整的性格系统,以应对环境,坚持生活的信心。他的性格因此比较丰富,同时也可说具有驳杂变动的特点。辛弃疾的性格,固然也有狂、谐、适的一面,但其实际意义与苏轼大异其趣(详下),尤为重要的是,他的刚强果毅的个性异常突出,在或进或退时期始终居于支配地位。黄榦赞美辛说:"果毅之资,刚大之气,真一世之雄也。"(《与辛稼轩侍郎书》)验其生平,确为的评。追杀义端,活捉张安国,活现一位叱咤疆场的传奇式英雄形象;诱降赖文政,施之正法,创建飞虎军、公然抗拒朝廷停办的诏命,此两事虽引起前人或今人的议论,而其果断手腕令人咋舌;隆兴办荒政,"闲粜者配,强籴者斩"八字方针,字挟风霜;福建治政,"厉威严,以法治下",凛然不可犯。"虎"是他自称或被人推许的一个常用物象,连他的外貌也具有不可一世的英雄气概:"精神此老健于虎,红颊白须双眼青"(刘过《呈稼轩诗》),"眼光有棱,足以照映一世之豪;背胛有负,足以荷载四国之重"(陈亮《辛稼轩画像赞》)。任职时期的"辛帅"到罢退时期的"辛老子",这一刚强果毅的强烈个性特征仍一脉相承,他的一些"壮词"即作于此时。如果说,苏轼是一位了悟人生真谛的智者,他就是一位百折不挠、不倦地追求政治理想的强者,由此导致他们悲愁的不同内涵和应对态度。

闲适词是辛弃疾退居时期的另一重要内容。这些词写得萧散清逸,翛然世外,特别是一些田园山水词,以闲适之趣融摄自然景象,达到很高的艺术水平。但与苏轼相比,他又表现出"健者之闲"和"儒者之适"的特点。

健者之闲。辛曾以"真闲客"自居："并竹寻泉,和云种树,唤作真闲客。"(《念奴娇·赋雨岩效朱希真体》)但实际上是不甘于闲而不得不闲。他在带湖夜读《李广传》而作的《八声甘州》说："谁向桑麻杜曲,要短衣匹马,移住南山。看风流慷慨,谈笑过残年。汉开边、功名万里,甚当时、健者也曾闲? 纱窗外,斜风细雨,一阵轻寒。"这里以李广自喻,表达了大丈夫应立功万里而不甘桑麻终老的心情,"健者之闲"真是确切的自我写照。因而,他经常处于身闲心不闲的矛盾苦闷之中。他的《南歌子·山中夜坐》云："世事从头减,秋怀彻底清。夜深犹送枕边声,试问清溪,底事未能平? 月到愁边白,鸡先远处鸣。是中无有利和名,因甚山前,未晓有人行?"这是作者少有的静夜静思:既已彻底摆脱世事,情怀犹如清溪澄澈——但溪水长流呜咽不平;既处月白鸡啼、无名无利之清境——但山前仍有人犯晓奔走,辛苦营营。全词上下两片,同是反诘,主旨重叠;每片五句,前二后三,语意一正一反,表现了作者"清怀"的无法维持,对世事的不能忘情。他说过"此身忘世浑容易,使世相忘却自难"(《鹧鸪天·戊午拜复职奉祠之命》),说准确点是"两难忘":他作为当时抗金实干家的才具和胆识,作为南宋"归正人"的实际领袖,使朝廷难于忘却而将他长久置之于投闲之地;而他自己更渴望报国,伺机复出,实未能"忘世"。他的两句词说得好"莫避春阴上马迟,春来未有不阴时"(《鹧鸪天·送欧阳国瑞入吴中》),这可喻指仕途中不免有蹉跌困顿,但"上马"杀贼的战斗要求不能放弃。

儒者之适。辛弃疾卜居瓢泉的原因之一,是他在此发现了一眼周氏泉,触发了这位来自泉城济南的南渡人的无限乡思。他改名瓢泉,诚然由于泉形似瓢,更重要的是仰慕颜回"一瓢自乐"的道德人格,他赞美瓢泉的词作多达十多首,可见志趣所在。如《水龙吟·题瓢泉》云："人不堪忧,一瓢自乐,贤哉回也。料当年曾问:'饭蔬饮水,何为是,栖栖者?'"孔子称颂颜回之"贤":"一箪食,一瓢饮,在陋巷"

而"不改其乐"(《论语·雍也》),主张"饭蔬食,饮水,曲肱而枕之,乐亦在其中矣"(《论语·述而》)。这是儒家的忧乐观和闲适观,也就是追求一种人格的独立、道德的情操和理想的自由,以此来超越迍遭命运,以苦为乐。这是辛弃疾所服膺的。而苏轼在饱尝人世沧桑,历经坎坷曲折以后,对忧乐、闲适却有别一番省悟。他向往"性之便、意之适"(《雪堂问潘邠老》)的精神境界,善于从凡夫俗子的日常生活中发现愉悦自身的美,表现个人主体展向现实世界的亲和性。这种自得自适,既不完全同于庄子式的与天地万物同一,从而取消主体的自主选择,也不完全同于佛家从根本上否定人的此岸性,否定人的生理的、物质的存在本身。

当然,从带湖到瓢泉,辛弃疾的悲愤情绪日趋沉重,因而他对闲适的感悟也从庄子哲学中汲取思想启迪而日趋深刻。他也吟咏"进亦乐,退亦乐"(《兰陵王·赋一丘一壑》),认为用舍行藏皆乐,用庄子的绝对相对主义来取消事物的差别;又说:"少日尝闻:'富不如贫,贵不如贱者长存。'由来至乐,总属闲人。且饮瓢泉,弄秋水,看停云。"(《行香子·博山戏呈赵昌甫、韩仲止》)则进一步认为"闲人"才有至乐,似与苏轼"江山风月,本无常主,闲者便是主人"(《临皋闲题》)同一思路,以为只有在主体完全自适的精神状态下,才能享受大千世界的无穷之美。

苏、辛二人似乎一起走到了"闲适",但他们的出发点仍是不相同的。辛弃疾的《鹧鸪天·博山寺作》中说:"不向长安路上行,却教山寺厌逢迎。味无味处求吾乐,材不材间过此生。   宁作我,岂其卿。人间走遍却归耕。一松一竹真朋友,山鸟山花好弟兄。"这是他退出仕途、决意归隐的自白,已在"长安"和"山寺"之间作出抉择。"味无味"四句用四个典故来说明这种抉择的思想基础。"宁作我"语出《世说新语·品藻篇》:"桓公(温)少与殷侯(浩)齐名,常有竞心。桓问殷:'卿何如我?'殷云:'我与我周旋久,宁作我。'""宁作我"即宁作独立不阿之我，无须与他人竞争攀比，保持自我价值。殷浩此语，辛在《贺新郎》（肘后俄生柳）等词中也多次用过，其含义完全可以纳入儒家所遵奉的道德人格的范畴。"岂其卿"，语出扬雄《法言·问神》：有人主张君子与其"没世而无名"，何不攀附公卿以求名。扬雄回答说："谷口郑子真不屈其志而耕乎岩石之下，名震于京师。岂其卿，岂其卿。"岂其卿，谓岂能攀公卿以求名。郑子真是汉成帝时隐士，大将军王凤礼聘而不出；但辛弃疾在另一首《浣溪沙·壬子春赴闽宪别瓢泉》中，一面表示要"对郑子真岩石卧"，一面却自愧"而今堪诵《北山移》"，应召复出了。所以，这首《鹧鸪天》透过肯定隐逸、老庄语句（"味无味"出于《老子》，"材不材"见于《庄子·山木篇》）的背后，辛弃疾的钟情自然以求闲适，原是保持一种道德人格的自我，不屈其"志"，而最终仍企求"名震于京师"。这显然仍是儒家的积极于事功的道德节操。由不屈己求名到最终功成名就，这正是隐藏在辛弃疾心底的最大"心事"——"了却君王天下事，赢得生前身后名"（《破阵子·为陈同甫赋壮词以寄》）。苏轼在闲适中追求的却是自然人格。他在《闲轩记》中，批评徐得之以"闲轩"自我标榜，刻意求之，实即失之。他认为真正的闲适是性灵的自然状态的不自觉的获得，是不能用语言说出、思维认知的。当然不能存在丝毫的求名意识，甚或连下意识都不可。陶渊明《归园田居》其一，写归田闲适之乐："户庭无尘杂，虚室有馀闲。久在樊笼里，复得返自然"，写冲出官场"樊笼"而回归自然之乐；苏轼和诗却写在贬地"樊笼"中自适情趣："禽鱼岂知道，我适物自闲。悠悠未必尔，聊乐我所然。"（《和陶归园田居》其一）他知"道"得"适"，与物相融相亲；悠悠万物纵然未必尽能相融相亲，但他自适其适即得无穷之"乐"了。这里所谓的"道"，即是对弃绝尘网、复归为自然人格的体认。他的《和陶归园田居》其六回忆当日在扬州初作和陶《饮酒》诗时，"长吟《饮酒》诗，颇获一笑适。当时已放浪，朝坐夕不夕"，已在饮酒中自获怡然闲适之趣；而今在惠州，"矧今长闲

69

人，一劫展过隙。江山互隐见，出没为我役。斜川追渊明，东皋友王绩。诗成竟何为，六博本无益"。则在劫后的"长闲"生涯中，更体验到自身与自然的合而为一，尚友古代高士陶潜、王绩，尽情地享受自然之乐，甚至连诗棋等艺事也属多馀。"江山"为我所"役"，亦即"适然寓意而不留于物"（见晁补之《鸡肋集》卷三三《题渊明诗后》引苏轼语），更突出了他这种自然人格中自主选择的强烈倾向，他的自适并非泯灭自我。总之，苏轼的"适"是达者之适，与辛弃疾的"适"具有不同的涵义。

二

对陶渊明的推崇和认同，也是苏、辛贬退时期的共同祈向，从中又反映出两人人生思想的歧异之处。

苏、辛两人都宣称自己师范陶渊明。苏轼从黄州时起，其作品中大量地咏陶赞陶：《江城子》："梦中了了醉中醒。只渊明，是前生。走遍人间，依旧却躬耕。"以后"渊明吾所师"（《陶骥子骏佚老堂二首》其一），"愧此稚川翁，千载与我俱。画我与渊明，可作三士图"（《和陶读山海经》其一）之类的话，不绝于口。辛弃疾也说"陶县令，是吾师"（《最高楼·吾拟乞归，犬子以田产未置止我，赋此骂之》），"倾白酒，绕东篱，只于陶令有心期"（《鹧鸪天·重九席上作》），"老来曾识渊明，梦中一见参差是"（《水龙吟》），两人对陶均尊仰师法。苏轼在黄州初得陶集，"每体中不佳，辄取读，不过一篇，惟恐读尽后，无以自遣耳"（《书渊明羲农去我久诗》）。后贬岭海，竟把陶柳二集视作南迁"二友"（《与程全父书》），并追和全部陶诗。辛弃疾在废退时也"读渊明诗不能去手"（《鹧鸪天》词序），并自云："暮年不赋短长词，和得渊明数首诗"（《瑞鹧鸪》），"更拟停云君去，细和陶诗"（《婆罗门引》），惜其和诗并未传世。两人还擅长"檃括"陶作为词，如苏用《哨遍》檃括

《归去来辞》，辛则把《停云诗》改写为《声声慢》词，可谓亦步亦趋，相似乃尔。

苏轼认定陶渊明的主要精神是归向自然，是个体与自然的和谐混一，以求得心灵的自由和恒久。他对陶的一番"苏化"功夫首先即是对这一精神的深化。在他的评陶言论中，总是反复强调陶的真率和自然。他读了陶的《饮酒》后说："予尝有云，言发于心而冲于口，吐之则逆人，茹之则逆予。以谓宁逆人也，故卒吐之。与渊明诗意，不谋而合。"（《录陶渊明诗》）他认为陶的不"遣己"，就是自得其性，自适其意，这才是人生的最大完善。他又说："陶渊明欲仕则仕，不以求之为嫌；欲隐则隐，不以去之为高；饥则扣门而乞食，饱则鸡黍以延客。古今贤之，贵其真也。"（《书李简夫诗集后》）出处问题是封建士人的最大人生问题，苏轼以陶渊明崇尚"任真"的理想人格为最高典范，提出了简明而深刻、形易而实难的答案，苏轼还是第一个对陶诗艺术精髓作出正确评赏的人。他概括陶诗艺术特征为"外枯而中膏，似淡而实美"（《评韩柳诗》），"质而实绮，癯而实腴"，从而认为陶乃古今诗人之冠，"自曹刘鲍谢李杜诸人，皆莫及也"（见《子瞻和陶渊明诗集引》）。这在评陶史上具有里程碑的意义。他之所以能作出如此精深的品评，正是基于他对陶的"高风绝尘"的人生哲理的认识的结果。

其次是苏轼对陶的选择取向。陶渊明并非"浑身静穆"，也有"金刚怒目式"的一面，但苏轼似有意予以淡化或扬弃。陶诗中表现"猛志固常在"的著名诗篇有《读山海经十三首》其十、《咏三良》、《咏荆轲》等，我们不妨看看苏轼的和诗。陶诗《读山海经十三首》其十，以精卫填东海、刑天舞干戚寄愤抒志，表现了践偿昔日"猛志"的强烈期待；苏轼和诗却以"金丹不可成，安期渺云海"发端，谓神仙炼丹之事，渺茫无凭；又以"丹成亦安用，御气本无待"作结，"御气无待"，典出《庄子·逍遥游》，已见前引。这两句说，即使丹成也无助于成仙之事，而应御六气（阴阳风雨晦明）之变以游无穷，顺万物之性，游变化

71

之途,即可与宇宙同终始,自不待外求。这与陶有忧世之志与超世之怀之别。陶苏各咏三良,却一赞一贬。陶赞其君臣相得,殉于"忠情"、"投义",死得其所,颇寓异代之悲;苏则认为"顾命有治乱,臣子得从违",大胆地提出对于君主的"乱命",可以而且应该"违"抗,不应盲从,他并进一步说:"仕宦岂不荣,有时缠忧悲。所以靖节翁,服此黔娄衣",指出仕途充满忧患,宁可像黔娄那样临死仅得一床"覆头则足见,覆足则头见"的布被,也不向君王乞求,陶翁自己所为正复如此,对陶的殉义说微含异议。陶的咏荆轲,惜其"奇功不成",全诗悲慨满纸,为蹉跌豪侠一掬"千载有馀情"之泪,是陶诗中最富慷慨之气者。正如龚自珍所云:"陶潜诗喜说荆轲,想见《停云》发浩歌。吟到恩仇心事涌,江湖侠骨恐无多。"(《己亥杂诗》)苏轼和诗却纯出议论,但把议论主要对象从荆轲转到燕太子丹:"太子不少忍,顾非万人英。"批评他竟把国家命运寄托在"狂生"荆轲的冒险一击上,而不认识暴秦"灭身会有时,徐观可安行"。这里显示的是道家顺应自然的政治观。

苏轼对陶潜精神的主要方面作了引人注目的深化和突出,辛弃疾却作了别有会心的引申和发挥。他用以拟陶的历史人物是诸葛亮、谢安等人,特别是诸葛亮。他说:"往日曾论,渊明似胜卧龙些"(《玉蝴蝶·叔高书来戒酒用韵》),"看渊明、风流酷似,卧龙诸葛"(《贺新郎·陈同父自东阳来过余》),慨叹陶潜"岁晚凄其无诸葛,惟有黄花入手"(《贺新郎·题傅岩叟悠然阁》)。陶和诸葛,除了躬耕垄亩外,其勋业成就、思想性格相距甚远,辛弃疾这种"易地而皆然"的人物比拟,却有着深刻的渊源和含义。

对陶潜精神的不同理解和强调,是评陶史上的一个特殊问题。透过表面的纷纭众说,却确切地折射出评说者的不同旨趣和心态。在陶潜的文化性格中存在着平淡和豪健两种不同的素质,亦如朱熹所云:"陶渊明诗,人皆说是平淡,据某看他自豪放,但豪放得来不觉耳。"(《朱子语类》卷一四〇)倜然旷达的胸襟,脱尘拔俗的情操,忧患意识和历史责任感等都融合为一体,因而后世人们把他塑造成"古今隐逸诗人之宗"和矢志晋室的忠臣,即"高士"和"节士"两种形象。这两种形象固然也可以统一,但陶潜精神的最主要内涵无疑是他超越人生的无常感和虚幻感,而在与自然和谐中获得心灵自由的人生思想,这也是他作为"高士"的真正意义。最早以诸葛亮比陶的大概是黄庭坚。他在《宿旧彭泽怀陶令》中说:"潜鱼愿深渺,渊明无由逃。彭泽当此时,沉冥一世豪。司马寒如灰,礼乐卯金刀。岁晚以字行,更始号元亮。凄其望诸葛,肮脏犹汉相。"他认为陶潜晚号"元亮"即寓有自喻孔明之意。关于晚号"元亮"之说,宋吴仁杰《陶靖节先生年谱》已指出,"此则承《南史》之误耳","其实先生在晋名渊明字元亮,在宋则更名潜,而仍其旧字"。然而,自喻说与其说是一种无意的误解,不如说是刻意思索后的特殊理解。黄庭坚在《次韵谢子高读渊明传》中已明确说"风流岂落正始后,甲子不数义熙前",已把他推入伯夷、叔齐式的行列了。北宋末蔡絛《西清诗话》云:"渊明意趣真古,清淡之宗,诗家视渊明,犹孔门视伯夷也。"这可代表宋末士人的一般观点。而在社会混乱动荡时期,则更易得到人们的广泛认同。元吴澄《湖口县靖节先生祠堂记》中说:"观《述酒》、《荆轲》等作,殆欲为汉相孔明之事,而无其资。"他还把陶与屈原、张良、孔明并称为"明君臣之义"的四君子。元贡师泰《题渊明小像》云:"乌帽青鞋白鹿裘,山中甲子自春秋。呼童检点门前柳,莫放飞花过石头。"也极度夸说陶渊明忠于晋室、敌视刘宋的立场,连自己门前的柳絮也不让它飞往刘裕称帝的金陵。龚自珍《己亥杂诗》说:"陶潜酷似卧龙豪,万古浔阳松菊高。莫信诗人竟平淡,二分《梁甫》一分《骚》。"由此可见,苏辛师陶,实在是各师所师,站在他们各自面前的,是坡仙化了的"高士"和辛老子式的"节士"、"豪士"。

　　苏、辛二人又都宣称自己学陶而不及陶。苏轼说:"此所以深愧渊明,欲以晚节师范其万一也。"(见《子瞻和陶渊明诗集引》)辛弃疾也说:"我愧渊明久矣,犹借此翁湔洗,素壁写归来。"(《水调歌头·再用韵答李子永提干》)皆有愧陶之感。苏说:"我不如陶生,世事缠绵之。"(《和陶饮酒》)辛也说:"待学渊明,酒兴诗情不相似。"(《洞仙歌·开南溪初成赋》)又同有不及之叹。这并非自谦之词,因为陶渊明的自然人格在本质上是"可致而不可求"、"莫之求而自至"的,而非"力强而致"的。苏、辛二人都写过和陶诗,但辛作今未见。和陶诗在创作前提上就遇到一个两难选择:第一怕学得不像,因既是和陶,必得像陶;第二怕学得像,因即使学得可以乱真,却从根本上丧失了陶诗的真精神,丧失了陶诗可遇而不可求的天然真率本色之美。杨时说得好:"陶渊明诗所不可及者,冲澹深粹,出于自然。若曾用力学,然后知渊明诗非着力之所能成。"(《龟山先生语录》卷一)陶诗实在是不能学也是不可学的,然而苏轼却找到了一个适当的学习方法,即学与不学之间的不学之学,贵得其"真",重在获"意"。他不追求个别思想观点的附和,更不拘泥于外在风格、字句的摹拟,而力求在人生哲理的最高层次上契合。他自己说"渊明形神似我"(《王直方诗话》引),黄庭坚评他"彭泽千载人,东坡百世士。出处虽不同,风味乃相似"(《跋子瞻和陶诗》),着重点在"神似"、"风味"之似。我们并不是无视和陶诗中所反映的陶苏之间性格的差异:苏有陶的真率、超脱,但于冲澹、微至有所不及,苏轼也戏称自己是"麤糟陂里陶靖节"(《与王定国书》);但我们更看到两位异代知友促膝谈心,站在对人生妙谛领悟的同一高度上,共同真诚地探讨求索。在人生哲理妙悟层次上的高度吻合,这是两人"神似"、"风味"之似的最好说明。《形影神》三首是体现陶渊明自然观和人生观的重要文献。第一首《形赠影》述说"形"因不可常恃,故主张及时行乐;第二首《影答形》则谓"影"主张立善求名;第三首《神释》则力辩"行乐"、"立善"之非,提出"甚念伤吾生,正宜委运去;纵浪大化中,不喜亦不惧。应尽便须尽,无复独多虑",谓个体生命在一任自然流转变化之中求得超脱。面对人生有限和自然无限的生存困惑和缺憾,陶渊明清楚地表明,他摒弃俗士的及时行乐、儒士的立德立功立言,而追求达士的超越。苏轼晚年在海南岛所作《和陶形影神三首》,虽无陶诗原作的条贯明晰,却机趣随发,对陶的思想作了多方面的补充。联系元祐五年(1090)作的《问渊明》更易理解其旨意所在。

第一,陶认为"神"是人与天、地并立为三的根本,所谓"人为三才中,岂不以我(神)故",苏把"神"推广为一切事物的根本,高者如日星,低者如山川,"所在靡不然",并认为去形影之累方可全神。

第二,陶的理想是"委运"、"纵浪大化",即顺遂自然的转运变化才能摆脱对死亡的恐惧;苏则翻进一层说:"委运忧伤生,忧去生亦还。纵浪大化中,正为化所缠。应尽便须尽,宁复事此言。"指出"委运"去忧却未必"存生","纵浪大化"却可能又被物化所纠缠,而应更彻底地取消生和死的观念。他说"无心但因物,万变岂有竭",谓我心本无所着,但因物而现,万化岂有竭尽,我亦随之无竭。又说"忽然乘物化,岂与生灭期",谓随物而化,岂论生和灭,即超然于生灭之外。而破除灭执之妄,就能"此灭灭尽乃真吾"(《六观堂老人草书》),获得真如本性。

苏轼的这些抽象思辨,表现他殚精竭虑地在探索人生苦难和虚幻之谜,力求达到自得自适之境,这正是他和陶公最深刻的相契之处。他在《问渊明》诗的自注中有言:"或曰东坡此诗与渊明相反,此非知言也,盖亦相引以造于道者,未始相非也。""相引以造于道",共同探求人生答案,他可谓陶公六百年后第一位真正知己。他说:"吾前后和其(陶)诗凡百数十篇,至其得意,自谓不甚愧渊明。"(见《子瞻和陶渊明诗集引》)千古相契之乐,可谓溢于言表。

与苏轼学陶不同,辛弃疾却是有所学、有所不学。应该说,他也是识陶真谛的人。他推崇陶公的"高情",并拈出"清真"为其"高情"

的内涵。他反复说"高情千载，只有陶彭泽"（《念奴娇·重九席上》），"千载襟期，高情想像当时"（《新荷叶·再题傅岩叟悠然阁》）；又说陶公"更无一字不清真。若教王谢诸郎在，未抵柴桑陌上尘"（《鹧鸪天·读渊明诗不能去手，戏作小词送之》）。他甚至批评苏轼不了解陶已"闻道"："渊明避俗未闻道，此是东坡居士云。身似枯株心似水，此非闻道更谁闻。"（《书渊明诗后》）①他也偶有哲理的思辨，从人生妙悟上来理解陶公。《水调歌头·再用韵答李子永提干》云："我愧渊明久矣，犹借此翁湔洗，素壁写归来。斜日透虚隙，一线万飞埃。"在《南歌子·独坐蔗庵》中具体发挥道："玄入《参同契》，禅依不二门。细看斜日隙中尘，始觉人间，何处不纷纷！"微尘一经阳光照射，由隐而显，见出纷纭万状，正如浑沌人生，一经参悟，原是纷争之场，结论当然是超越是非得失之外。基于此，他也有一些萧散闲雅之作，颇具陶诗恬淡隽永的风格，越到晚年，越为明显。然而，毕竟由于襟抱、气质和环境的差异，他学陶主要偏重在外在物象景象的认同上。如仿陶《停云》诗的《蓦山溪·停云竹径初成》、《贺新郎·邑中园亭，仆皆为赋此词。一日，独坐停云，水声山色，竞来相娱，意溪山欲援例者，遂作数语，庶几仿佛渊明思亲友之意云》，如对斜川的向往"斜川好景，不负渊明"（《沁园春·再到期思卜筑》），如爱柳"待学渊明，更手种门前五柳"（《洞仙歌·访泉于奇师村，得周氏泉为赋》），如赏菊松"自有渊明方有菊"（《浣溪沙·种梅菊》），"千古黄花，自有渊明比"（《蝶恋花》），"须信采菊东篱"（《念奴娇·重九席上》），"渊明最爱菊，三径也栽松"（《水调歌头·赋松菊堂》）等。由此可见，在同一陶渊明面前，辛与陶仅是散点契合，始终保持志士本色，因而景仰而自占身份，认同而不废商榷；苏对陶却是"我即渊明，渊明即我"（《书渊明东

---

① "渊明避俗未闻道"，实是杜甫之意，见其《遣兴五首》其三："陶潜避俗翁，未必能达道。观其著诗集，颇亦恨枯槁。"辛弃疾把它指为苏轼之语，不确。

方有一士诗后》)的全身心投入,虽也有《问渊明》等作,却是同一水准上对人生的互商互补,不像辛弃疾在"知音弦断,笑渊明空抚馀徽"(《新荷叶·再和赵德庄韵》)、"爱说琴中如得趣,弦上何劳声切"(《念奴娇·重九席上》)等作中,对陶的"抚弄"无弦之琴"以寄其意",作了揶揄和质疑,表示他对陶仍保持相当的距离。

在共同学陶上,最能反映苏辛二人人生思想和文化性格异点的有趣题目是饮酒。彭乘《墨客挥犀》说:"子瞻尝自言平生有三不如人,谓着棋、吃酒、唱曲也。"其实,最懂得棋、酒、曲三昧的正是他。他的《书李岩老棋》云"着时似有输赢,着了并无一物",从棋道中悟出人生之道。他不善唱曲,但深谙词乐而不为音律所缚,终于开拓了词的新境界。他对饮酒的体认更意味深长。在《书东皋子传后》中他说:"余饮酒终日不过五合,天下之不能饮无在余下者。然喜人饮酒,见客举杯徐引,则余胸中为之浩浩焉,落落焉,酣适之味乃过于客。闲居未尝一日无客,客至未尝不置酒,天下之好饮亦无在余上者。"他在《和陶饮酒诗序》中也说:"吾饮酒至少,常以把盏为乐,往往颓然坐睡,人见其醉而吾中了然,盖莫能名其为醉为醒也。在扬州,饮酒过午辄罢,客去,解衣槃礴终日,欢不足而适有馀。"在酒精的适度麻醉下,"晓日着颜红有晕,春风入髓散无声"(苏轼《真一酒》),酒气上脸并周流全身,获得不可名状的"酣适之味"和"适有馀",从中体会摆落拘限、忘怀物我的妙趣。宋费衮《梁谿漫志》卷六"晋人言酒犹兵"条引苏轼《和陶饮酒诗序》后说:"东坡虽不能多饮,而深识酒中之妙如此。晋人正以不知其趣,濡首腐胁,颠倒狂迷,反为所累。"也就是说,苏轼与迷狂式的泥醉不同,追求"半醺",在半醒半醉或"人见其醉而吾中了然"之际,体认个体生命既超脱世俗束缚又把握自我意识的微妙境界。

辛弃疾一生写了大量有关饮酒的词,仅退居时期即达二百多首,其饮酒方式却是豪饮、狂饮。他不止一次地戒酒、破戒,直至临终也没有把酒戒掉。他是英雄失志、解愁破闷的豪饮。他的《水调歌头·九日游云洞,和韩南涧尚书韵》云:"渊明谩爱重九,胸次正崔嵬。酒亦关人何事,政自不能不尔,谁遣白衣来? 醉把西风扇,随处障尘埃。 为公饮,须一日,三百杯。此山高处东望,云气见蓬莱。翳风骖鸾公去,落佩倒冠吾事,抱病且登台。"这里"一日须倾三百杯"的李白式的豪饮,是与"倒冠落佩兮与世阔疏"(杜牧《晚晴赋》)的愤世闷郁相联系的,而对陶渊明饮酒的认识,又别有会心地赋予"胸次崔嵬"、鄙弃权贵"尘污"的意义("醉把"句用《世说新语·轻诋篇》王导之典)。另一首与陶公饮酒有关的《玉蝴蝶·叔高书来戒酒,用韵》云:"侬家。生涯蜡屐,功名破甑,交友抟沙。往日曾论,渊明似胜卧龙些。算从来、人生行乐,休更说、日饮亡何。快斟呀,裁诗未稳,得酒良佳。"也表达了用酒作为"人生行乐"之具,来宣泄人生有限、功名破灭、友朋失散之悲,并认为这正是陶渊明比诸葛亮高明之处。但苏轼在《书渊明诗》中说:"孔文举云:'坐上客常满,樽中酒不空,吾无事矣。'此语甚得酒中趣。及见渊明云:'偶有佳酒,无夕不倾,顾影独尽,悠然复醉。'便觉文举多事矣。"在苏轼看来,陶高于孔融之处,在于并不刻意追求友朋常聚、美酒常满,而是偶然兴会、率意悠适的情趣,这是他对陶公饮酒的理解。指出下面这点也许有些意义:他在引用陶的《饮酒二十首序》时,把原文"忽焉复醉"写成"悠然复醉",足见对"悠然"的强调。能获"悠然"之"一适",能"偶得酒中趣",那么"空杯亦常持"也是无妨的(《和陶饮酒》其一),原来他并不计较事实上的有酒或无酒,只求"悠然"、"适"、"趣"等精神愉悦。但辛弃疾却不以为然。他调侃陶公说:"试把空杯,翁还肯道:何必杯中物? 临风一笑,请翁同醉今夕。"(《念奴娇·重九席上》)他是现实的,悲哀悒郁是实在的,以酒麻醉消忧也是实在的,空灵虚幻的精神超越是无济于事的。对于陶渊明饮酒后"采菊东篱下,悠然见南山"(《饮酒》其五)的可遇而不可求的怡然心会,或"试酌百情远,重觞忽忘天。天岂去此哉？任真无所先"(《连雨独饮》)的饮酒而存"真"的省悟,辛弃疾大概是没有耐心去体会这种"浊醪妙理"的。

　　辛弃疾又表现为放浪形骸、泯灭自身的狂士痛饮。《定风波·大醉自诸葛溪亭归,窗间有题字令戒饮者,醉中戏作》生动地描绘出他泥醉的情态:"昨夜山公倒载归,儿童应笑醉如泥。试与扶头浑未醒,休问,梦魂犹在葛家溪。"这里的"濡首腐胁,颠倒狂迷"蕴含着痛苦无以自抑的突发性的宣泄,但他对自我的斫伤也是显然的。他的《卜算子》即以"饮酒成病"为词题,但另一首《卜算子·饮酒不写书》又以"一饮动连宵,一醉长三日"自夸自傲了。苏轼却明确认为,海量如张方平、欧阳修、梅尧臣者,算不得善饮者,"善饮者,澹然与平时无少异也"(《书渊明诗》)。他还说:"《饮酒》诗云:'客养千金躯,临化消其宝。'宝不过躯,躯化则宝亡矣。人言靖节不知道,吾不信也。"(《书渊明饮酒诗后》)即以半醉半醒的微醺为饮酒的最佳选择,目的是追求"醉中味",而不是口腹之欲的无度满足,更不是斫性伐体、对自我"宝躯"的作践。这是苏轼对陶公饮酒的又一层理解。这种半醺境界,辛弃疾直到开禧三年(1207)八月病中才开始有所体会:"深自觉、昨非今是。羡安乐窝中泰和汤,更剧饮无过,半醺而已。"(《洞仙歌·丁卯八月病中作》)但到九月十日,他却怀着陶渊明"觉今是而昨非"的醒悟离开了人间。他曾说"饮酒已输陶靖节"(《读邵尧夫诗》),如果从把握陶公饮酒的人生意义来看,这句客气话含有深刻的道理。

(原载《文学遗产》1991年第2期)

苏轼的政治态度和政治诗

苏轼是一位比较复杂的著名作家,他在政治上和创作上存在着种种明显的矛盾。过去学术界对他的评论有分歧,这是正常的现象。然而,"四人帮"出于其政治需要,竟然对这位九百多年前的作家发动了一场讨伐。在他们控制的 1974 年第 2 期《红旗》上,抛出了由罗思鼎炮制、姚文元改定的《从王安石变法看儒法论战的演变》一文,一口气给苏轼扣上了"投机派"、"两面派"等大帽子;在同一期上,梁效们又给加上"顽固派苏轼"的恶谥。嗣后,江天之流又出来从"文艺"的角度把苏轼的政治诗一概斥为"诬蔑新法"的"黑诗"。一时间,南呼北应,在他们所鼓噪的"儒法斗争继续到现在"的大合唱中,也算得一支高调门的插曲。这是"四人帮"政治阴谋的一个组成部分,同时也对苏轼的评论和研究制造了混乱。现在必须加以批判和澄清。

一

苏轼生活的时代,正是北宋积贫积弱的局势逐渐形成、社会危机急剧发展的时代。王安石变法就是当时各种社会矛盾交互作用的产物。相应于王安石变法的发生、发展和失败的全过程,依据苏轼的政治态度和政治经历,可以把他一生的政治道路划分为如下四个时期,以便于考察和评论他的政治态度。

(一)从宋仁宗赵祯嘉祐二年(1057)苏轼考中进士、走入仕途,到宋英宗赵曙治平三年(1066)他返蜀为父服丧,这是王安石变法前的酝酿期。这时苏轼的基本政治倾向是要求变法。代表作是1061年考"制举"(区别于进士、明经之类的"常举")时所写的《进策》(包括《策略》五篇、《策别》十七篇、《策断》三篇)和1063年的《思治论》。在这些文章中,他针对当时"财之不丰,兵之不强,吏之不择"等社会政治积弊,提出了一系列的改革主张。其主旨正像他后来所说的,是为了促使赵祯"励精庶政,督察百官,果断而力行"①其中不乏一些对社会矛盾较为深入的分析和个别较为激进的议论。

(二)从宋神宗赵顼熙宁二年(1069)苏轼从蜀返京,到元丰八年(1085),这是王安石变法的推行期。这时苏轼的基本政治倾向是反对变法。代表作是1071年的《上神宗皇帝》万言书和《再论时政书》。在这些文章中,他公开提出反新法的政治纲领,即"结人心,厚风俗,存纪纲"。把新法比为"毒药",说"今日之政,小用则小败,大用则大败,若力行而不已,则乱亡随之",要求赵顼不要"求治太速,进人太锐,听言太广",一反前一时期的主张。在这长达十六年的变法推行期中,又以熙宁九年(1076)王安石第二次罢相为标志,新法逐渐失去打击豪强兼并的势头,封建统治阶级内部变法和守旧两派的斗争部分地变成了封建宗派的倾轧和报复。苏轼也遭到了他一生第一次严重的政治挫折:1079年因"乌台诗案"被捕入狱,几乎丧生。

(三)从元丰八年赵顼去世、苏轼被召回汴京,到宋哲宗赵煦元祐八年(1093),这是守旧派司马光等全面废除新法的所谓"元祐更化"时期。这时苏轼的基本政治倾向是维护某些新法,从而跟司马光等发生尖锐的冲突。这突出地表现在反对废除免役法的论争上。这场论争规模不小,在一些维护免役法的人物中,苏轼是最为激进的一个。

---

① 《辩试馆职策问札子二首》其二,见《经进东坡文集事略》卷三一。

（四）从元祐八年赵煦"亲政"，到元符三年（1100），这是变法派章惇执政、守旧派下台的所谓"绍圣"时期。这时苏轼长期被贬官在外，远离斗争的漩涡。最后他远谪海南，近于流放，并不由于是坚持"旧党"立场，而是因为封建宗派的打击。

上面勾勒的轮廓表明，从对王安石新法的关系来说，苏轼的政治态度有两次重要的转化：一是熙宁王安石当政时期，一是元祐司马光等执政时期。这两次转化，却成了"四人帮"喉舌们指控苏轼为"投机派"、"两面派"等的全部根据。在封建的政治斗争中，人们政治态度的改变是经常发生的，为什么一发生改变就注定是"投机派"、"两面派"了呢？"四人帮"的喉舌们没有什么像样的论证。所谓"投机派"，一般总有随风转舵以博取个人功利的特征吧，而苏轼每每把当朝的实权人物作为自己的论敌；"两面派"则以真假两面兼备、以"假"掩真为手段，而苏轼的那些攻击王安石、责难司马光的言论，昭昭在人耳目，彰彰载诸简册。"四人帮"的这些帽子，除了说明他们另有政治目的外，又能说明什么呢？苏轼在元祐六年（1091）的《杭州召还乞郡状》①中回顾自己的经历时说"是时（指熙宁时）王安石新得政，变易法度。臣若少加附会，进用可必"，但他"上疏六千馀言，极论新法不便"；元祐时，也因为坚持"独立不倚、知无不言"的信条，论"衙前差顾（雇）利害"，而"与司马光异论"。苏轼的这个自述，今天看来正好是对"四人帮"强加给他的诬蔑之词的驳斥。苏轼的一生，对新法的态度有变化，但他不是"四人帮"所指责的翻云覆雨的"政治投机商"；他的政治思想中存在着保守落后的方面，但他不是玩弄两面派手法的"反动政客"。这在下面还将进一步论及。

苏轼的政治态度为什么会发生这样的转化？应该怎样评价？

这个转化决定于苏轼政治思想的深刻矛盾。他的自然观就充满

---

① 见《东坡七集·奏议集》卷九。

着变革和反变革的对立因素。他说："夫天以日运故健,日月以日行故明,水以日流故不竭,人之四肢以日动故无疾,器以日用故不蠹。天下者,大器也,久置而不用,则委靡废放,日趋于弊而已矣"①。主张万事万物都只有在不断地运动变化中才能求得生存发展;直到晚年,他仍说:"夫天岂以刚故能健哉?以不息故健也。流水不腐,用器不蠹,故君子庄敬日强,安肆日偷;强则日长,偷则日消。"②这样的自然观当然只能引出变法改革的政治主张。但是,他有时又鼓吹"处静"、"人主常静而无心"③。他在那篇著名的《前赤壁赋》中所发挥的"变"与"不变"的议论,在既承认"变"又承认"不变"的二元论背后,核心的仍然是"不变",是庄周的形而上学相对主义。这就是他要求变革又害怕变革过"度"的缘故。

仁宗赵祯和神宗赵顼的施政方针有着显著的差别。赵祯晚年,在范仲淹等的"庆历新政"失败后,朝廷内外弥漫着习故蹈常、萎靡不振的政治空气④;赵顼即位,社会危机的紧迫感加重了,他企图挽狂澜于既倒,支持王安石在较为深广的范围内进行改革。苏轼在这两朝的不同政见正是他政治思想的矛盾性和这个具体政治环境互相作用的结果。他后来在元祐元年(1086)为试馆职而草拟的一道策题中说:"欲师仁祖(仁宗)之忠厚,而患百官有司不举其职,或至于偷;欲法神考(神宗)之励精,而恐监司守令不识其意,流入于刻。"⑤反映了苏轼对两朝不同政治风气的看法和态度。当他不满于赵祯因循苟且的"偷"时,他是比较清醒的。他说:"当今之患,外之可畏者西戎北胡(指西夏和辽),而内之可畏者天子之民也。西戎北胡不足以为中国

---

① 《御试制科策一道》,见《经进东坡文集事略》卷二〇。
② 《苏氏易传》卷一。
③ 《朝辞赴定州状》,见《经进东坡文集事略》卷三四。
④ 马永卿《元城语录》记刘安世语:"嘉祐之末,天下之弊在于舒缓。"
⑤ 《策问·师仁祖之忠厚、法神考之励精》,见《经进东坡文集事略》卷二二。

大忧,而其动也有以召内之祸;内之民实执存亡之权,而不能独起,其发也必将待外之变。"①这里,他比王安石的《上仁宗皇帝言事书》中所谓"顾内则不能无以社稷为忧,外则不能无惧于夷狄"的议论,更明确、更透辟地预先说出了王安石变法的真正目的:缓和民族矛盾、特别是阶级矛盾。这是威胁赵宋王朝生存的真正危险,犹如那把悬挂在皇座上、只用一根马鬃系着的达摩克利斯剑。但当苏轼害怕于赵顼时"刻"的改革势头时,他又显得糊涂昏聩。他要求赵顼"以简易为法,以清净为主",无所作为,一仍旧章;他自食前言,空喊"崇道德"、"厚风俗",反对所谓"急于功"、"贪富强",自我否定此前提出的"丰财、强兵、择吏"的改革主张②。他原先说过要"变政易令"③,要"厉法禁自大臣始"④,现在却为豪强兼并户、品官形势户被损抑的某些利益辩护。他针对王安石的"三不足畏"精神,提出"必畏天,必从众,必法祖宗"⑤的口号,俨然以封建秩序的护法神自居。这类言论表明,他政治思想中的保守方面已占主要地位,使他追随守旧派走得很远。到了"元祐更化"时期,一切回到熙宁前的原样,苏轼又不满:"矫枉过直,或至于偷。而神宗励精核实之政,渐致惰坏。深虑数年之后,驭吏之法渐宽,理财之政渐疏,备边之计渐弛"⑥,又以新法辩护人的姿态出现,甚至被他的同辈视为王安石第二⑦。所以,苏轼的政治态度是随着他所生活的政治环境的变化而变化,而其政治思想的矛盾性却是一以贯之的。

苏轼政治态度的"之"字形转化,也反映了一度曾是他的对立

① 《策断上》,见《经进东坡文集事略》卷一九。

② 以上上均见《上神宗皇帝》,见《经进东坡文集事略》卷二四。

③ 《思治论》,见《经进东坡文集事略》卷一一。

④ 《厉法禁》,见《经进东坡文集事略》卷一六。

⑤ 《拟进士廷试策》,见《经进东坡文集事略》卷二一。

⑥ 《辩试馆职策问札子二首》其二。

⑦ 刘延世《孙公谈圃》记孙升语:"若欲以轼为辅佐(宰相),愿以安石为戒。"

面——王安石变法的内在矛盾。体现在诸项新法中的基本办法是：力图不再加重北宋五等户中的中户和下户，即没有免税免役特权的中小地主、自耕农等的负担，相对稳定他们的经济地位；适当裁抑上户即豪强兼并户及官户的利益；增加以皇族地主为代表的封建国家的财政收入。王安石说，"善理财者不加赋而国用足"①，实质上就是皇族地主和豪强地主对于农民阶级的剩馀劳动价值（乃至一部分必要劳动价值）的重新分配问题。王安石指责豪强兼并户"以与人主争黔首"②，其实，他的新法的出发点是代表皇族地主从豪强兼并户手中夺取一部分剥削果实，从而也减轻了中小地主和自耕农的负担。所以，新法虽然有历史的进步作用，但它没有也不可能去触动封建制度、特别是封建土地所有制的一根毫毛。同时，它的法令虽然主要是裁抑豪强兼并户的一些利益，但也在某些方面损害了中户或下户。如从差役法改为免役法，使原先没有差役负担的女户、未成丁户等也要跟官户一样交纳"助役钱"、"免役宽剩钱"；青苗法规定，户等越高，可贷之钱越多，对于不需要借贷的上户实施强行"抑配"，使封建国家获取百分之四十的年息，而对于急需借贷的下户和客户所助甚微；至于保甲法之类，其镇压人民反抗的性质更是不言而喻的。尤其应该指出，新法理论和新法实践之间存在着很大的距离。新法只能依靠封建官僚机构来推行，而北宋官僚机构的腐败是骇人听闻的。如下级吏胥没有或很少有俸金，明目张胆地纵容他们贪赃枉法，鱼肉人民，新法到了这批害民之徒手里只能变成压榨人民的新的枷锁了。王安石曾用发给正式俸金的办法来纠正这种积习，也只是一种幻想。又如，免役法是按户等不同来征税的，而要使全国户等平均，这在封建官僚制度下也无法办到，连王安石也承认："苟不得其人而行，则五

---

① 《宋史纪事本末》卷三七，《续资治通鉴》卷六六。
② 《度支副使厅壁题名记》，见《临川先生文集》卷八二。

等必不平,而募役(即免役法)必不均矣。"①镇定州民发生"拆卖屋木以纳免役钱"事件,王安石也说:"臣不能保其无此,缘以今之官吏行今之法,必多轻重不均之处。"②熙宁时王安石的学生陆佃从山阴进京,对王说:"法(新政)非不善,但推行不能如初意,还为扰民。"③这些史料应该说是较为可靠的。所以,王安石新法的矛盾悲剧是双重的:它企图缓和社会危机,但丝毫没有解决引起危机的任何一个社会矛盾,没有触动造成危机的封建制度;他的新政又只能依赖腐朽的封建官僚机器来推行,因而他主观上的"良法美意"在实践中却部分地变成了"扰民"的工具。这就决定了新法必然失败的历史命运。

苏轼在熙宁时的反对新法,就反映了新法的这种矛盾。如对免役法,苏轼既有"自古役人,必用乡户"这类典型的守旧派论调,指斥新法"欲使坊廓等第之民,与乡户均役;品官形势之家,与齐民并事";但在具体论述时,又主要着眼于"女户、单丁,盖天民之穷者也。古之王者,首务恤此。而今陛下首欲役之"④。这里对"女户、单丁"的同情,不能视作是一种姿态而已。特别是新法在实际推行过程中的流弊,更是苏轼攻击的重点。例如青苗法的硬性"抑配"问题。他曾指出,"初散青苗,本为利民",但"提举官速要见功,务求多散,讽胁州县,废格诏书,名为情愿,其实抑配"⑤。这连中央朝廷也不得不承认,曾下令禁止:"(熙宁)三年正月二十二日,诏诸路常平广惠仓给散青苗钱,本为惠恤贫乏,并取民情愿,今虑官吏不体此意,追呼均配抑勒,翻成搔(骚)扰。"⑥苏轼又进一步指出:"青苗不许抑配之说,亦是

① 《上五事札子》,见《临川先生文集》卷四一。
② 《续资治通鉴长编》卷二五一,熙宁七年三月庚戌条。
③ 《宋史纪事本末》卷三七,《续资治通鉴》卷六八。
④ 《上神宗皇帝》,见《经进东坡文集事略》卷二四。
⑤ 《乞不给散青苗钱斛状》,见《经进东坡文集事略》卷三一。
⑥ 《宋会要辑稿·食货四·青苗》。

空文。"①秘密在哪里呢？他说："陛下以为青苗抑配果可禁乎？不惟不可禁，乃不当禁也。何以言之？若此钱放而不收，则州县官吏，不免责罚；若此钱果不抑配，则愿请之户，后必难收。前有抑配之禁，后有失陷之罪，为陛下官吏，不亦难乎？"②就是说，官吏们只有向并不需要借贷的上户强行"散俵"，才能收回本利；那些真正的"愿请之户"（下户）又因本利难付而很少得到借贷。苏轼提出的这个实际存在的矛盾，确是变法派无法解决的。又如农田水利法规定，凡言兴水利者，"随功利大小酬奖"。今天有的论者对此赞美为"群众路线"，其实，这种措施只能导致苏轼所说的"妄庸轻剽、浮浪奸人，自此争言水利矣"③的结果。事实上也是如此。当时侯叔献、杨汲等人都因兴修水利而得到十顷以上的赐田，而所修水利却收效甚微；不少地区发生虚报成绩的事件④。这也是苏轼在熙宁时反对新法的一个重要原因。

　　苏轼为什么在元祐时改变对新法的态度了呢？如上所说，对新法的根本目的，苏轼和王安石并没有什么分歧，本来就是苏轼完全可以接受的。在长达十六年的新法推行过程中，苏轼在朝只有两年多，大都在地方任职。在地方官任上，苏轼对缓和社会危机、发展农业生产做过一些事情，对于新法还能"常因法以便民，民赖以少安"⑤。这逐渐使他看到新法的精神只不过用裁抑少数豪强兼并户某些利益的办法。他在不少书信中谈到这种思想认识的演变。如果说，他在黄州被贬时期给章惇写信，"追思所犯（指反对新法），真无义理，与病狂

① 《上神宗皇帝》，见《经进东坡文集事略》卷二四。
② 《再论时政书》，见《经进东坡文集事略》卷二九。
③ 《上神宗皇帝》，见《经进东坡文集事略》卷二四。
④ 如《续资治通鉴长编》卷二一二，熙宁三年六月壬申条，记查办唐州签判张恂"伪加水田顷亩，并开修黄王池二陂不实事状"。
⑤ 苏辙《东坡先生墓志铭》。

之人蹈河入海者无异"①，可能夹杂着个人求助的动机；或者在王安石退居金陵时，他《上荆公书》说"近者经由，屡获请见，存抚教诲，恩意甚厚"，以致相约卜邻，发出"从公已觉十年迟"（《次荆公韵四绝》其三）的感叹，他们之间敌意的消除也可能含有对个人所谓"道德文章"的倾慕；那么，元祐元年（1086）他给朋友滕元发的信，是表达他的真实思想的："盖谓吾侪新法之初，辄守偏见，至有异同之论。虽此心耿耿，归于忧国，而所言差谬，少有中理者。今圣德日新，众化大成，回视向之所执，益觉疏矣。若变志易守，以求进取，固所不敢；若诙诙不已，则忧患愈深。"②他认识了自己过去反对新法的"差谬"，"少有中理"，承认神宗朝推行新法在造成一定流弊的同时，也获得一定的成效，所谓"圣德日新，众化大成"。正是由于对新法的这一新认识，使他在"元祐更化"时期，要求对新法"较量利害，参用所长"③，对司马光的一概废弃，斥之为"司马牛"的蛮横无理和"鳖厮踢"的倒行逆施④。这就是他元祐时对新法态度有所改变的一个原因。

　　苏轼政治态度的转化，除了上述两个主要原因以外，还由于宋朝统治政策和他特殊的仕宦经历。我们熟知宋太祖赵匡胤"杯酒释兵权"的故事，他并规定"以文驭武"，防止唐末藩镇混战的重演；同时，宋王朝又常在朝臣中有意地培植对立派系，使之互相攻讦，便于皇帝控制，其中尤其着重发挥谏官的牵制作用。宋真宗赵恒在起用寇准时就说，"且要异论相搅，即各不敢为非"⑤，就透露出其中的消息。苏轼在《上神宗皇帝》中详细地阐述了这一项防止"内重之弊"的统治权术："历观秦汉以及五代，谏诤而死盖数百人；而自建隆（宋太祖年

<hr>

① 《与章子厚书》，见《东坡七集·续集》卷一一。
② 《与滕达道》，见《东坡七集·续集》卷四。
③ 《辩试馆职策问札子二首》其二。
④ 见《铁围山丛谈》卷三，又见《调谑编》。
⑤ 《续资治通鉴长编》卷二一三，熙宁三年七月壬辰条。

号）以来，未尝罪一言者。纵有薄责，旋即超升，许以风闻。……言及乘舆，则天子改容；事关廊庙，则宰相待罪。"为什么给谏官这样大的权力呢？是为了"折奸臣之萌，而救内重之弊"，即避免大权旁落到宰执大臣之手，重复杨国忠、李林甫专权误国的历史。苏轼把这一宋朝相沿已久的统治术强调到"朝廷纪纲，孰大于此"的程度，是他向神宗提出"结人心、厚风俗、存纪纲"的三大纲领之一。苏轼自幼崇拜东汉时因反对宦官而死的名士范滂，以"忘躯犯颜之士"①自居。他考制举，又以贤良方正能直言极谏取入第三等（宋时取第三等者仅四人）②，更使他以"使某不言，谁当言者"③自负，一心要博取"危言危行、独立不回"的"名节"④。这就使他跟王安石、司马光、章惇等各朝宰相的议论常常处在既定的敌对地位。司马光曾自惭在反王安石时，他不及苏轼、孔文仲（也是"制举"入三等的四人之一）敢于进言，刘安世也称述"东坡立朝大节极可观"，"在元丰则不容于元丰，人欲杀之；在元祐则虽与老先生（指司马光）议论亦有不合处，非随时上下人也"⑤。有两句关于苏轼的笑话：一句是他的侍妾朝云说他"一肚皮不入时宜"；一句是他自述"到处被鳖相公厮坏"⑥。这两句笑话包含了严肃的内容：他实际上成了赵宋王朝统驭群臣的这种特殊统治术的工具和牺牲品。他自己后来也多少觉察到这一点。他在《答李端叔书》中说，他"举制策，其实何所有？而其科号为直言极谏，故每纷然诵说古今，考论是非，以应其名耳"。"然世人遂以轼为欲立异同，则过矣。妄论利害，搀说得失，此正制科人习气，譬之候虫时鸟，自鸣自已，何足

①　《上神宗皇帝》。
②　《小学绀珠》卷六《名臣类下》。
③　《曲洧旧闻》卷五。
④　《杭州召还乞郡状》，见《东坡七集·奏议集》卷九。
⑤　《元城语录》卷上。
⑥　《梁谿漫志》卷四、《侯鲭录》卷八。（又见毛晋辑《东坡笔记》卷上"是中何物"和"卧游水晶宫"条。）

为损益!"当然,苏轼政治态度的转化,主要决定于他政治思想的矛盾性,也是王安石变法内在矛盾影响的结果,并不是毫无是非、"妄论利害"的"制科人习气"所致。但这适应赵宋王朝专制主义统治的"习气",对于苏轼政治上的所言所行发生过相当的作用,也是事实。

苏轼一生变动不居的政治立场和态度,在他主观上确是为了坚守所谓"危言危行,独立不回"的自立自断的政治操守;但在客观的政治斗争中,却使他有时作了守旧派的附庸,有时又成为"旧党"中变法派的代言人。这固然使他得不到任何一方的全部支持,但也使他得到过来自两派的某种同情。围绕着"乌台诗案"等事件,守旧派自然大力援救,仁宗妻曹太后、退职宰相张方平及范镇等元老重臣纷纷出面说情,而变法派中也有王安石之弟王安礼,以后又有章惇等人为他缓颊,最后王安石说:"岂有圣世而杀才士者乎?"这场轰动一时的诗案就以王安石这样"一言而决",从轻发落①。这是他依违两派的一个佐证。

苏轼的政治态度中的深刻矛盾,归根结底,是当时社会矛盾,尤其是北宋统治阶级内部斗争中的诸种矛盾在苏轼这样一位具体人物身上的反映,不能把它仅仅归结为个人的某种主观动机。过分追究历史人物个人的主观动机,本来就不是历史科学正确的研究视角和方法,而"四人帮"的指控苏轼为"投机派"、"两面派",更是超出了正常的学术研究范围,而是别有政治企图的不实之词。

二

现存苏轼诗约二千七百多首,社会政治诗所占比重并不大,但仍是苏诗的一个重要内容,表达了诗人对于政治和社会重大生活的态度和观点。这是评价苏诗思想意义时理应注意的问题。"四人帮"的喉舌们

---

① 见宋代周紫芝所录《诗谳》一书的跋。

把它一概斥之为"诬蔑新法"的"黑诗",既不符实际又别有用心。

苏轼的许多政治诗,包括被列入"乌台诗案"的不少诗作,和新法并没有关系。这些诗篇表明,作者的政治视野比较广阔,敢于揭露社会矛盾和政治弊病,反映了下层人民的一些苦难生活。年轻的苏轼就从辞岁的富贵人家"寘盘巨鲤横,发笼双兔卧"中,看到"富人事华靡,彩绣光翻坐;贫者愧不能,微挚出春磨"(《岁晚三首·馈岁》),两种不同的辞岁时的馈赠礼品反映出两种不同的生活地位。他经常作这种贫富悬殊的对比:"蜀人衣食常苦艰,蜀人游乐不知还。千人耕种万人食,一年辛苦一春闲。"(《和子由蚕市》)同是"蜀人",苦乐不均。这些说明他对封建社会阶级对立的基本矛盾有较深的感受。"人间行路难,踏地出赋租"(《鱼蛮子》),"不辞脱袴溪水寒,水中照见催租瘢"(《五禽言五首》其二),对横征暴敛的谴责;"谁怜屋破眠无处,坐觉村饥语不噩"(《十二月十四日夜微雪,明日早往南溪小酌至晚》),对农村破产景象的描绘;"三年东方旱,逃户连敧栋。老农释耒叹,泪入饥肠痛"(《除夜大雪留潍州,元日早晴遂行,中途雪复作》),对旱灾中人民痛苦的反映,都概括了一定的现实生活。直到晚年,在经过"乌台诗案"以后,他仍然用诗干预政治,直斥时弊。著名的如《荔支叹》。杜牧写荔枝说:"一骑红尘妃子笑,无人知是荔枝来。"(《过华清宫绝句三首》之一)苏轼此诗开篇有意相反:"十里一置飞尘灰,五里一堠兵火催。颠阬仆谷相枕藉,知是荔支龙眼来。"一个说"无人知",词意含蕴;一个直写"知",渲染出一幅尘土飞扬、死者满途的惨象。苏诗接着又说"宫中美人一破颜,惊尘溅血流千载",也比杜诗的"妃子笑"写得笔酣墨饱,对比鲜明。这种艺术上的不同来源于苏轼政治愤激的强烈。不仅如此,苏轼写历史上的进贡荔枝,是为了指斥当朝风行一时的贡茶和贡花,而且指名道姓地谴责当时"名臣"丁谓、蔡襄、钱惟演:"武夷溪边粟粒芽,前丁后蔡相笼加","洛阳相君忠孝家,可怜亦进姚黄花",把他们比作唐朝贡荔枝的权奸李林甫,献媚邀宠,残民以逞。这种批判精神是有进步性的。

作为"乌台诗案"主要"罪证"材料的《苏子瞻学士钱塘集》三卷今已不传,但从现存宋人朋九万《东坡乌台诗案》、周紫芝《诗谳》和清人张鉴《眉山诗案广证》等所录被指控为攻击新法的几十首诗文来看,其中不少和新法根本无关,或没有直接关系。这原是可以理解的。围绕"乌台诗案"的斗争,不仅有变法派借以打击反变法派的意义,而且夹杂封建派系互相倾轧、报复的因素,因此,必然存在罗织周纳、锻炼逼供等封建官场司空见惯的现象。前几年,有的论者却提出要"重勘乌台诗案",实际上完全认可当时御史们李定、舒亶、何大正等人对苏轼的控告,这是不对的。例如《八月十五日看潮五绝》之四:"吴儿生长狎涛渊,冒利轻生不自怜。东海若知明主意,应教斥卤变桑田。"舒亶第一个指责此诗是攻击"陛下(指神宗)兴水利",后来竟据以定案,直至现在的一些论著、注本仍相沿此说。其实,这首绝句的本意是明白畅晓的。苏轼自己解释说:"弄潮之人,贪官中利物,致其间有溺而死者。"又说:"是时新有旨禁弄潮。"后两句诗是说:东海龙王假如领会神宗禁止弄潮的旨意,应该把沧海变为桑田,让弄潮儿得以耕种自食,免得他们再去"冒利轻生"。四句诗的意思是连贯的,不能片面摘出后两句说是攻击农田水利法,而且说攻击的矛头是"明主",这是连神宗也不会相信的①。说苏轼敢于直刺神宗,在今天看来,岂不是对苏轼的美化吗?"乌台诗案"中还有像说《书韩幹牧马图》是讥执政大臣无能,说《和李邦直沂山祈雨有应》是诬蔑执政、群臣为"社鬼",说"荒林蜩蚻乱,废沼蛙蝈淫"(《张安道见示近诗》)是形容朝廷中蛙虫鼓噪等等,其周纳构陷,是显而易见的。至于像《祭常山回小猎》结句所云"圣明若用西凉簿,白羽犹能效一挥",用晋朝西凉主簿

---

① 　当时宰相王珪曾举出苏轼《王复秀才所居双桧二首》之二"根到九泉无曲处,世间唯有蛰龙知",说苏轼有"不臣"之心。神宗说:"轼固有罪,然于朕不应至是。"又说:"彼自咏桧,何预朕事!"见《石林诗话》等。

谢艾"乘轺车、冠白帽"而大败敌军的典故，来表达苏轼效力破辽的决心，也被指为罪责，更是黑白颠倒了。

　　"诗案"中还有一组涉及攻击盐法的诗，实际上也与新法没有多大关系。宋朝自宋太祖建隆以来，厉行盐的专利制度，民间私自煎盐三斤、或向"禁地"私贩官盐十斤者，都要处以死刑①。王安石变法派只是采取旧有的分区专卖的办法，加强控制而已。这一制度首先是针对普通百姓的用盐需要的。苏轼曾几次上书朝廷，说贩盐的贫民因盐税直线上升，"刑法日峻，告捕日繁"，"若不为盗，惟有忍饥"；他指出："五六年来，课利（指盐税）日增，盗贼日众。"②这种"官逼民反"的思想，一般说来，还是封建士大夫所能达到的较高思想认识。苏轼还指出，连滨海地区的登州"居民"，也"顿食贵盐，深山穷谷，遂至食淡"③，这里，对封建国家长治久安的关心和对社会下层生活的关心交织在一起。苏诗也反映了这一内容。如《李杞寺丞见和前篇复用元韵答之》，对于"坐同保、徙其家"的被捕"盐贼"，喊出了"误随弓旌落尘土，坐使鞭棰环呻呼，追胥连保罪及孥"的悲叹之声。《戏子由》中也说"生平所惭今不耻，坐对疲氓更鞭棰"，这里的"疲氓"也是"徙配犯盐之人"。又如《山村》之三："老翁七十自腰镰，惭愧春山笋蕨甜；岂是闻《韶》解忘味？迩来三月食无盐。"孔丘用"三月不知肉味"来形容《韶》乐的"美妙"，这是夸张；苏诗说山中老翁三月不知盐味，却是现实。这些当时被判为有罪的诗篇不也概括了一定的历史生活内容，反映了作者一些较为可取的思想观点吗？

　　苏轼的确写过一些反对新法的诗。王安石新法在历史上有进步作用，因而反对新法的诗歌一般说来表现了保守的政治倾向，这点是应该肯定的。对新法的态度，可以作为评价这类诗歌的一项标准，然

---

① 《宋会要辑稿·食货二三·盐法杂录》。
② 《论河北京东盗贼状》，见《经进东坡文集事略》卷三三。
③ 《乞罢登莱榷盐状》，见《经进东坡文集事略》卷三三。

而不是惟一的标准。作为形象地反映生活的文学作品，主要看作者是否反映了生活的真实，是否概括出生活的某些本质方面以及在文学形象中所体现的作者思想和作品的客观意义怎样，文学作品不可能仅仅是作者某种政治观点的简单图解，这就造成像苏轼这类诗的复杂情形。我们试以《吴中田妇叹》为例：

> 今年粳稻熟苦迟，庶见霜风来几时。霜风来时雨如泻，把头出菌镰生衣。眼枯泪尽雨不尽，忍见黄穗卧青泥！茆苦一月垄上宿，天晴获稻随车归。汗流肩赪载入市，价贱乞与如糠粞。卖牛纳税拆屋炊，虑浅不及明年饥。官今要钱不要米，西北万里招羌儿。龚黄满朝人更苦，不如却作河伯妇！

这诗作于熙宁五年（1072）秋。诗的前半篇借一位江南农妇的口吻，诉说淫雨连绵的灾害："眼枯泪尽雨不尽，忍见黄穗卧青泥。"比较真切地刻画出农民忧灾愁稻的心理，有一定的生活气息。当然，前半篇对于天灾严重和农事艰辛的描写，是为了突出后半篇对"钱荒"问题的指责。钱荒问题是新法带来的社会经济后果。青苗法用钱收支，免役法要征收免役钱、助役钱、免役宽剩钱，农田水利法要发放贷款，连"西北招羌儿"也得用钱招抚。正如苏轼后来在元祐四年（1089）讲到免役法流弊时所指出的那样，"行之数年，钱愈重，谷帛愈轻，田宅愈贱"，钱米之间的比价，因地因时因人而异，地方官吏因缘为奸，受害的还是"贫下之人"。苏轼公允地指出："雇役法例出役钱，虽所取不多，而贫下之人，无故出三五百钱，未办之间，吏卒至门，非百钱不能解免，官钱未纳，此费已重。"①苏轼另一首诗中说"而今风物那堪画，县吏催钱夜打门"（《陈季常所蓄朱陈村嫁娶图二首》之

---

① 《论役法差雇利害起请画一状》，见《东坡七集·奏议集》卷六。

二),就是指的这种情况。因此,"卖牛纳税拆屋炊,虑浅不及明年饥",确是当时部分的历史真实,而这又曲折地反映出新法为封建国家聚敛财富的实质,反映出它所依靠的封建官僚机器的腐朽本质。自然,为了招纳当时游离于西夏、北宋之间的西北蕃部,对羌族"首领"发放餐钱、对"蕃官"支给月俸,还不失为一项削弱西夏的措施①,苏轼对此进行攻击,就是不适当的了。

苏诗对新法的攻击,有时是全篇,有时是断句,涉及到几乎全部新法。这种攻击在反映苏轼保守政治倾向的同时,又常常反映出新法不可克服的内在矛盾,这是苏轼这类诗的一个普遍特点。如青苗法等的推行,苏轼后来在元祐时回顾说:"官吏无状,于给散之际,必令酒务设鼓乐倡优,或关扑卖酒牌子,农民至有徒手而归者。但每散青苗,即酒课暴增,此臣所亲见而为流涕者也。"②这类流弊,苏轼说得可能有些夸大,但为部分现状,是可信的。苏诗中也说:"杖藜裹饭去匆匆,过眼青钱转手空。赢得儿童语音好,一年强半在城中。"(《山村》之三)王安石的方田均税法规定,丈量全国土地,以其多寡、好坏分成五等,来均平赋役负担,这对豪强兼并户隐瞒田产有抑制作用;但在封建官僚制度下,这又是无法真正实现的幻想。此法后来也终于流产,未见实效。苏轼指责说"方田讼牒纷如雨"(《寄刘孝叔》),真实地反映了丈量土地后发生大量诉讼案件、争辩不已的情况。新法的这些流弊,不能看作是个别的偶然的事件,是与官僚制度相联系的必然产物。又如苏轼反对王安石的"明法取士",认为专求法律将导致空疏不实之学。在《戏子由》中他讥讽地说:"读书万卷不读律,致君尧舜终无术。"苏轼讲求《诗》、《书》,固然不能达到他理想中的"尧舜"之治;王安石注重法律,也主要是加强地主阶级的专制主义。总之,苏轼从反对派立场所提出的这些

---

① 　参看《宋史·兵志五》"蕃兵"条。
② 　《乞郡札子》,见《经进东坡文集事略》卷三五。

变法派无法解决的难题,包含着新法的深刻的内在矛盾,反映出新法必然失败的历史命运的某些原因。

苏轼攻击新法的有些诗篇,由于没有反映出历史生活的某些本质,只是他保守政治观点的直接演绎,或者是对新法敌意的单纯发泄,因而其思想内容就毫不足取了。他在《上神宗皇帝》中反对削减封建衙门的公使钱,竟然声称对于"捐亲戚、弃坟墓"的封建官吏,应该满足他们"取乐"等的要求,如果"雕弊太甚,厨传萧然",就是"危邦之陋风",不是"太平之盛观",为官僚厚禄作辩护。他在诗中也这样写道:"忧来洗盏欲强醉,寂寞虚斋卧空甀。公厨十日不生烟,更望红裙踏筵舞?"(《寄刘孝叔》)对官僚利益的些许损抑,他充满着牢骚和怨恨。又如熙宁五年(1072)他曾奉命到湖州视察堤堰情况,却在《赠孙莘老七绝》其二中说:"作堤捍水非吾事,闲送苕溪入太湖。"其实,他和湖州知州孙觉(莘老)都还算是关心水利的地方官,仅仅出于对新法的偏见,就采取不合作的决绝态度。这类诗歌,虽然不占他诗中的主导地位,但内容浅薄,是他保守思想和消极情绪的反映,这也是不必讳言的。

苏辙在《东坡先生墓志铭》中说:苏轼写这类诗,是"缘诗人之义,托事以讽,庶几有补于国"。在苏轼主观上和作品客观上确也符合这一从《诗经》以来的传统"诗教"。必须说明,"托事以讽"只是借助具体事件寄托讽喻,而不是搞影射,更不是玩阴谋。他这类诗的政治背景一般说来都较为确定。正如他自己所说:"作为诗文,寓物托讽,庶几流传上达,感悟圣意。"他的这类诗歌是表达政见的特殊手段,而不是让人猜测比附的诗谜或符谶。自从李定等人在"乌台诗案"中大搞穿凿附会的罗织构陷以后,对苏诗的解释造成过一些误会,给予辨析与澄清是十分必要的。

1978 年 1 月

(原载《文学评论》1978 年第 3 期)

苏轼《与滕达道书》的系年和主旨问题

苏轼《与滕达道书》是表现他政治态度的重要书简，常为一些研究论著所引证。曾枣庄先生《苏轼〈与滕达道书〉是"忏悔书"吗？》一文（载《文学评论》1980年第4期），就这封信的"写作时间"和"基本精神"乃至苏轼在司马光当政时是否改变了反对王安石变法的态度等问题，对我和其他一些先生的看法，提出了不同意见，读后很受启发；但对他的主要结论，仍不敢苟同。现再作申述，共同探讨。

弄清这封信的写作时间有助于了解它的中心思想。这封信是《东坡续集》卷四《与滕达道二十三首》（实有二十四封）的第十九封（以下即称"第十九封"）。曾文认为此信不作于元丰二年（1079，王文诰说）或元祐元年（1086，蔡上翔说），而是作于苏轼"贬官黄州期间"；并进一步论证应作于滕达道"安州既罢，入朝"之时，即元丰六年（1083）十一月。证据之一是保存在《续集》的二十四封给滕的书信中（卷五又有一封，实共计二十五封），"有三封（引者按：指第十三、十九、二十一封）提到滕进京之事"，"语气一致，有的用语都相同（如"清光"、"至意"等语），应写于同时"，而其中第十三封确系作于元丰六年，由此推论我们所要讨论的第十九封信也作于是年。这似尚可商榷。

《东坡续集》所保存的二十五封给滕达道的书信，并不是现存书信的全部。例如清人周心如《纷欣阁丛书》本《东坡先生翰墨尺牍》八

97

卷所收苏轼给滕的书简即达四十七封。周心如跋云：此书原本"字极么么，刻亦草草，然于宋时庙讳皆不敢触，盖宋刻之最劣者"，断定为宋刊本；又云，"与世所传苏黄尺牍，不啻倍蓰"（据扫叶山房翻校本），验之给滕达道的书札，果然多于《续集》本近一倍。两本（纷欣阁本和《续集》本）互有存佚，去其重复，实得六十多封。（清人弓翊清所刊《三苏全集》本卷四十八所收《与滕达道》信亦达六十八封。）就这些书信进行排比、爬梳，对考订第十九封信的写作时间便较为容易了。

这些书信主要集中写于两个时期：

一是苏轼贬官黄州时期，时滕任池州、安州等地知州；

二是苏轼离黄州改迁汝州、后神宗死又起知登州时期，时滕任湖州知州。

尤以后一时期所作书信为多。第十九封信提到滕达道进京之事，曾文说，"苏轼在神宗去世前后给滕的大量信件也表明滕未进京"，从而排除第十九封信作于神宗去世前后的可能性，为元丰六年说作佐证。但据纷欣阁本及其他材料来看，这个判断是令人怀疑的。

在苏轼为滕达道所作的《故龙图阁学士滕公墓志铭》中早已提到，滕达道辩谤乞郡被任为湖州知州后，"方且复用，而帝（神宗）升遐"，表明神宗去世前夕已有滕进京任职的消息。元丰八年（1085）三月，神宗死，哲宗即位，起用一些反变法派人物。四月，在湖州的滕达道派专使告诉苏轼，说苏已被起用，苏轼即检阅四月十七日邸报，未见此讯（见《续集》本第三封）；苏轼后又写信告滕："近日京口时有差除，或云当时亦未是实计；当先起老镐，仆或得连茹耶？"（第四封）这里的"老镐"，是苏轼对滕达道的戏称，他在《答贾耘老》中曾称滕达道为"伟人"，并比为唐代宰相张镐（《续集》卷六）。苏轼在这第四封信中猜测：按情理该是先起用滕，然后他自己或可一并任用，他的这个猜测应有所依据。五月，苏轼被证实任命为登州知州。他写信给滕说："某已被命，实奖借之素。已奉候远接人，计不过七月中下旬行，伏恐知之。士论望公入觐，久未闻，何也？想亦不远。无由面别，瞻望愧怅。溽暑方炽，万冀顺时为国自重，不宣。"（纷欣阁本第二十六封）这封信明确地说到当时上层舆论要滕"入觐"，苏轼估计不久即可实现；并对"无由面别"表示遗憾。苏轼究竟要对传闻中即将入觐的滕达道面谈些什么呢？他不久又写信给滕说："某受命已一月，甚欲速去，而远接人未至，船亦未足，督之矣。向虽有十日之约，势不可往，愧负无限。区区之学，顷亦试之矣，竟无丝毫之补，复此强颜，归于无成，徒为纷纷，益可愧也。心之伊郁，非面莫能道，想识此意，唯万万为人自重。"（同上第十四封）这封信和第十九封信都以同一的追悔口吻，回顾自己的政治道路：所谓"徒为纷纷"，跟第十九封中说的"吾侪新法之初，辄守偏见，至有异同之论"语意甚为相类，而第十九封中的"所言差谬，少有中理者"，"益觉疏矣"等语，正是此信"竟无丝毫之补"、"归于无成"的具体说明。把第十九封信看作是对此信中所说的"非面莫能道"的"意"的阐发和补充，把第十九封信看作此信的续篇，似是合理的。

元丰六年十一月，滕达道罢任安州知州进京，在黄州的苏轼也一再要求面叙，终因途中错过，未能如愿。苏轼那次要谈些什么呢？他在滕达道已过信阳时写信给他说："某比谓公有境上之约，必由黄陂，遂径来此。"不料滕径从信阳北上，苏轼到黄陂扑了个空；接着说："然所言者岂有他哉？徒欲望见颜色，以慰区区；且欲劝公摒黜浮幻，厚自辅养而已，想必深照此诚。"（纷欣阁本第十八封）这就是说，他之所以需要面叙，不为别的，一为老友多年隔绝，见面以慰渴望；二为劝滕摒绝俗务，修真养性。（苏轼《答秦太虚》中曾介绍他在黄州天庆观"用道书方士之言，厚自养炼"的情况。）前者是一般寒暄，后者却是他俩当时认真研练的调气养生之术。第二十封信中即详细讨论养生之法，并说"意谓中途必一见，得相参扣，竟不果"（又见《续集》本第十七封），证明苏轼迎滕于途中是想要共同"参扣"养生术，却未能实现。

　　苏轼在元丰六年和八年滕达道"入觐"之际,(后一次"入觐"是否实现,史无明文①。)都想"面见一言",一次是想谈养生,一次是想谈政治,都跟当时"整个政治情势"和滕的具体处境密切相关。第十九封信的直接目的是劝说滕达道不要再反对新法,以言为戒。但从熙宁九年(1076)王安石第二次罢相以后,变法派和反变法派的两次斗争高潮已经过去,"新政"在宋神宗的直接主持下已逐渐带上温和的色彩;他所任用的有些宰执大臣如王珪、吴充等人,都是出名的颟顸庸碌的官僚,在新法问题上的争吵已趋于平静,苏轼没有必要叮嘱滕达道缄言。恰恰相反,在苏轼贬居黄州时期,倒是滕达道常写信嘱咐苏轼"益务闭藏而已",苏轼深有领悟,以为"终日无一语一事,则其中自有至乐",还把这称为"奇秘"之法,"惟不肖与公共之不可广也"(纷欣阁本第三十六封),两人似乎在这点上完全默契。再从滕当时的处境来看。早在元丰初年,他因妻兄李逢谋反事牵连,几遭杀身之祸,幸被贬为池州知州。元丰三年他移知蔡州,御史何正臣弹劾他"尝阿纵大逆之人,法不容诛,朝廷宽容,尚窃显位,于甫(滕甫,即滕达道)之分,侥幸已多,岂可更移大藩,乞别移远小一州",结果诏改安州(《续资治通鉴长编》卷三〇五)。"附逆"的大罪确非他在熙宁初因反对新法而外调可比,这是变法派手中控制他命运的一张王牌,并一再使用。在这种处境下,曾劝苏轼"闭藏"的滕达道怎么会再去"诡诡不已"地论说新法"异同"呢? 岂不是自招麻烦吗? 果然,他那次从安州"入觐",连神宗的面也未见到,就被政敌们抓住老把柄予以掊击,"以前过贬居筠州"(《宋史》卷三三二本传)。所以,第十九封信的内容与元丰六年时的情势是不合的。

　　元丰八年夏的情势却已不同。这是"元祐更化"前夕、政局将变

---

① 　类似情况如范镇。苏轼《答范蜀公》云:"始者,窃意丈丈绝意轩冕,然犹当强到阙,一见嗣圣,今乃确然如此,殊乖素望,然士大夫甚高此举也。"哲宗嗣位之初,元老重臣入阙觐见,似是拟议中普遍之举。

而未大变时期。这个短时期有两个特点：一是旧党积极酝酿废弃新法；一是新党组织抵制。当时的执政大臣有旧党的司马光，又有新党的蔡确、章惇等，就是双方力量暂时均衡的产物。三月，司马光还未出任执政大臣就上疏要求下诏广开言路，以制造反新法舆论。直到五月才拟出诏令草稿。但这个草稿在提出求直言的同时，还要求"以六事防之"，如不能"观望朝廷之意"等。司马光建议删去此段，说这实际上是禁止人们"言新法不便当改"。他是感受到颇有阻力的（《长编》卷二五六）。高后、哲宗执政之初，改变了神宗朝的一些措施，但后来逐渐放慢，对新法迟迟未能罢废。九月，旧党监察御史王岩叟上疏，认为"七月于今，未闻勇决，犹郁天下之望"；原因是什么呢？"盖忠贤少而奸邪众，阴为朋党沮隔于其中耳"（《长编》卷三五九）。十二月，侍御史刘挚上言："一两月来，政事号令之见于施行者，旷然稀阔，中外颙颙，无所闻见。深求其故，皆以谓执政大臣情志不同，议论不一之所由致也。"（《长编》卷三六三）他还直截了当地指出，人们"疑贰依违"，"以（蔡）确与（章）惇持权当路，人畏他日反复之祸也"（《长编》卷三六四）。害怕"反复"确是一度弥漫当时官场的政治空气。滕达道是反对新法的中坚分子，又以敢言直谏闻名于世。苏轼说他"在帝前论事如家人父子，言无文饰"；又说王安石在新法之初，怕他"有言而帝信之"，设法把他排挤出朝。然而，"移定州，许入觐，力言新法之害"的是他；熙宁七年（1074）天下大旱，诏求直言，上疏罢废新法，"则民气和而天意解"的，又是他（见《滕公墓志铭》）。历史事件好像将要重演，现在又在下诏求直言，又是"士论望公入觐"，一场关于新法是非的争论又重新挑起，作为滕达道晚辈和知交的苏轼，根据自己对新法的新认识，力劝他不要再非议新法，以免引起愈来愈深的"忧患"，自然成为迫切的需要了。曾文还提到第十九封信中"变志易守，以求进取"的话跟当时的"政治情势"是否吻合的问题。元丰八年夏与以后旧党全面专政时期是不同的，当时新党的力量在某些方面还保持一定的优势。甚至在年底苏轼由登州返京任礼部郎中时,由于蔡确、章惇、韩缜、张璪、李清臣等所谓"群奸盘踞政地",司马光作为门下侍郎颇受章惇"谴侮"之"苦",竟求助苏轼为之斡旋、解困;苏轼婉辞起居舍人之职,宰相蔡确仍决定提升他(苏辙《东坡先生墓志铭》);旧党推荐范纯仁、范祖禹、苏辙等五人为谏官,经章惇反对,二范不得不改任他职(《续资治通鉴》卷七八)。在这种"情势"下,"变志易守,以求进取"的话并不与时悖违。其实,在信中这句话不过是虚笔,主要是强调下句"谠谠不已,则忧患愈深"的意思。因此,第十九封信的内容与元丰八年夏的情势是一致的。

顺便说明,第十九封信的"今圣德日新,众化大成"一句,应该指高后、哲宗。这类颂赞性的话头当然也可以称颂神宗,但此时却成了苏轼用以称颂"二圣"的套话。如《续集》本第三封信中说,"所喜保马户、导洛堆垛皆罢,茶盐之类亦有的耗矣。二圣之德日新,可贺可贺"。罢保马户、导洛司等事在元丰八年,可定作此信的系年。其他如其《与杨康功》说:"嗣皇继圣,圣化日新,勉就功业,遂康斯民,知识之望也。"元祐初,他在《辩试馆职策问札子》说:"伏观二圣临御已来,圣政日新,一出忠厚";《谢对衣金带马》也说:"伏遇皇帝陛下总览众工,财成大化",等等,不胜枚举。这也可以作为第十九封信作于哲宗时期的旁证。

曾文又从《东坡续集》编排的"杂乱无章",来论证它对于考订系年没有什么价值,这似也可斟酌。《东坡七集》本刻于明成化年间,为现存苏集的较早刊本。据明人李绍《重刊苏文忠公全集序》说,明仁宗时,曾以内阁所藏宋本"命工翻刻","工未毕而上升遐",后来海虞程某为吉州守,"得宋时曹训所刻旧本及仁庙(明仁宗)所刻未完新本,重加校阅。仍依旧本卷帙。旧本无而新本有,则为《续集》并刻之"。这说明《续集》到明代才始有。苏辙《东坡先生墓志铭》及其他宋人晁公武《郡斋读书志》卷一九、陈振孙《直斋书录解题》卷一七等,都只著录《前集》、《后集》、《奏议》、《内制》、《外制》等而不见《续集》，李绍的话是可信的。这是《续集》的编排不如其他按分体编年编列的六集的原因。然而，从十二卷《续集》来看，它还是经过一番编排的：严格按文体分类，诗还细分为古诗、律诗、绝句、六言、四言、和陶诗等。进一步逐一检查属于"书简"类的《与滕达道》的二十四封信的内容，却发现"杂而不乱"：从第一封到第十一封，都作于苏轼离黄州后，即由黄州赴汝州、常州居住直至知登州时期。如与王安石金陵相会，"遽闻国故（神宗死）"，关于起知登州消息的前前后后，显属此时之事；而托滕代置"朱红累子"相赠送鳆鱼，则一在赴知登州之前，一在其后，有苏轼《鳆鱼行》诗可参见；关于滕达道避讳改名字事，也在此时，最后改定在元祐初，有王明清《挥麈后录》卷六"章敏初名甫，字元发。元祐初，以避高鲁王讳，以字为名"为证。最后第十一封信则作于元丰八年十一月离登州赴京之时，正宜编在末尾。此信说："子由想已过矣。青州资深相见极欢，今日赴其盛会。"资深，即李定，于元丰八年七月至元祐元年四月任青州知州（《长编》卷三五八、三七六）。其时苏辙罢绩溪令进京，从桐庐、杭州、京口等地北上（见《栾城集》卷十四《初闻得校书郎示同官》、《舟过严陵滩》、《寄龙井辩才法师》、《将游金山》等诗），有机会与时任苏州知州的滕达道会面。苏辙《滕达道龙图挽词二首》其二云："南窜逢公弄水亭（原注：公时守池），北归留我阖闾城。"（《栾城集·后集》卷一）他们果然见了面的。从第十二封起，却又回到贬居黄州时期，再到离黄州赴汝州、起复登州为止（只有最后一封时间无考）。这些情况使我们有理由推断：这二十四封信原是两种本子的合刻，前十一封是一个本子，后十三封是另一本子；这两种本子基本上都是编年的。值得注意的是，"书简"一类为《前集》、《后集》所无。据李绍说，《前集》、《后集》等是"仍依旧本卷帙"的，而《续集》是按"旧本无新本有"的原则录存的。陆心源《仪顾堂题跋》卷十一《弘治本东坡七集跋》也赞同此说。如果这些话完全没有例外,那就意味着曹训"旧本"里连一封"书简"也没有(因《前集》、《后集》等没有"书简"),则《续集》所刊"书简"全部来自明仁宗未完新本,也就是"内阁"所藏宋本的翻刻。这就是说,《续集》"书简"类保持了宋本的原始面貌,版本价值较高①。

现在来看我们所讨论的第十九封信。它前面第十八封讲"朱红累子",后面从第二十直至最末处的第二十三封,讲上表乞常州居住、去湖州见滕等,都作于离黄州以后的元丰七年、八年之时。由此推论第十九封作于同时,并参照前面的论述,定为元丰八年(1085)神宗去世以后,似较为确当。第十九封跟第二十一封确如曾文所说"语气一致"、"用语相同",应作于同时,但跟元丰六年所作的第十三封信细审后并无"一致"、"相同"之处,这在《续集》的编年编排次序上也得到了印证。把这三封信定为同时,似根据不足。我原来采用蔡上翔元祐元年(1086)之说,也是缺乏根据的。

确定第十九封信的作年在哲宗即位初而不是神宗朝(苏轼贬居黄州时),对于理解这封信的内容,特别是以此评论苏轼在哲宗朝的政治态度,具有一定的意义。它是表明苏轼在哲宗朝的政治动向的最初的可靠材料。曾文认为,这封信的"基本精神","与其说是在对过去反对新法表示忏悔,还不如说是在劝老友以言为戒。戒则戒矣,但并没有因此放弃自己的政治主张";并进而认为苏轼在哲宗朝并未改变对新法的反对态度,他"一生都反对王安石变法"。这里提出不少值得深入探讨的问题,本文不拟展开申述,仅谈两点。

接触苏轼材料时会发现一个突出的现象:他不仅常常前后说法抵牾,而且甚至同一时期见解矛盾。例如曾文引述他在黄州所写的不少书、表、记,对反对新法自斥为"与病狂之人蹈河入海者无异"

---

① 孔凡礼先生《关于苏轼书简版本的一点资料》(《文学评论》1981年第6期),同意本文关于《续集》书简保持宋本面貌的论点,并提出两点补证,可参看。

《与章子厚书》），但向侄子表示"独立不惧者，惟司马君实与叔兄弟耳"《与千之侄》），也是他。《吕惠卿责授节度副使敕》中痛责吕惠卿"行助役"，这是他的手笔，而力反司马光废弃此法的也是他。《到黄州谢表》中说自己"叛违义理，辜负恩私"，悔恨自责之意溢于言表；但不久前出狱时所作诗却高唱"却对酒杯浑似梦，试拈诗笔已如神"，纪昀曾评为"却少自省之意"。如此等等，不一而足。这就要求我们对所使用材料进行一番鉴别，弄清它在具体环境下的具体目的，弄清哪些是真实矛盾，哪些是门面话、违心话，分别给予恰当的估价。仍以曾文所引的贬斥吕惠卿的敕令为例。此文声罪致讨，措辞激烈，其中夹有苏轼报复泄愤情绪也是不必讳言的，但是：第一，这是代皇帝、朝廷立言，在多大程度上代表苏轼自己的观点是要打个折扣的；第二，不能离开吕惠卿被贬事件的全过程。吕惠卿是王安石变法派的首脑人物，自然是"元祐更化"的重点打击对象。元祐元年六月十八日，诏令夺吕惠卿资政殿学士职，落四官，以中散大夫守光禄卿分司南京，苏州居住。当时中书舍人范百禄草制，认为造成当时"法弊"、"民劳"之祸，"稽其所自，汝为厉阶"；二十日，王岩叟等四名谏官上书，认为罪大谪轻，要求"重行诛窜"，把他比为"尧之四凶、鲁之少正卯，既非常人不当复用常法治也"，甚至以"投之四裔，以御魑魅"为快；当天，最高统治者在谏章后批出"吕惠卿罪恶贯盈"，再加贬窜，才由苏轼草制（《长编》卷三八〇）。在当时一片"大奸"、"巨蠹"的咒骂声中，苏轼草制的调子逐渐升级，以致骂倒许多新法，实是很自然的。但曾文用这类材料得出苏轼当时对王安石变法的"各项措施"都"持反对态度"的结论，那就很难令人完全信服了。

我们之所以重视第十九封信，就是因为它真实。它以明确的语言表达了苏轼当时对新法的真实思想。苏、滕关系并非一般，六十多封书简就是明证。他们在熙宁时各任地方官，就书信往还，计议反对新法，苏轼曾多次指责将兵法，要求滕予以配合，"乞为论列"（纷欣阁本第二十四、二十五封）。当滕以亲党谋反受累时，上书辩谤，也与苏轼商量，把草稿寄他过目；苏轼细加修改，还指出原稿要求"乞养疾之类，亦恐不宜"，互相磋商后改为"乞郡"（第三十八封、三十九封）。现存苏集中为滕捉刀之作有四篇之多。苏轼声言生平不作墓志铭文字，然而对滕却是很少的例外。滕达道是苏轼另一恩主张方平（安道）的儿女亲家，同为他心目中的两个"伟人"。苏、滕之间在政治上声气相通，融密无间，第十九封书简也体现了这种倾心恳谈的特点，从中看到了苏轼的许多官样文章中看不到的思想动向："某欲面见一言者，盖为吾侪新法之初，辄守偏见，至有异同之论。虽此心耿耿，归于忧国，而所言差谬，少有中理者。……若变志易守，以求进取，固所不敢；若谇谇不已，则忧患愈深。"这里讲了两层意思：

（一）过去——反对新法的态度是有偏差、有错误的；

（二）现在——不是要因此而加入变法派，但不应再继续反对。前者是后者的前提和基础。表达明确而不模棱两可，态度真诚而不闪闪烁烁，并为他后来的一些政治活动所证实，似不能指为空泛无根的。

曾文指出苏轼《乞常州居住表》讲自己被贬是由于"受性刚褊"和"怨仇交织"，因而与"所言差谬"的话"不协调"。其实，"刚褊"、"怨仇"云云是这类内容的表状文章的题中应有之义，本来就不宜看得过分实在，也不能要求在表状中承认他私下承认的东西；但此表中倒同时承认自己"狂狷妄发，上负恩私"，与《到黄州谢表》中的"叛违义理，辜负恩私"几乎雷同，然而后面这段文字曾文却认为与第十九封信的"所言差谬"等话"类似"，从而证明此信作于黄州，这就稍觉不够圆通了。总之，对材料性质进行鉴别似很必要，对苏轼这样复杂矛盾的作家尤其如此。这是一。

其次，研究苏轼在哲宗即位初期对新法的态度，只有紧密联系当时统治阶级内部斗争的整个形势，才能得到较好的说明。曾文引述的苏轼当时反青苗法、反科举改革等材料是真实可靠的,必须如实地承认;但他当时反对司马光废弃免役法的材料同样是真实可靠、必须如实承认的。综合这两个事实,对照苏轼在熙宁时对新法的激烈反对态度,说他的态度有所改变而不是完全改变,说他维护某些新法而不是维护一切新法,应能成立。但对这"有所改变"的估计仍有分歧。

前面说过,元丰八年三月哲宗即位初的一个短时期里,新旧两派力量暂时均衡。但旧党在高后的支持下,势力迅速膨胀,终于在元祐元年闰二月,蔡确、章惇先后被罢,旧党全面专权。保甲、方田、市易、保马、青苗等法在此前后逐一被废,几乎未遇什么阻力,也未引起较大的论争。连变法派首领章惇也说"保甲、保马一日不罢,则有一日害"(《长编》卷三六七),对其他诸法,特别是青苗法的存废,他也未予论列。苏轼的反青苗法、反科举改革等,也是可以理解的,他不能比变法派走得更远。

然而,在废弃免役法的问题上却掀起一场轩然大波。各种政治类型的人物都被卷入论争,众说纷纭,争执不已。但他们都一致强调这一问题的重要性。旧党首领司马光说:"当今法度所宜最先更张者,莫如免役钱"(《长编》卷三六四);他的喉舌侍御史刘挚也说取消免役法是"最今重事"(《长编》卷三七八)。旧党中表现出某种离异倾向的人物,如苏辙也说:"近岁所行新法,利害较然。其间免役,所系尤重。"(《长编》卷三六六)新党首领章惇说:"今日更张政事,所系生民利害,免役差役之法最大,极须详审,不可轻易。"(《长编》卷三六七)退居金陵的王安石在听到罢废其他新法的消息时,尚能"夷然不以为意",及至得知免役法为差役法所代替,不禁愕然失声道:"亦罢至此乎?"又说:"此法终不可罢! 安石与先帝议之两年乃行,无不曲尽。"(《名臣言行录・后集》卷六)政治上的大论战往往是衡量人们政治立场的重要根据,也是考察政治分野的可靠标尺。免役差役之争正是当时政治斗争中的焦点,它不仅使新旧两党更加营垒分明,而且也使人们清楚地看到旧党中的某种离异势力。

苏轼从第十九封信里所表达的对新法的新认识出发,对司马光等人"专欲变熙宁之法,不复较量利害,参用所长"的政策,表示极大的不满和忧虑:"然臣私忧过计……神宗励精核实之政,渐致惰坏,深虑数年之后,驭吏之法渐宽,理财之政渐疏,备边之计渐弛",将会导致不堪设想的后果(《辩试馆职策问札子》)。这里在对神宗的赞美中,也包含对新法有所肯定,承认新法对"驭吏"、"理财"、"备边"有所裨益。元祐元年三月,他和司马光之间就免役法的存废问题展开了激烈的争论。他针对司马光的"五大罪状"说,分析道:"差役、免役各有利害:免役之害,掊敛民财,十室九空,钱聚于上而下有钱荒之患;差役之害,民常在官,不得专力于农,而贪吏猾胥得缘为奸。此二害轻重,盖略相等。"这种颇为中肯的分析态度,与第十九封信所阐述的思想是一脉相承的:他在力图避免"偏见",减少"差谬"。当然,他对这两法并不真的无所抉择。他接着说,免役法相当于前代的募兵制:"农出谷帛以养兵,兵出性命以卫农,天下便之,使圣人复起,不能易也。今免役之法,实大类此。"(同上)出钱以求免役自然也是人民的负担,但跟从前的差役法比,不能不说是一种进步。激烈抨击王安石变法的王夫之,在《宋论》卷六里从历代税制的演变过程,指责免役法是"庸外征庸",额外赋敛,但又不得不承认"民宁受免役之苛索,而终不愿差役者,率天下通古今而无异情","宁复纳钱以脱差役之苦",见解与苏轼相类,比较全面。尤应指出,苏轼的这些见解,跟当时章惇等变法派的意见如出一辙。章惇在反驳司马光的奏疏时,也说"差役免役,各有利害",说过去推行免役法后,"差役之旧害虽已尽去,而免役之新害随而复生",现在"司马光变法之意虽善,而变法之术全疏。苟在速行,无所措置,免役之害虽去,差役之害复生",从而坚决反对取消免役法(《长编》卷三六七)。苏轼确也没有"变志易守"而投入变法派的怀抱,然而,现实的政治斗争竟使他和变法派异口而同声了。

苏轼维护免役法的态度始终是坚决的。他不仅亲自与司马光争辩于政事堂,阻止免役法的取消;而且在被取消之后,他仍根据恢复差役法后的实际情况,上疏指出:"差役之法,天下皆云未便。昔日雇役(即免役法),中户岁出几何? 今日差役,中户岁费几何? 更以几年一役较之,约见其数,则利害灼然。而况农民在官,吏百端蚕食,比之雇人,苦乐十倍。"(《宋史纪事本末》卷四三)前后维护,不遗馀力。苏轼曾参加详定役法局,也坚持己见,不肯稍屈,"臣既不同,决难随众签书",几次要求退出(《乞罢详定役法札子》)。真像他自己所说:"上与执政不同,下与本局异议",上下树敌,却不动摇(《再乞罢详定役法状》)。最后不惜跟交情甚笃的司马光闹翻,"君实(司马光)始怒,有逐公(苏轼)意"(《东坡先生墓志铭》)。苏轼为此作出了政治牺牲。

苏轼维护免役法的态度不是孤立的。在当时旧党中出现一股与司马光政见不合的离异势力,反对全部、立即罢废新法。司马光竟也说:"为今之计,莫若择新法之便民益国者存之,病民伤国者悉去之。"(《长编》卷三五五)这句假话不过是对离异势力的迎合而已。这一势力与司马光的矛盾,集中地在免役法存废问题上表现出来。范纯仁、苏辙、范百禄、李常等人都表示反对取消免役法。苏轼就是其中突出的一个。从当时派别斗争的情势来估量,苏轼的维护免役法和反对青苗法等新法,两者在他当时对新法的整个态度中所占的地位是不能等同的:"维护"是其主要的一面,"反对"是属于第二位的。正是在这个意义上我曾说苏轼其时的"基本政治倾向是维护某些新法"。

1980 年 8 月

(原载《文学评论》1981 年第 1 期)

苏轼临终的"终极关怀"

死亡是人类每一个个体无法逃脱的必然归宿,但从未有活着的人拥有过死亡的体验与经验,死亡问题是历来哲人们苦苦追索的难题。"未知生,焉知死"(《论语·先进篇》),孔子认为"知死"比"知生"为难,对子路"敢问"死亡的问题,拒绝作出答复。然而,一个人如何对待死亡,正是最直接地反映他人生思想的核心内涵与特点。苏轼对此早就有所思考。如在熙宁五年(1072)所作的《墨妙亭记》中,就认识到"人之有生必有死"是个无法逃避的自然规律,"而君子之养身也,凡可以久生而缓死者无不用",所有养生救死之法都已用尽了,"至于不可奈何而后已,此之谓知命"。他提出既要"知命",又要"必尽人事","然后理足而无憾",这是苏轼应对死神的一种思路。比之"死生有命,富贵在天"(《论语·颜渊》)来,多了一份人的主观能动作用。而到了他生命的最后一年,也就是死神日益逼近的特定时刻,他对生死问题的思考,则达到了一个更高、更深刻的层次。研究苏轼临终时对人类自身的"终极关怀"及其含义,对于深入把握这位杰出人物的人生观是很有帮助的。

正当苏轼准备终老海南之际,元符三年(1100)正月,宋哲宗去世,其异母弟赵佶即位,是为徽宗。神宗妻向太后权同听政,政局又一次发生逆转,元祐大臣纷纷得以起用,旧党跟新党相争的势态又有了此长彼消的翻覆,向有利于旧党方面转变。此年五月,苏轼内迁廉州(今广西合浦)的告命下达,他于六月初离开居住整整三年的儋州

（今海南儋县），并于六月二十日夜晚渡过琼州海峡北返。他写道："参横斗转欲三更，苦雨终风也解晴。云散月明谁点缀，天容海色本澄清。空馀鲁叟乘桴意，粗识轩辕奏乐声。九死南荒吾不恨，兹游奇绝冠平生。"（《六月二十日夜渡海》）这是他政治上"自我平反"的宣言书。政敌们的种种诬陷污蔑，像久下不止的雨，像终日不停的风，像浮云阴霾，统统一扫而光，终于还我一身清白；他收拾起曾经闪过的"吾已矣，乘桴且恁浮于海"（《千秋岁·次韵少游》）的打算，对自己的政治前途充满了信心和憧憬。

苏轼的兴奋之情是很自然的，然而，从此时直到最后逝世的一年时间里，命运和遭际还将给他以各种磨炼和考验，使他继续咀嚼、品尝生活的全部苦涩和奥秘。只是现在的苏轼，已是历经过大起大落、几起几落的成熟睿智的坡翁，未来的种种生活曲折适足使他更成熟，使他更沉稳雄健地走向生命之旅的终点。

这最后的一年，他先是渡海在雷州半岛盘桓，因其任命一再改变：八月，又奉告命，迁舒州团练副使，永州（今湖南永州）居住；于是由廉州前往永州，途经藤州（今广西藤县）、梧州（今广西梧州），因家眷尚在广州，遂东向赴广，然后折北而行。至英州（今广东英德），又得旨复朝奉郎提举成都府玉局观，在外军州任便居住；于是他在建中靖国元年（1101）越大庾岭北归，经今江西境内的虔州（今赣州）、庐陵（今吉安），从赣水过鄱阳湖入长江，再东行至当涂、金陵（今南京）、仪真（今仪征）、金山等地，直至终焉之地的常州。在这奔波道途、不遑起居的一年中，他对迎面而来的种种坎坷曲折的遭际，又经历了由亢奋而悲慨而超旷的心路历程。

一是与至亲好友的生离死别。苏轼将离海南前，曾致书当时编管雷州（今广西雷州）的秦观，相约于徐闻县会见，"若得及见少游，即大幸也"（《答秦太虚》其六、其七，《苏轼文集》卷五二）。及至相会，同行至雷州握别。秦观竟以《自作挽词》一篇相赠，真是不祥的兆头。

果然,秦观北行至藤州即逝世了。秦观是"苏门四学士"中与苏轼思想最为相投、情感最为深厚之人,撒手于久困而初露光亮之际,这对苏轼不能不是一个巨大的打击。他连声说:"哀哉痛哉,何复可言!当今文人第一流,岂可复得!"(《与欧阳元老》,《文集》卷五八;又见《游宦纪闻》卷十)

对秦观可说是撕肝裂肺、呼天抢地的"死别",而对于他的弟弟苏辙,则是最终未能谋面的"生离"了。苏辙先时贬居循州(今广东龙川),但已在二月先于苏轼被命量移永州,继又移岳州(今湖南岳阳),后又复太中大夫、提举凤翔府上清太平宫、外军州任便居住。他就选择了颍昌(今河南许昌)作为居住地。及至苏轼渡海北至广州等地时,他早已起程离去了。此时此刻,兄弟俩原有多少情愫需要当面倾诉,然而参商睽违,徒呼奈何!直至苏轼在常州临终之时,苏辙因事未能前来,他只好作书相嘱:"即死,葬我嵩山下,子为我铭","辙执书哭曰:'小子忍铭吾兄!'"(《亡兄子瞻端明墓志铭》,《栾城后集》卷二二)苏轼不得已把后事托给另一友人钱世雄。钱氏尝有文云:"先生(苏轼)独卧榻上,徐起谓某曰:'万里生还,乃以后事相托也。惟吾子由,自再贬及归,不复一见而诀,此痛难堪。'馀无言者。"(《春渚纪闻》卷六"坡仙之终"条引)如果他心头涌起二十五年前"人有悲欢离合,月有阴晴圆缺,此事古难全"(《水调歌头》)的句子,其抱恨之深重,真可谓无法言说了。苏轼似被注定要尝遍各种人生苦况与生存煎熬以后,才能由此获得精神的升华。

二是政治前途的晴阴交替。建中靖国元年(1101)正月刚过,他北返到达大庾岭。在宋代一般官员们的心里,这座山岭具有特殊的含义。他们若一旦贬官岭表,就意味着政治生命的消歇,少有北还的希望。当时有所谓"春(今广东阳春)、循(今广东龙川)、梅(今广东梅县)、新(今广东新兴),与死为邻;高(今广东高州)、窦(今广东信宜)、雷(今广西雷州)、化(今广东化州),说着也怕"的民谚(见朱熹《三朝名臣言行录》卷十二引《道护录》),环境的凶险恶劣,对任何人的心灵都是一种威胁与震撼。苏轼在绍圣元年(1094)九月经此岭赴惠州,度过了长达七年的岭海贬谪生活。如今居然登岭北归,不禁感慨万千。岭上一位老者得知他是苏轼后,"乃前揖坡曰:'我闻人害公者百端,今日北归,是天祐善人也。'"(《独醒杂志》卷二)苏轼于是题诗作谢道:"问翁大庾岭上住,曾见南迁几个回?"(《赠岭上老人》,《苏轼诗集》卷四五)这个不用回答的问句显示出苏轼屡贬不屈的傲岸,也透露出否极泰来的欣喜之情。"建中靖国"这个年号,表示其时朝廷施政大计在于调停新旧两党,韩忠彦、曾布相继为相,章惇、蔡京罢免,元祐党人纷纷起复。苏轼在下岭时又题诗云:"下岭独徐行,艰险未敢忘。遥知叔孙子,已致鲁诸生。"(《余昔过岭而南,题诗龙泉钟上,今复过而北,次前韵》,《诗集》卷四五)按照陆游的解释,末两句是借西汉叔孙通为汉高祖征召鲁地儒生的典故,说明元祐诸臣俱已大用,"惟东坡兄弟犹领宫祠。此二句盖寓所谓不能致者二人,意深语缓,尤未易窥测"(《施司谏注东坡诗序》,《渭南文集》卷一五),则含有苏轼盼被重用的政治期待。果然,他"初复中原日,人争拜马蹄"(道潜《东坡先生挽词》,《参寥子诗集》卷一一),引起人们极大的关注。当他舟行至毗陵(今常州)时,"病暑,著小冠,披半臂,坐船中。夹运河岸,千万人随观之。东坡顾坐客曰:'莫看杀轼否?'其为人爱慕如此"(《邵氏闻见后录》卷二〇)。其情景,其气派,宛如元祐初司马光之进京为相。苏轼将登廊庙的传闻,绝非无根浮言,而是言之凿实的政治信息。其时章惇之子章援致函苏轼云:"迩来闻诸道路之言,士大夫日夜望尚书(苏轼)进陪国论","尚书固圣时之蓍龟,窃将就执事者,穆卜而听命焉"。反映出当时"士大夫"舆论已在政治上普遍看好苏轼。章援甚至说"旬数之间,尚书奉尺一,还朝廷,登廊庙,地亲责重",则苏轼之被重用,"进陪国论",已是指日可待之事了(《云麓漫钞》卷九)。尽管岁月的沧桑已给此时的苏轼染上满头白发,额上也镂刻下条条皱痕,然而在他心中无疑又鼓起了"奋厉当世"的"许国"热忱。

但是,变幻无定的政治风雨又无情地向他袭来。他原定此行的终点在颍昌,以便与胞弟苏辙朝夕相处,践偿兄弟俩早年"夜雨对床"的初衷。不料曾布、赵挺之等人紧锣密鼓地酝酿"绍述之议",排挤韩忠彦,召还蔡京,政局又有再度翻覆的征象。种种不利于元祐诸臣的消息络绎而至,苏轼致书乃弟云:"兄近已决计从弟之言,同居颍昌,行有日矣。适值程德孺过金山,往会之,并一二亲故皆在坐。颇闻北方事,有决不可往颍昌近地居者(自注:事皆可信,人所报,大抵相忌安排攻击者众,北行渐近,决不静耳)。今已决计居常州,借得一孙家宅,极佳。……恨不得老境兄弟相聚,此天也,吾其如天何!然亦不知天果于兄弟终不相聚乎?"(《与子由弟十首》其八,《苏轼文集》卷六〇)所说的"北方事",即指朝廷政局的变化。苏轼最后说:"兄万一有稍起之命,便具所苦疾状力辞之,与迨、过(苏迨、苏过,苏轼之子)闭户治田养性而已。"(《与子由弟十首》其八,《苏轼文集》卷六〇)仕进之志已绝,苏轼被迫下了最后的决心。对于一生徘徊、依违于出处进退仕隐之间的苏轼而言,他画这个句号纯系出于无奈,但却最后推进他对人生问题的思考,深化和丰富了他的人生思想的内涵。

三是病痛的反复煎熬。苏轼说的"所苦疾状",确是实情。66岁的年龄,在当时已算高寿;又从瘴疠之地的岭海返回,已身染瘴毒;一年来行走道途,以舟楫为家,生活极不安定;时值盛暑,河道熏污,秽气侵人——他终于病倒了。

从建中靖国元年六月一日因饮冷过度,中夜暴下(痢疾)起,至七月二十八日去世,苏轼在这五十多天中的病情变化、用药情况,今尚留下颇为详细的材料,完全可以恢复和重建他的病历档案。大致说来,从六月一日夜"病暑暴下"以后,曾进黄蓍粥,"觉稍适"。但几天后到仪真,"瘴毒大作",腹泻不止。从此又胃部闷胀,不思饮食,也不能平卧,只能"端坐饱蚊子尔";此时"河水污浊不流,熏蒸成病",病情增重。以后病况时增时减,于十二日渡江至润州(今江苏镇江),闻苏颂病亡,伤悼不已,面对苏颂后人只能"侧卧泣下不能起"了。到了六月十五日舟赴常州,到达后赁居于孙氏馆(即今常州市内延陵西路的"藤花旧馆"遗址)。转眼至七月,天虽大旱,但苏轼从立秋日(十二日)直至十三日,病势反而递减,实非吉象,而是回光返照。果然至十五日,病势转重。他在《与钱济明书》其十六(《苏轼文集》卷五三)中详述云:"某一夜发热不可言,齿间出血如蚯蚓者无数,迨晓乃止,困惫之甚。细察疾状,专是热毒,根源不浅,当专用清凉药。已令用人参、茯苓、麦门冬三味者浓汁,渴即少啜之,馀药皆罢也。庄生云:在宥天下,未闻治天下也。如此不愈则天也,非吾过矣。"但药物勿灵,气浸上逆,无法平卧。晋陵县令陆元光送来"懒版",此物"纵横三尺,偃植以受背"(《梁谿漫志》卷四"东坡懒版"),类似于今日的躺椅。七月二十八日,一代文宗最终就在这"懒版"上溘然长逝。

从苏轼的病象来看,兼有瘴毒、肠胃、心肺、血液之类的多种疾病。苏轼具有医药知识,存世的《苏沈良方》传是他与沈括所搜集的经验方。他自病自诊,却有失误。"专用清凉药",本是对症下药之举,但除"麦门冬"系清凉药外,"人参"、"茯苓"却是温药,可能为了补气而一并服用。其实应先治"热毒"再作补气。清林昌彝《射鹰楼诗话》卷七也提出苏轼用药有误。他认为此时苏轼受病之因乃是"阳气为阴所包",应以服"大顺散"为主。"而公乃服黄蓍粥,致邪气内郁,岂不误哉?""后乃牙龈出血,系前失调达之剂,暑邪内干胃腑,法宜甘露饮、犀角地黄汤主之。乃又服麦门冬饮子,及人参、茯苓、麦冬三味,药不对病,以至伤生,窃为坡公惜之。"其说亦可备参考。总之,苏轼用药有误恐是加速死亡之一因。

与病魔的艰苦搏斗,以及亲情友情的苦恋无着、许国宏愿的最终幻灭,这一切似乎证明着苏轼是为了尝尽人生苦难而降生人间的,他注定要走过一条曲折坎坷、荆棘丛生的生活道路;然而,苏轼的死,他在这个特定时刻即临终弥留之际所表达的对人生的最后关怀,却又证明着精神力量可以超越生存环境的恶劣,而达到自适自由之境。这又是他不幸之幸。

苏轼在临终前的三次言行,为他多难多彩的人生作了最深刻的总结。

相传李公麟在镇江金山画有一幅苏轼像,苏轼此次过此,自题一首六言绝句云:

> 心似已灰之木,身如不系之舟。
> 问汝平生功业,黄州惠州儋州。
> ——《自题金山画像》(《苏轼诗集》卷四八)①

"心似"句,典出《庄子·齐物论》:"形固可使如槁木,而心固可使如死灰乎?"乃是颜成子游问南郭子綦之语。郭象注云:"'死灰槁木'取其寂漠无情耳。夫任自然而忘是非者,其体中独任天真而已,又何所有哉!"则是形容离形去智、身心俱遣而达物我两忘、妙悟"自然"、"天真"的人生境界。庄子的这一思想素为后世士人所服膺,但他们常从各自的境遇出发作出不同角度的抉择与吸取。如白居易《隐几》诗云:"百体如槁木,兀然无所知;方寸如死灰,寂然无所思。"强调的是"身适忘四支,心适忘是非"的泯灭一切、忘却自我的闲适观。这又为另一些笃信儒家进取入世哲学的士人所不满,如司马光《无为赞贻

---

① 周必大《文忠集》卷一七〇《乾道庚寅奏事录》记他于乾道六年(1170)亲至镇江金山,"登妙高亭茶,壁间有坡公画像。初,公族侄成都中和院僧表祥画公像,求《赞》,公题云:'目若新生之犊,心如不系之舟。要问平生功业,黄州惠州崖州。'集中不载,蜀人传之。今见于此"。两处题诗,文字少异。

邢和叔》(《司马文正公集》卷七四)云:"学黄老者,以心如死灰、形如槁木为'无为',迂叟(司马光)以为不然,作无为赞。"他提出的宗旨是"治心以正,保躬以静。进退有义,得失有命。守道在己,成功则天"。则以儒家的理想人格精神来否定"心灰形木"的无为观,但他的"无为观",同样具有反选择的被动无能的倾向。苏轼却与白居易、司马光的取径视角均不相同。他在《高邮陈直躬处士画雁二首》其一(《苏轼诗集》卷二四)中说:"君从何处看,得此无人态? 无乃槁木形,人禽两自在。"他的着眼点在于从身似槁木心如死灰之中,获得大自在、大快乐,去妄明心才能体悟自身的本真,获得无限广阔的思想空间,并非把绝对化的"无知"、"无思"或"无为"当作人生的追求目标。

　　"身如"句也典出《庄子·列御寇》:"巧者劳而知者忧,无能者无所求,饮食而遨游,泛若不系之舟,虚而遨游者也。"成玄英《疏》云"唯圣人泛而无系,泊尔忘心,譬彼虚舟,任运逍遥",意指弃智屏巧而获得自由自适的身心境界,犹如虚舟漂行,一任自然,永不停泊。禅宗中亦常以"不系之舟"为喻。苏轼一生漂泊无常,对"不系舟"之喻当别有一番体会。前不久经江西时,他吟诵过"用舍俱无碍,飘然不系舟"(《次韵阳行先》)的诗句;渡海北返时,更高唱过"九死南荒吾不恨,兹游奇绝冠平生"(《六月二十日夜渡海》),他的"不恨"实由于他对"兹游"的"奇绝"之处,已从人生的终极意义的层面上获得深刻的领悟。

　　因此,我曾对"问汝平生功业"两句作过转进一层的理解:"对于兴邦治国的'功业'来说,这是一句自嘲的反话;而对于建树多方面的文学业绩而言,这又是自豪的总结。"(见《苏轼选集·前言》)或许还可以补充说,黄州、惠州、儋州的十多年贬居生活,不仅是他文学事业的辉煌时期,也是他人生思想范型发展、成熟乃至最后完成的最关键时期;没有这一段生存挫折的磨炼与玉成,也就不成为苏东坡了。

　　要深入理解这首六言绝句的丰富含蕴,还可以参悟他的另一次谈话。七月二十三日,苏轼的方外友径山维琳来访,两人于夜凉对榻倾谈。

还在十几年前,苏轼任杭州知州时,就聘请维琳主持径山寺法席。径山古刹由唐代宗时牛头宗法钦禅师正式开山,但维琳却是云门宗法嗣。苏轼先后两次任职杭州时,与僧道交游频繁,是他接受佛教思想的最重要时期。他三上径山,写作诗文近二十首,其中如"有生共处覆载内,扰扰膏火同烹煎。近来愈觉世路隘,每逢宽处差安便。嗟余老矣百事废,却寻旧学心茫然"(《游径山》,《苏轼诗集》卷七)。"嗟我昏顽晚闻道,与世龃龉空多学。灵水先除眼界花,清诗为洗心源浊"(《再游径山》,《苏轼诗集》卷十),面对外部世界的争斗、烦扰与困惑,他表现出浓厚的禅悦之趣,以寻求解脱。

而今苏轼是劫后馀生,病入膏肓;维琳远道专程探疾,话题自然集中到生死问题上。

七月二十五日,苏轼手书一纸给维琳云:"某岭海万里不死,而归宿田里,遂有不起之忧,岂非命也夫!然死生亦细故尔,无足道者。"(《与径山维琳》,《苏轼文集》卷六一)已觉大限将至,心态平和。二十六日他与维琳以偈语应对,他答云:

> 与君皆丙子,各已三万日。
>
> 一日一千偈,电往那容诘。
>
> 大患缘有身,无身则无疾。
>
> 平生笑罗什,神咒真浪出!
>
> ——《答径山琳长老》(《苏轼诗集》卷四五)

五六两句是他四年前所作《思无邪铭》(《苏轼文集》卷一九)中的成句(仅改"病"为"疾"),说明直至病危之时,苏轼仍神志清明,记忆一如往常。在这篇《铭》的《叙》中,他说:"夫有思皆邪也,无思则土木也,吾何自得道？其惟有思而无所思乎？"他在《虔州崇庆禅院新经藏记》（《苏轼文集》卷一二）也提出过"能使有思而无邪，无思而非土木"的两难命题，他的答案是：只要努力寻找"思"与"无思"之间的契合点，是可以达到"浩然天地间，惟我独也正"的境界的。"大患缘有身，无身则无疾"，意谓人生的苦难来自俗谛，勘破俗谛则还我本真之身。"无身"也就是本真之身。结尾"平生笑罗什"两句，维琳亦难索解，询问之后，苏轼索笔一挥而就："昔鸠摩罗什病亟，出西域神咒，三番令弟子诵以免难，不及事而终。"则明确表示对佛教迷信虚妄的摒弃。直至二十八日苏轼弥留之际，他已失去听觉、视觉，维琳"叩耳大声云：'端明宜勿忘（西方）！'"苏轼喃喃回应道："西方不无，但个里着（力）不得！"在旁的钱世雄说："固先生平时履践至此，更须着力！"苏轼又答道："着力即差！"（以上引文均见傅藻《东坡纪年录》）据惠洪《石门文字禅》卷二七《跋李豸吊东坡文》云："东坡没时，钱济明侍其傍，白曰：'端明平生学佛，此日如何？'坡曰：'此语亦不受！'遂化。"两者具体记述稍异，但对所谓"西方"极乐世界的信仰之怀疑，则是一致的。清潘永因《宋稗类钞》卷六《伤逝》引李秃翁语云："'西方不无'，此便是疑信之间。若真实信有西方，正好着力，如何说着力不得也。"苏轼浸染佛学颇深，但他毕竟不会把自己生命的最后依托，交付给虚幻缥缈的佛教彼岸世界，他总是力求把握住真实的自我存在，追求人生价值的完成。对此他始终保持着清醒和自信。

苏辙的《亡兄子瞻端明墓志铭》中这样记录其兄的临终情形："未终旬日，独以诸子侍侧曰：'吾生无恶，死必不坠，慎无哭泣以怛化！'问以后事，不答，湛然而逝。实七月丁亥也。"面对死亡，他平静地回顾自己的一生，光明磊落，无怨无悔，自信必能升入自由、自主的精神"天国"。"慎无哭泣以怛化"，典出《庄子·大宗师》，叮嘱家人切勿啼泣以惊动垂死之人。苏轼早年曾描写过释迦牟尼"涅槃"时众人"悲恸殒绝"的情景："道成一旦就空灭，奔会四海悲人天。翔禽哀响动林

谷,兽鬼踯躅泪迸泉"(《记所见开元寺吴道子画佛灭度,以答子由》),
"中有至人(即释迦牟尼)谈寂灭,悟者悲涕迷者手自扪"(《王维吴道
子画》)。而苏轼却从庄不从佛,只愿以最平淡安详的方式无牵无挂
地告别人世。黄庭坚《与王庠周彦书》(《豫章黄先生文集》卷一九)也
述说了他当时听到常州来人相告:"东坡病亟时,索沐浴,改朝衣,谈
笑而化,其胸中固无憾矣。"他对生命意义的透辟理解,他对人类自身
终极关怀的深刻领悟,消融了濒死的痛苦和对死亡的恐惧。"湛然而
逝","谈笑而化",他的确毫无遗憾地走向自己人生旅途的终点。他
有个最好的完成。

苏轼死讯传出后,"吴越之民,相与哭于市,其君子相与吊于家;
讣闻四方,无贤愚皆咨嗟出涕;太学之士数百人,相率饭僧慧林佛舍"
(苏辙《亡兄子瞻端明墓志铭》),形成群众性、自发性的吊唁活动。亲
朋好友、门生故旧的哀悼之文,更是无法一一列举。这里仅录李廌的
祭文片断作为本文的结束:

> 道大不容,才高为累。皇天后土,鉴平生忠义之心;名山大
> 川,还千古英灵之气。识与不识,谁不尽(伤痛)伤! 闻所未闻,
> 吾将安放!

——朱弁《曲洧旧闻》卷五

(1999年中国第十一届苏轼学术研讨会会议论文,后收入
《王水照自选集》,上海教育出版社,2000年)

品　评　篇

苏轼豪放词派的涵义和
评价问题

　　苏轼在我国词史上的主要贡献在于开创豪放一派，打破了传统婉约词独占词坛的局面，为词的继续发展开辟道路。但这一评价并没有取得词学研究者的一致同意。或谓词分豪放、婉约乃是"似是而非不关痛痒语也"（陈廷焯《白雨斋词话》卷一），不能反映宋词风格流派的多样性，因而把宋词分为婉丽、豪宕、醇正三派（谢章铤《赌棋山庄词话》卷九引），或雄放豪宕、妩媚风流、冲淡秀洁三派者有之（清高佑钆《迦陵词全集序》引其友顾咸三语）；分为真率明朗、高旷清雄、婉约清新、奇艳俊秀、典丽精工、豪迈奔放、骚雅清劲、密丽险涩等八派者有之（詹安泰《宋词风格流派略谈》，见《宋词散论》）。或谓今存苏词真正体现豪放风格的最多不过二三十首，实不能概括其全部风格甚至基本风格。明俞彦《爰园词话》更认为苏轼"其豪放亦止《大江东去》一词，何物袁绹，妄加品骘，后代奉为美谈，似欲以概子瞻生平"，豪放词仅只一首，当然不能用以品评苏词了。或谓词的"本色"就是合乐应歌，苏词冲破音律限制，导致宋词的衰微："苏轼出而开豪放一派，词也就衰了。"（刘尧民《词与音乐》）这些驳难都有一定根据，值得继续研究和探讨。

一、豪放和豪放词派

　　"豪放"一词，一般用以指人的气度性格，或指艺术风格。前者古

123

人习用,后者作为艺术风格的类别之一,始见于署名唐末司空图的《二十四诗品》。此二义宋人仍旧沿用。如黄庭坚云"太白豪放,人中凤凰麒麟"(《诗人玉屑》卷一四引),指前者;王安石云"白之歌诗,豪放飘逸,人固莫及"(同上引),指后者;苏轼云"李白诗类其为人,俊发豪放"(同上引),则兼指气度、风格而言。苏轼亦有用"豪放"指风格者,如评韩愈云"要当斗僧清,未足当韩豪"(《读孟郊诗》),又云韩诗比之柳宗元诗,"豪放奇险则过之,而温丽靖深不及也"(《评韩柳诗》)。然而在苏轼论艺术和宋人评苏词的言论中,"豪放"还含有另一种意义:主要指放笔快意、挥洒自如、摆脱束缚的创作个性。苏轼嘉祐六年的《王维吴道子画》云"道子实雄放,浩如海波翻。当其下手风雨快,笔所未到气已吞";元丰八年《书吴道子画后》云"出新意于法度之中,寄妙理于豪放之外";绍圣元年《子由新修汝州龙兴寺吴画壁》云:"人间几处变西方,尽作波涛翻海势。细观手面分转侧,妙算毫厘得天契。始知真放本精微,不比狂花生客慧。"先后三次评吴道子画,意见是一致的,"雄放"、"豪放"、"放",含义相同。吴道子画风固然宏伟奔放,但此处的"雄放",细细体味实侧重指创作个性,"浩如"以下三句即是"雄放"注释;与"妙理"相结合的"豪放",与"精微"相结合的"真放",也不单指具有阳刚之美的"风格"。纪昀评"始知"两句云:"至言可佩,于此知诗家好喜作迷离惝恍语,及喜作豪横语者,皆狂花客慧耳。"指出"豪放"不等同于"豪横语",所言颇是。苏轼《答陈季常》云:"又惠新词,句句警拔,诗人之雄,非小词也。但豪放太过,恐造物者不容人如此快活。一枕无碍睡,辄亦得之耳,公无多奈我何,呵呵!"今存陈慥(季常)词仅《无愁可解》一首①,系议论纵横的谈禅悟道之作:"光景百年,看便一世。生来不识愁味。问愁何处来,更开解个甚底。"这首词虽不能断定就是苏轼信中所说的"新词",

---

① 此词亦载东坡词中。《全宋词》据《山谷题跋》卷九等定为陈慥所作,是。

124

但也不能排除这种可能。词前有苏轼所写短序,词所抒写的任情逍遥的主旨,与信中所谓"如此快活"亦甚吻合。但从艺术风格看,此词很难加以"豪放"的评语。当然,气度豪迈荦磊者如从事创作,一般表现为放笔快意的创作个性,其作品一般具有豪放的风格,但三者并不是同一概念。苏轼自称:"某平生无快意事,惟作文章,意之所到,则笔力曲折,无不尽意。"(《春渚纪闻》卷六)"万斛泉源,不择地而出"的"滔滔汩汩"的创作个性确是体现在苏轼一生诗、词、文的全部创作之中,但这一创作个性既可以表现为豪横恣纵,也可以表现为韶秀明丽、平淡自然,并不与"豪放"风格等同。至于胡寅所说:"词曲者,古乐府之末造也。……然文章豪放之士,鲜不寄意于此者,随亦自扫其迹,曰谑浪游戏而已也。"(《题酒边词》)此处"文章豪放之士",更是泛言放笔写作之人,与艺术风格无关。

最早以"横放"、"豪放"论苏词的是苏轼门人晁补之和南宋陆游、朱弁。晁说苏轼"横放杰出,自是曲子中缚不住者"①。陆游说苏轼"非不能歌,但豪放,不喜裁剪以就声律耳"(《老学庵笔记》卷五)。朱弁说,"章质夫《杨花词》,命意用事,潇洒可喜。东坡和之,若豪放不入律吕"(《曲洧旧闻》卷五),这里的"横放"、"豪放"显然不指风格而指创作个性:晁、陆是泛言苏轼整个词作,自然不能全以豪放风格评之;朱弁所言《水龙吟·咏杨花》其风格素以蕴藉婉曲见称的。其次,他们又都把"豪放"一词跟苏轼词的不合乐律联系起来,跟苏词与音乐的初步分离问题联系起来。这是值得注意的两点。此外曾慥于绍兴年间所作《东坡词拾遗跋》也用"豪放"一词评苏词:"想像豪放风流之不可及也。"似也不是从艺术风格立论的。

苏轼及其他宋人并没有把"豪放"与"婉约"对举而言。最早以两

① 《能改斋漫录》卷一六"黄鲁直词谓之著腔诗"条,但赵令畤《侯鲭录》卷八谓是黄庭坚语:"鲁直云:东坡居士曲(一作词),世所见者数百首,或谓于音律小不谐。居士词横放杰出,自是曲子缚不住者。"

者对举论词的是明人张綖。他在《诗馀图谱·凡例》后云：

> 按词体大略有二：一体婉约，一体豪放。婉约者欲其辞情
> 蕴藉，豪放者欲其气象恢弘。盖亦存乎其人，如秦少游之作，多
> 是婉约，苏子瞻之作，多是豪放。大抵词体以婉约为正，故东坡
> 称少游"今之词手"；后山评东坡词"虽极天下之工，要非本色"。
> 今所录为式者，必是婉约，庶得词体，又有惟取音节中调、不暇择
> 其词之工者，览者详之①。

张綖关于婉约、豪放的界说，是从艺术风格着眼的，与宋人论词言"豪
放"含义有别；但他把它作为词的两"体"，并进一步认为"词体以婉约
为正"，则此两体又隐然含有正、变之别的意义。张綖此说一出，学者
多所称引。如明徐师曾《文体明辨序说·诗馀》，清王又华《古今词
论》、王士禛《花草蒙拾》、徐釚《词苑丛谈》卷一、张宗橚《词林纪事》卷
六、沈雄《古今词话·词品》卷上、江顺诒《词学集成》卷五、陈廷焯《白
雨斋词话》卷一等。

清人论宋词多用"两分法"：一以豪放、婉约分派，一以正、变分派。
但两者的实际内容往往相同或相近。前者如王士禛。他把张綖的两体
说引申为词中两大派："张南湖论词派有二：一曰婉约，一曰豪放。仆
谓婉约以易安为宗，豪放惟幼安称首，皆吾济南人，难乎为继矣。"后者
如《四库总目提要》。该书卷一九八云："词自晚唐五代以来，以清切婉
丽为宗。至柳永而一变，如诗家之有白居易；至轼而又一变，如诗家之
有韩愈，遂开南宋辛弃疾等一派，寻源溯流，不能不谓之别格。然谓之

---

① 按，《诗馀图谱》之明刻通行者为汲古阁《词苑英华》本，无《凡例》及按语。此
据北京图书馆所藏《诗馀图谱》明刊本及上海图书馆所藏万历二十九年游元
泾校刊的《增正诗馀图谱》本。

不工则不可。故至今日,尚与花间一派并行,而不能偏废。"以"清切婉丽"的花间一派为正格,以苏辛词为别格,正与婉约、豪放之分相近。周济《介存斋论词杂著》说:"向次《词辨》十卷,一卷起飞卿为正,二卷起南唐后主为变。"今《词辨》仅存此正变二卷,以温庭筠、韦庄、欧阳炯、冯延巳、晏殊、欧阳修、晏几道、柳永、秦观、周邦彦、陈克、史达祖、吴文英、周密、王沂孙、张炎、唐珏、李清照等十八家为正;而以李煜、孟昶、鹿虔扆、范仲淹、苏轼、王安国、辛弃疾、姜夔、陆游、刘过、蒋捷等十一家为变。他的所谓正变,大抵亦以《花间》为标准,其列于正体的诸家,都以婉约见长,列于变体的诸家,大都带有豪放或创新的精神。因而,调停两派者往往合豪放婉约和正变而论之。沈祥龙《论词随笔》云:"唐人词,风气初开,已分二派:太白一派,传为东坡诸家,以气格胜,于诗近西江;飞卿一派,传为屯田诸家,以才华胜,于诗近西昆。后虽迭变,总不越此二者。"又云:"词有婉约,有豪放,二者不可偏废,在施之各当耳。房中之奏,出以豪放,则情致绝少缠绵;塞下之曲,行以婉约,则气象何能恢拓? 苏辛与秦柳,贵集其长也。"田同之《西圃词说》云:"填词亦各见其性情。性情豪放者,强作婉约语,毕竟豪气未除;性情婉约者,强作豪放语,不觉婉态自露。故婉约自是本色,豪放亦未尝非本色也。"这里或谓词的初源即有豪放、婉约,后人各承其源,平行发展,当然无所谓正变之别;或谓词有不同题材,于是自有不同风格,或词人性情有异,风格因之不侔,当然也谈不上正变、本色非本色了。从这里可以看出,在不少清代词评家的心目中,豪放与别格、婉约与本色实际上是同一内容的不同说法。

正变、本色问题确是评论苏词的关键。这个争论在苏轼当时及稍后就已发生。署名陈师道的《后山诗话》云:"退之以文为诗,子瞻以诗为词,如教坊雷大使之舞,虽极天下之工,要非本色。"据《铁围山丛谈》卷六,谓"太上皇(徽宗)在位,时属升平,手艺人之有称者",教坊司有舞者雷中庆,"世皆呼之为雷大使","视前代之伎……皆过之"。陈师道与苏轼同年逝世,皆在建中靖国元年(1101),即徽宗即位的第二年,此语当非出自其口,但指苏词"以诗为词"为"非本色",却代表当时词坛的一派观点。

苏轼对词的本质的认识却与此相反。他的为数不多的论词文字总是反复强调一个观点,就是"诗词一家"。正是在这个认识的基础上,他一反传统"本色",大力改革词风,"以诗为词"成了他开创革新词派的主要手段。他在《与蔡景繁》信中说:"颁示新词,此古人长短句诗也,得之惊喜。试勉继之,晚即面呈。"而李清照却说苏词乃"句读不葺之诗"(《词论》),张炎《词源》论辛、刘(过)"豪放词"为"长短句之诗耳",沈义父《乐府指迷》论词四标准,其第一条即为"音律欲其协,不协则成长短之诗"。同一句"长短句诗",两者褒贬不同,态度迥异:苏轼认为词早该如此作,"得之惊喜",并当即加以试作,急切欣喜之情,溢于言表;李清照等传统词派的理论代表却认为词绝不应如此作,严加申斥,不假稍贷。苏轼说:"近却颇作小词,虽无柳七郎风味,亦自是一家,呵呵!"(《与鲜于子骏》)他力图按"诗词一家"的原则来求"自是一家",而李清照却声称词乃"别是一家",坚守诗、词的森严壁垒。一字之差,意味着维护传统和革新传统的两种倾向。这就是正变之争的实质。

苏轼论词还崇尚作为艺术风格的"豪放",并与"诗词一家"的主张联系起来。前引《答陈季常》已云:"又惠新词,句句警拔,诗人之雄,非小词也。"另一封《与陈季常》信中自称"日近新阕甚多,篇篇皆奇"。这与《与鲜于子骏》中谓《江城子·密州出猎》"令东州壮士抵掌顿足而歌之,吹笛击鼓以为节,颇壮观也",同一充满自豪、自夸的口吻。言"雄"言"奇"言"壮",足见苏轼艺术个性中崇尚豪迈俊发的一面。也应指出,在"诗词一家"认识的前提下,他也并不绝对排斥婉约、合乐。其《祭张子野文》云:"清诗绝俗,甚典而丽,搜研物情,刮发幽翳。微词宛转,盖诗之裔。"在《和致仕张郎中春昼》诗中还赞扬张先"浅斟杯酒红生颊,细琢歌词稳称声",对张先词的"宛转","细琢称声"亦多褒扬。他对秦观词的俚俗媟黩表示过不满,但对其雅正婉丽的作品却极为倾倒。苏轼自己词作不限于豪放风格一路也可从这里得到解释。然而,联系苏轼诗词文整个创作,其艺术个性无疑更倾向于豪健的一面。

我们在前面说过,苏轼及晁补之、陆游、朱弁等人在使用"豪放"一语时多从放笔快意的创作个性着眼,并不单指艺术风格。其实,这一创作个性与苏轼革新传统词风的"以诗为词"的手段是互为表里、互为因果的。他正是为了使词从"娱宾遣兴"的工具变为独立的文学样式,抒写自己的真情实感,追求最大的表达自由,才断然"以诗为词"进行多方面的改革:在题材内容上,跟诗一样,冲破"艳科"藩篱,达到"无意不可入,无事不可言"(《艺概》卷四)的境地;在手法风格上,跟诗一样,既有比兴含蓄,更擅直抒胸臆,以高远清雄的意境和豪健奔放的风格为主要艺术标准,对婉约词风也进行某些变革和发展;在形体声律上,不以应歌合乐为能事,而是追求词的诗律化,追求诵读的美听。这些原属"以诗为词"的主要内容也即是他所开创的革新词派的主要内容,却跟"豪放"一语牵合起来:既然作为创作个性的"豪放"与"以诗为词"是互为表里、互为因果的,晁补之、陆游、朱弁等人还用来解释过苏词不合乐律的原因,既然作为艺术风格的"豪放"又为苏轼所倾心,他还常与"诗词一家"的观点合在一起来论述,更由于清人两种"两分法"在实际内涵上的相同或相近,因此,所谓豪放词派和婉约词派实际上成了革新词派和传统词派的代名词。龙榆生先生说:"后人把它分作豪放、婉约两派,虽不十分恰当,但从大体上看,也是颇有道理的。这两派分流的重要关键,还是在歌唱方面的成分为多。"(《宋词发展的几个阶段》,见《词学研究论文集》)刘永济先生也说:"按词以婉约为正宗,其理由实因婉约派词家如美成、白石、玉田皆知音,其词皆协律,而词本宋之乐府,乐府诗皆应协律。正宗之说,根据在此。"(《词论》卷上《风会》)这两位词学前辈论豪放、婉约,

129

都没有局限在张綖的风格分派之说内,而是从词的发展流变着眼,是很有见地的。

苏轼开创的革新词派以"豪放"命名,确有些名实不符。但只要了解它的历史来由和实际内容,且又约定俗成,今天仍可沿用。总之,豪放、婉约两派,不是严格意义上的文学流派,也不是对艺术风格的单纯分类,更不是对具体作家或作品的逐一鉴定,而是指宋词在内容题材、手法风格特别是形体声律方面的两大基本倾向,对传统词风或维护或革新的两种不同趋势。认识这种倾向和趋势对于宋词的深入研究是有重要意义的。对"二分法"的一些驳难都是以风格分派为立论前提的,但"二分法"的涵义实不仅如此,这些驳难也就迎刃而解了。

二、苏词和协律

指责苏词不协音律,是传统词派极为普遍的论点,成为苏词评价中的突出问题之一。其实,苏词有两种"律":一种是乐谱式的词律,目的是付之歌喉,被之管弦,以求歌唱的谐婉动人;一种是平仄式的词律,主要不为歌唱,而是追求文字声韵的和谐,以求诵读的美听。

说苏词不协律,是指前者。但在宋人的言论中对其违律程度的估计却不一致。李清照说他"往往不协音律"(《词论》),陆游引"世言",谓"东坡不能歌,故所作乐府词多不协"(《老学庵笔记》卷五),其他泛称其词"不入腔"者屡见记载。然而,曾为苏轼僚属的赵令畤却言时人"或谓"苏词"于音律小不谐"(《侯鲭录》卷八),胡仔说他"间有不入腔处,非尽如此"(《苕溪渔隐丛话·后集》卷二六),沈义父《乐府指迷》"豪放与叶律"条亦认为"不豪放处,未尝不叶律也"。由于词乐失传,宋词唱奏情况已莫明究竟,因此今天已不能准确判断上述两种估计孰是孰非。词的平仄或格式,原是为配合乐谱而形成的,我们虽不能从平仄声韵直接求得乐谱的宫商节拍,但还是能从中窥测大致的情形,舍此也无他途了。

就苏词与乐谱式词律的关系而言,大致有下列几种情形:

(一)对当时仍保留旧时歌法而且"声词相从"的流行词调和配合演奏的琴曲等,苏词守律颇严。《苕溪渔隐丛话·后集》卷三九云:"唐初歌词多五七言诗……今止存《瑞鹧鸪》、《小秦王》二阕。"可见《阳关曲》(即《小秦王》)在宋时仍为有谱之词。《梦溪笔谈》卷五《乐律》云"古诗皆咏之,然后以声依咏以成曲,谓之协律",因此歌词内容和曲调声情互相吻合;但到沈括时已大都不相一致,"今声词相从,唯里巷间歌谣及《阳关》、《捣练》之类,稍类旧俗",说明只有《阳关曲》等少数词牌尚能配合曲调声情。李之仪《跋吴思道小词》云:"唐人但以诗句而用和声抑扬以就之,若今之歌《阳关词》是也。"也说明此调为当时习唱。苏轼在密州时曾据古本《阳关》对"阳关三叠"的唱法作过专门的考证(《东坡题跋》卷二"记阳关第四声"条)。宋杨湜《古今词话》(《花草粹编》卷一一引)、元杨朝英《阳春白雪》所载《阳关三叠》词,其结构即与苏说相符(第一句不叠,馀三句叠)。正因为苏轼对此调的熟稔,他所作《阳关曲》三首与王维原作《渭城曲》平仄四声严格相合:

王维《渭城曲》	去平平上入平平 渭城朝雨浥轻尘,	入上平平上入平 客舍青青柳色新。
苏轼《中秋作》	去平平上入平平 暮云收尽溢清寒,	平去平平上入平 银汉无声转玉盘。
苏轼《赠张继愿》	去平平上上平平 受降城下紫髯郎,	去上平平上去平 戏马台前古战场。
苏轼《答李公择》	去平平上入平平 济南春好雪初晴,	平去平平上入平 行到龙山马足轻。

王维《渭城曲》	去平去上入平上 劝君更尽一杯酒，	平入平平平去平 西出阳关无故人。
苏轼《中秋作》	上平上去平上 此生此夜不长好，	平入平平平去平 明月明年何处看？
苏轼《赠张继愿》	去平入上平上 恨君不取契丹首，	平入平平平去平 金甲牙旗归故乡。
苏轼《答李公择》	上平上去入平上 使君莫忘雪溪女，	平入平平平上平 还作阳关肠断声。

从上表可知：

（1）若以平仄论，仅第二句第一字有两字不合（银、行），其他全合。俞樾解释道，此字"似乎平仄不拘，然填词家每每以入声字作平声用，右丞用客字，正是入声，或客字宜读作平也。盖此调第一句、第三句以仄平起，第二句、第四句以平仄起，若客字读仄声，便不合律。东坡《答李公择》及《中秋月》两首，次句均以平仄起可证也。惟《赠张继愿》用戏字，则是去声，于律失谐，或坡公于此小疏，又《玉篇》戏字有忻义、虚奇二切，此字借作平声读，或亦无害也。"（《湖楼笔谈》卷六，见《第一楼丛书》九）则平仄全部相符了。

（2）若以四声论，苏词三首共八十四字，仅"银"、"戏"、"行"、"汉"、"到"、"战"、"此"、"使"、"此"、"不"十字不合，馀七十四字全合。其他有出入各字，因依阳上作去、入派三声规律可以相通。如浥（影母）、溢（以母）、雪（心母）三字皆清入转上，因与紫（上声）同，莫（明母）字次浊入转去，与更（去声）同，尽（从母）阳上作去，与夜（去声）、取（上声）、忘（去声）相通，断（定母）阳上作去，与故（去声）同。

（3）第一句第一字皆用去声，结尾两平中皆同夹一去声字，一在句首，一在句尾，是在"起调毕曲"的歌唱吃紧之处，故毫不假借。第二句第五字必用上声,第三句末三字必用"入平上",亦似非偶合,徐榮《词通·论律》曾指出苏轼此三词于王维原作"不独谨于句调,谨于平仄,抑且谨于四声"(《词学季刊》一卷三号),是正确的,总之,此乃苏词守律最严之著例。

苏轼著有《杂书琴事》、《杂书琴曲》多则(见《东坡题跋》卷六),其中不乏此中人语,他的两首琴曲《醉翁操》和《瑶池燕》也是深谙乐律之作。

先说《醉翁操》。据苏轼此词自序,滁州琅琊山"泉鸣空涧,若中音会",为欧阳修所激赏。后太常博士沈遵往游,"以琴写其声,曰《醉翁操》,节奏疏宕,而音指华畅,知琴者以为绝伦。然有其声而无其辞",只是一首器乐曲。欧阳修"虽为作歌,而与琴声不合",成为琴界憾事。三十馀年后,沈遵琴友崔闲"恨此曲之无词,乃谱其声",请苏轼补词。又据《渑水燕谈录》卷七,苏轼作此词时,"闲为弦其声,居士倚为词,顷刻而就,无所点窜","然后声词皆备,遂为琴中绝妙,好事者争传"。苏轼还写信给沈遵之子本觉法真禅师说:"二水同器,有不相入;二琴同手,有不相应。沈君信手弹琴而与泉合,居士纵笔作词而与琴会,此必有真同者矣。"能够顷刻之间一字不改地写出与琴曲音乐"真同"的词,又为当时和后世争传不绝,既见出苏轼对音乐的一定造诣,又说明这首词与乐曲音律的融合无间。叶梦得在《避暑录话》卷下中说,他于大观末亦遇崔闲于泗州南山,崔闲"坐玻璃泉上",配合"涓涓淙潺"的泉声作琴曲多首,要求叶为他配词,方法是"闲乃略用平侧四声分均(韵)为句以授余",叶因对此道"了了略解"而未能当即应命。其实,叶幼时已向信州道士吴自然学过琴。由此可以推知苏轼此词必合矩矱,否则不会引起时人的惊叹和他本人的自许。今日诵读原词:"琅然。清圆。谁弹。响空山。无言。惟翁醉中知其天。月明风露娟娟。人未眠。……"短句多,韵位密,多用平韵,间有拗句,吟诵一过,琴音的清圆婉和,泉声的琤琮丁东,仿佛依稀可闻。

郑文焯云："读此词，觇苏之深于律可知。"(《东坡乐府笺》卷二引)这首词的音乐效果是毋庸置疑的。

再说《瑶池燕》。《侯鲭录》卷三云："东坡云：琴曲有《瑶池燕》，其词不协，而声亦怨咽，变其词作闺怨寄陈季常云：此曲奇妙，勿妄与人。"按，《瑶池燕》即《越江吟》。《续湘山野录》云："世传琴曲宫声十小调，皆隋贺若弼所制，最为绝妙。"其五即《越江吟》。宋太宗极为爱赏，"命词臣各探调制词。时北门学士苏易简探得《越江吟》"。因其首句为"非烟非雾瑶池宴"，故又名《瑶池燕(同宴)》。今即以两苏之作对勘如下：

苏易简《越江吟》 苏　轼《瑶池燕》	非烟非雾。瑶池宴。片片。碧桃冷落谁见。 飞花成阵。春心困。寸寸。别肠多少愁闷。
苏易简《越江吟》 苏　轼《瑶池燕》	黄金殿。虾须半卷。天香散。春云和、 无人问。偷啼自揾。残妆粉。抱瑶琴、
苏易简《越江吟》 苏　轼《瑶池燕》	孤竹清婉。入霄汉。红颜醉态烂漫。金舆转。 寻出新韵。玉纤趁。南风未解幽愠。低云鬟。
苏易简《越江吟》 苏　轼《瑶池燕》	霓旌影乱。箫声远。① 眉峰敛晕。娇和恨。

两词差别是：

(1)韵脚。东坡词首句于第四字多押一阵字韵。(但《苕溪渔隐丛话·前集》卷一六易简词首句作"非云非烟。瑶池宴"，烟字亦是韵

---

① 苏易简词，《续湘山野录》、《苕溪渔隐丛话·前集》卷一六引《冷斋夜话》所载文字不同，《钦定词谱》卷九录此词"从《花草粹编》订定"，今从之(又参见《词律》卷五杜文澜等校注)。苏轼词据《全宋词》本，但"来"、"鬓"两字据别本改为"末"、"鬟"。

脚。）其他只有两个韵脚声调不同：易简词之婉（上）、远（上），东坡作韵（去）、恨（去）。散、转有上去两读，故与粉（上）、鬓（去）同声。其他韵脚声调全同。

（2）平仄四声。全词除韵脚外仅三个字四声不合：易简词之"落"（入）、"态"（去）、"烂"（去），东坡作"少"（上）、"解"（上）、"幽"（平）。其他"冷"（上）可通"零"（平）（一本即作"零"），与"多"（平）同声。"春"（平）实为"奏"（去）之误，考《周礼·春官·大司乐》云"孤竹之管，云和之琴瑟，云门之舞，冬日至，于地上之圜丘奏之"，《历代诗馀》卷十九即作"奏"，应从，故与"抱"（阳上作去）同声。"敛"有上去两读，故与"影"（上）同声。若以平仄论，全词竟只有一字不合（"烂"与"幽"）！苏轼谓易简原词"不协"，究其实仅止如此而已。这说明苏轼此词必严于守律，同时也使我们对于宋人的所谓"不协"有个具体的分寸感。

（二）部分苏词曾付之歌喉、被之管弦，其守律情形时严时松，颇多参差。根据苏轼词序及其他有关记载，今可考知曾被歌唱过的苏词大约有：《水调歌头》（昵昵儿女语）、《哨遍》（为米折腰）、《江城子》（梦中了了醉中醒）、《减字木兰花》（维熊佳梦）以及上述《阳关曲》等三调五首，以上见词序；还有《江城子》（老夫聊发少年狂），见《与鲜于子骏》；《水调歌头》（明月几时有），见《铁围山丛谈》卷四；《满江红》（东武城南），见《岁时广记》卷十八引《古今词话》；《永遇乐》（明月如霜），见《独醒杂志》卷三；《南歌子》（师唱谁家曲），见《苕溪渔隐丛话·前集》卷五十七引《冷斋夜话》；《戚氏》（玉龟山），见李之仪跋；《蝶恋花》（花褪残红青杏小），见《琅环记》卷中引《林下词谈》；《玉楼春》（乌啼鹊噪昏乔木），见《王直方诗话》；《鹊桥仙》（缑山仙子），见陆游《跋东坡七夕词后》，共十八首。如果再加上自度曲《皂罗特髻》、《翻香令》、《清华引》、《荷华媚》和其他"檃括"体《定风波》（与客携壶上翠微、好睡慵开莫厌迟），则共二十四首。其中有的守律颇严。如

《戚氏》(玉龟山),此词长达二百十几字。分三段。万树《词律》卷二
〇曾以它与柳永同调"晚秋天"一阕比较云:"'云璈'句(第三段第七
句)七字叶韵,与前调(指柳词)'别来'句六字不叶异,其馀俱同。人
每谓坡公词不叶律,试观如此长篇,字字不苟,何常(尝)不协乎?"万
树仅从平仄格式来衡量,"字字不苟"也嫌过誉。其实,平仄四声时有
出入,叶韵方式亦有不同:柳词是平仄韵同部参错互叶,苏词大都用
平声韵。但总的看来,确较严格,尤其像柳词的五个领格字,第一段
"正"字,第三段"遇"、"念"、"渐"、"对"字,苏词一律遵依,同作去声。
(仅"杏"字在句式上不属领格句,但字声仍为阳上作去)柳词第三段
"当年少日"、"对闲窗畔"二句,皆上一下三句式,苏词作"献金鼎药"、
"望长安路",亦并遵依。毛晋本调下注引李之仪(端叔)跋云:"东坡
在中山(定州),宴席间,有歌《戚氏》调者,坐客言调美而词不典,以请
于公。公方观《山海经》,即叙其事为题,使妓再歌之,随其声填写,歌
竟篇就,才点定五六字而已。"①李之仪为苏轼知定州时僚佐,其言当
可信。此词径为应歌而作,且实有意与柳词争胜,故严于守律,因难
逞才。今苏词有三处在相同位置上与柳词用字全同:"当时"、"正"、
"留连",便见此中消息。陆游《老学庵笔记》卷九说苏轼对此词"最得
意",当包括妙合音律而言。

　　但有的守律颇疏。试以上述两首《江城子》为例。《江城子》上下
两片各三十五字,格式相同。五代时仅只单片,至宋多依原曲重增一
片,以不同的歌词重唱一遍。但以苏轼此两词四片对勘,结果是:

　　(1)"老夫聊发少年狂"一首,上下片四声不合者十一字,占三分
之一,若以平仄不合者论,亦有二字;

　　(2)"梦中了了醉中醒"一首,上下片四声不合者十三字,平仄不

---

① 　李之仪《姑溪居士文集》卷三八《跋〈戚氏〉》记此事,文字有异。其中还说:
　　"一日歌者辄于(东坡)老人之侧,作《戚氏》,意将索老人之才于仓卒,以验天
　　下之所向慕者,老人笑而颔之。"

合者四字；

（3）两首逐字对照，四声不合者二十三字，平仄不合者四字。

这个数字比起《阳关曲》三首的情况来，相差就很大了。两首词虽说可歌，但一则说"令东州壮士抵掌顿足而歌之，吹笛击鼓以为节"（《与鲜于子骏》），与当时一般用琵琶伴奏者完全异趣[1]；一则自谓东坡之雪堂犹如陶潜之斜川，"乃作长短句，以《江城子》歌之"，系随兴所书，然后借用词调付之歌喉而已。要之，此两词皆非酒宴应酬或争胜逞才之作，而是"满心而发，肆口而成"，自然于音律有所不顾了。这是他守律时严时松的原因之一。

（三）苏轼的大部分词作没有歌唱的记载，其中多数可以大致推断并无应歌的创作目的，其守律情况总的来说比较松弛。今试以苏、柳词作比较。柳永号称知律，今存《乐章集》其词调与苏轼同者有二十调，其中除《卜算子》、《定风波》名同而调异（柳为慢词）、《瑞鹧鸪》格式大异外，以相同的十七调对勘，平仄四声互异之处颇为经见。例如《少年游》一阕，柳词有五十字、五十一字、五十二字三式，苏词两首皆五十一字，但句式有稍异处。以句式与柳词全同者比较，即柳之"层波潋滟远山横"与苏之"银塘朱槛麹尘波"，两词四声异者达二十字。再以柳五十字之"参差烟树灞陵桥"与苏之"去年相送"对照，不但柳词首七字句苏轼改为两个四言句，柳词结尾四、四、五句式苏改为七、三、三，而且四声异者达十八字，所占比例亦较大。尤如苏词结尾"恰似姮娥怜双燕"句，四平连用，于歌唱亦似有碍，且又在"毕曲"乐调吃紧之处。他如《清平乐》柳之"繁华锦烂"与苏之"清淮浊汴"，《诉衷情》柳之"年渐晚"与苏之"花尽后"等，四声异者随处皆有，几无清楚条理可寻，不再缕述。句式出入的情况也较突出。如《八声甘

---

[1]　宋翔凤《乐府馀论》："北宋所作，多付筝琶，故啴缓繁促而易流。"姚华《与邵伯絅论词书》："五代北宋歌者皆用弦索，以琵琶为主器。"（《词学季刊》二卷一号）

州》柳词首句"对潇潇、暮雨洒江天"为领格句,"对"字去声,苏词作"有情风万里卷潮来",未合;其结尾倒数第二句柳词"倚栏干处",中两字连属,为特殊句法。如吴文英同调"渺空烟"之"上琴台去"、张炎"记玉关"之"有斜阳处"皆同,而苏词作"不应回首",又未合。《醉蓬莱》柳词"渐亭皋叶下"全词共有五个五言句,皆用上一下四句式,苏词"笑劳生一梦"首,四句合,一句未合;这片柳词为四个四言句,苏词变为六、六、四句式。《鹧鸪天》柳词"吹破残烟入夜风"首第三、四句,例作对偶(晏几道等皆如此),苏词此调共两首,一首合("翻空白鸟时时见,照水红蕖细细香"),一首不合("夜来绮席亲曾见,撮得精神滴滴娇")。谢章铤《赌棋山庄词话》卷四曾举苏轼的两首词云:"其句法连属处,按之律谱,率多参差。"其实,这种情况不限于少数词作。至于用韵方面,鲁国尧先生曾以苏轼等二十位宋代四川词人的作品进行细致而全面的分析比较,其结果也以苏轼"出格"为多,他是"合韵(指不同韵部的合用)项目最多者之一,达七项。合韵较之于本韵,有碍于歌唱则是肯定的"(《宋代苏轼等四川词人用韵考》,见《语言学论丛》第 8 辑)。

应该指出,上述四声、句式、用韵等出入之处并非全部都是对乐律的违碍。以柳词而言,其同一词牌即有多种格式,如《倾杯乐》即有九十四、九十五、一〇四、一〇六、一〇七、一〇八(两体)、一一六字等八体,《洞仙歌》有一一九、一二三、一二六字等三体,《轮台子》有一一四、一四一字两体,《少年游》有五十、五十一、五十二字等三体,其四声、句式、用韵也不全同,甚至差别很大。但他精于乐律,深知何处应守、何处可守可不守,掌握了词牌的灵活性。苏词就不完全如此。后来词谱作者往往把这些歧异看成可平可仄或又一体之类,从歌唱乐律角度看,是不对的。例如苏轼的《归朝欢》(我梦扁舟浮震泽)与柳永同调之"别岸扁舟三两只",句式全同,所押十二个韵脚竟有五个字同(淅、白、客、色、隔),连柳词上下片两结首字皆用入声(只、玉),苏

词亦遵依(觉、莫),但平仄四声仍有参差。郑文焯《手批东坡乐府》
云:"此与柳词同一体,其平侧微异处,正是音律之清浊相和,匪若万
红友(树)所注可平可仄之例也。"(转引自《东坡乐府笺》卷二)这一审
察是十分精细的。请以近事喻之。传唱一时的岳飞《满江红》(怒发
冲冠)歌曲,原来是杨荫浏先生在20世纪20年代利用无名氏为萨都
刺《满江红》(六代豪华)所谱写的曲调,配上岳飞词而成的。两词若
衡以通常词谱,都是合律的;但在歌唱岳词时,不仅原曲谱未能充分
表达岳词激昂慷慨的情绪,而且在字调配合曲谱音符上颇多抵牾。
杨先生指出如"怒发"、"栏处"、"望眼"、"仰天"、"里路"、"胡虏"、"待
从"等处,在歌唱时发生了"倒字"(四声不合)的不良效果,这是由于
违反了"以低音配上声字,以高音配去声字"的原则(《我和〈满江
红〉》,见《人民音乐》1982年第10期)。而一般词谱仅分平仄,且在
"怒"、"栏"、"望"、"仰"、"里"、"待"等处皆注可平可仄。这说明歌唱
确要区分上、去,平仄也不是随便可以通用的。今日宋词乐谱已亡,
苏词与柳词等的歧异处,笼统地说是可平可仄或又一体之类显然不
符歌唱的实际情形,但我们又无法确指哪些违例哪些不违例。从比
勘的绝对数字来看,我们只能推测苏轼的这第三类词,比起《阳关曲》
等五首词来,比起曾经配乐歌唱的词来,违律较多、较普遍,而这类词
正占苏词的大多数。夏承焘先生说"苏辛但工文字,不顾拗尽天下嗓
子",即概指苏词的一般情况。

苏轼对乐律虽非精诣但亦粗通。其《与子明兄》云:"记得应举
时,见兄能讴歌甚妙。弟虽不会,然常令人唱,为何(作)词。近作得
《归去来引》一首,寄呈请歌之。"则在嘉祐应举时尚不谙讴歌,但后常
研习。吕居仁《轩渠录》记载苏轼有"歌舞妓数人",常饮客有歌。苏
轼知密州时,刘攽曾听到苏词数阕,作诗赠之云:"千里相思无见期,
喜闻乐府短长诗。灵均此秘未曾睹,郢客探高空自知(原误作欺)。
不怪少年为狡狯,定应师法授微辞。吴娃齐女声如玉,遥想明眸辇黛

时。"(《见苏子瞻所作小诗因寄》)借屈原"未睹此秘"(《南史·陆厥传》引沈约论声韵有"自灵均以来,此秘未睹"语)及宋玉曲高和寡之说来赞美苏词,戏谓苏轼当有师法授受,独得乐理之秘,与当时轻浮少年以歌词为戏不同。苏轼晚年常自歌咏,亦屡见记载。这都说明他对音乐的爱好和熟悉。上述《阳关曲》等五首的实例更是明证。

苏轼粗通乐律而其大部分词作又多违律,说明什么呢?这正是对词的一种新的创作意识的形成——主文不主声。就是说,苏轼主要不是以应歌为填词目的,而是把词作为与诗一样的独立抒情艺术手段,不愿思想感情的表达因迁就乐律而受到损害,不愿自由奔放的创作个性受到拘束,表现了词与音乐初步分离的倾向。苏轼最有名的《念奴娇》(大江东去),其句式就有四句与常格不同(浪淘尽、小乔初嫁了、羽扇纶巾、故国神游),所押入声韵也是物、锡、薛、月诸部混而用之,就是因直抒胸臆而不拘乐律的突出例子。这一创作意识并不仅是苏轼一人如此。《碧鸡漫志》卷二云:"王荆公长短句,不多合绳墨处,自雍容奇特。""雍容奇特"往往是"不多合绳墨处",与沈义父评苏词"不豪放处,未尝不叶律",正反角度不同,含意完全一样,都反映出反传统的新的创作意识。只不过王安石毕竟彼众我寡,未能独立门户,而苏轼以倾荡磊落之才驰骋词笔,恣意抒写,突破倚声协律的常规,才开一代新风气。

钟嵘《诗品序》提出,"韵入歌唱,此重音韵之义也",这是讲歌唱之律;但梁时的诗歌"既不被管弦,亦何取于声律耶?""但令清浊通流,口吻调利,斯为足矣",这是讲"讽读"之律。苏词算不上歌唱之律的典范,但他对讽读的音乐性却是潜心追求的。这完全适应苏轼当时词坛所面临的词与音乐初步分离的情势。

诵读但求平仄,不讲四声,这是从沈约"永明体"到唐代律诗形成的一条经验教训。宋词在与音乐初步分离的情势下,其格律亦趋于诗律化,即以两平两仄交替迭用的重复平仄律为基础;但又充分发挥其句式上的长短互节、奇偶相生，韵位的疏密变化、韵部通用以及平仄字声在联、节、篇的多种变化，而形成另一种声情相称、谐婉美听的音律。所以，它是诗律化而不是被律诗所同化。苏轼对此作出了自己的贡献。

仍以《江城子》为例。前面从歌唱乐律的角度，我们已推测它可能违律较多；但就平仄式词律而言，则又十分谨严。苏词此调共九首，每首十八句，全是律句，每句平仄亦全同（个别字在一三五处小有出入），以构成全词和谐的一面；但律句之间，多不符粘对规律，如上下片前面的两个三言句，皆作"仄平平，仄平平"的重复句，又构成拗怒的一面；而上下片后面的两个三言句，又皆作"平仄仄，仄平平"，且处于结句地位，这又使全词在拗怒中显出和谐的统一基调。九首平仄一律，见其守律不苟。

如果说，《江城子》的格律多依前人成例，那么，他的两首《洞仙歌》则证明他对音律的匠心独运。《洞仙歌》一调，首见于唐《教坊记》，柳永《乐章集》兼入中吕、仙吕、般涉三调，句式不一，字数也有一二一、一二三、一二六字不等。苏轼两词"冰肌玉骨"为八十三字，"江南腊尽"为八十四字，除下片第四句一为五言句，一为六言句外，其他句式及平仄基本相同，极少例外。两词一咏花蕊夫人，一咏柳树，极尽缠绵悱恻之能事，其音节舒展回环，声情融为一体，全词亦以律句为主，仅上片安排两个拗句。韵脚全用去声，去声激厉劲远，转折跌宕，收到浏亮而又含蓄之效。尤如两词结句："但屈指西风几时来，又不道流年，暗中偷换"和"又莫是东风逐君来，便吹散眉间，一点春皱"，都由两个领格句一气联缀而成，领字（但、又、又、便）皆用去声，所领之句一为七言，一为两个四言，又富变化，把时不我待的感慨或东风催春的期望表达得深曲和深沉。

苏词的平仄有的与通行格式不同，他对音节的推敲正可从这类不同处寻味。如《满江红》下片第五句，一般作"仄平平仄仄"（如岳飞《满江红》的"驾长车踏破"），苏轼五首此句为"空洲对鹦鹉"、"文君婿

知否"、"相将泛曲水"、"相看恍如昨"、"何辞更一醉",都改作"平平仄
平仄"("曲"、"一",入作阴平,"看"有平去两读),这就不是偶然的了。
他大概有意打破两平两仄相间的复式平仄律,而变为一平一仄相间
的单式平仄律。例如他的《念奴娇》(大江东去),全词大都为律句,仅
三个拗句,而此三个拗句都符合单式平仄律:一为过片句"遥想公瑾
当年"作"平仄平仄平平",二为上下片结句"一时多少豪杰","一樽还
酹江月",皆作"仄平平仄平仄",都有一平一仄更迭,对全词悲壮勃郁
情怀的表达,助益甚大。又如《雨中花慢》一调,苏轼有三首(今岁花
时深院、邃院重帘何处、嫩脸羞蛾),其前片结句各为"有国艳带酒,天
香染袂,为我留连","空怅望处,一株红杏,斜倚低墙","又岂料正好,
三春桃李,一夜风霜",皆第一句作拗句(仅一个平声字),二、三两句
却为律联,先拗后谐。而一般格式却先谐后拗:第一句作律句,二、
三两句律句失对,为重叠句,如柳永"坠髻慵梳"之"把芳容陡顿,恁地
轻孤,争忍心安",张孝祥"一叶凌波"之"恨微颦不语,少进还收,伫立
超遥",皆取"仄平平仄仄,仄仄平平,仄仄平平"格式。苏词的这些变
化,都为了造成别一种吟诵腔吻。从数首变化相同来看,他不是率意
为之的。

　　以上数例可以说明苏轼对诵读的音乐性的重视。因此他的词一
般读来朗朗上口,而无棘喉涩舌之弊,偶有拗折处,适足以表示盘旋
吞吐、勃郁不平的胸襟。后世的许多词谱作者往往以苏词作为词牌
的实例。如万树《词律》取苏词者有正体十三调,又一体七调,共二十
调。他的词在平仄式词律中具有相当重要的示范作用。

三、从词乐分离的客观趋势看苏词的革新意义

　　苏词产生以后一直受到"变体"、"别格"、"非本色"等严厉指责。
有趣的是,一些辩护者也往往从尊体的角度来肯定苏词。南宋初年

王灼的《碧鸡漫志》是第一部词学专著,最早对苏词的革新意义给以崇高而正确的评价:"东坡先生非心醉于音律者,偶尔作歌,指出向上一路,新天下耳目,弄笔者始知自振。"(卷二)但此书的主旨是揭橥"合乐而歌"的标准追溯词的远祖,借以抬高词的地位,所谓"古歌变为古乐府,古乐府变为今曲子,其本一也"(卷一),这使他对苏轼的突破音律采取事实上承认口头上否认的矛盾态度:既然苏轼"非心醉于音律",无异承认了于律有舛,但又指斥"今少年妄谓东坡移诗律作长短句",其实,何"妄"之有? 清代刘熙载则从内容、风格上立论:"太白《忆秦娥》,声情悲壮,晚唐、五代,惟趋婉丽,至东坡始能复古。后世论词者,或转以东坡为变调,不知晚唐、五代乃变调也。"(《艺概》卷四)其言辩而有据,把"变调"的帽子扔给了对方。但囿于"正变"之争并不能说明问题的实质。苏词的革新意义在于它代表着词史发展中的两个趋势:诗词合流(不是同化)的趋势和词乐分离的趋势。这两个趋势是统一的:不仅死守乐律不能充实内容、提高意境和风格,内容的革新和扩大必然导致体制的变革,而且后者是前者的重要标志,使词脱离音乐的附庸地位而变成一种律化的句数固定的长短句诗,一种新型的格律诗。不少论者却认为,"词一经和乐脱离了关系,也就加速它的僵化和死亡"(孙正刚《词学新探》),或认为词的题材扩大便"失去了抒情的价值","苏轼出而开豪放一派,词也就衰了"(刘尧民《词与音乐》),似可商榷。

歌唱是一种复合艺术,包括音乐因素和文学因素。音乐和文学原本都是独立的艺术,两者结合得好,音乐可以借歌词而使其所表现的思想感情明确化,歌词则由乐调的渲染而获得更丰富的情韵和意境。《古今乐录》云:"诗叙事,声成文,必使志尽于诗,音尽于曲。"但这样高度融为一体的天衣无缝之作,一般很难达到,甚至是不可能的。托尔斯泰《艺术论》在论及歌剧时说:"为了使一个艺术领域中的作品和另一个艺术领域中的作品相符合,就必须有下述的不可能的事发生：既要使两个属于不同的艺术领域的作品显得非常有特色，和过去存在的任何东西都不相似，同时又要使它们符合，而且彼此非常相似。"他甚至断言，如果音乐作品和文学作品能相符合，"那么其中之一是艺术作品，另一个便是赝造品，或者两者都是赝造品"。此论或许有偏，但他从歌唱艺术声辞相得的极诣要求出发，深刻地揭露了两种因素的内在矛盾。

由辞配乐还是依乐作辞就是一个突出的矛盾，实质上是何者为主的问题。我国的早期文献大都记载先有诗后才合乐制曲，如《尚书·尧典》云："诗言志，歌永言，声依永，律和声。"但在实际创作中，两种方式并行发展。沈约《宋书·乐志一》云："凡此诸曲（按，指吴歌杂曲），始皆徒哥（歌），既而被之弦管。又有因弦管金石，造哥以被之。"即是两种配合乐器伴奏的不同方式。元稹《乐府古题序》把《诗经》《楚辞》之后的韵文合乐的情况分为两大类："操"以下八体"皆由乐以定词，非选词以配乐"，即先乐后辞，为乐造文；"诗"以下九体，"皆属事而作，虽题号不同，而悉谓之为诗可也。后之审乐者，往往采取其词，度为歌曲。盖选词以配乐，非由乐以定词也"，即先辞后乐，为文造乐。前一方式"因声以度词，审调以节唱。句度短长之数，声韵平上之差，莫不由之准度"，这样，歌词的写作往往为了迁就曲谱而影响其思想感情的自由抒发；后一方式，率意为辞而后协律配曲，则又影响乐曲旋律的自由演进。所以诗歌和音乐理应"合则两美"以发挥更大的艺术作用，但却不免"合则两伤"，影响各自特性的发挥。

词的创作，除初创词牌及自度曲外，绝大多数是属前种方式，即按谱填词，这比之后种方式更扩大了诗歌和音乐的矛盾。填词必以曲拍为准，一个词牌篇有定句，句有定字，字有定声，不仅讲平仄，而且讲四声阴阳，限制过严，束缚手脚，降及南宋的部分词家，更是其法益密，其境益苦了。填词又必须顾及曲调的音乐形象和情调，但如前所述，沈括曾指出北宋时大多数词已是声辞相违，甚至"哀声而歌乐词,乐声而歌怨词",龃龉抵触,格格不入(《梦溪笔谈》卷五《乐律》),即使声和辞在全首基本相合,但要达到每字每句情调一致还是十分困难的。词牌的曲调又不是一成不变的,而一般作者只能按固定腔式填词,则又跟不上曲调的实际变化。最后,歌唱艺术的重心又不能不在音乐方面,花间宴筵,尊前侑酒,人们追求的是歌喉的动听,管弦的美妙,而忽略文辞的文野高下。沈括说"后之为乐者,文备而实不足。乐师之志,主于中节奏、谐声律而已"(同上),说明北宋"乐师"但求节奏准确、音律和谐,不重歌唱内容。迄至南宋,郑樵又提出:"诗在于声,不在于义。犹今都邑有新声,巷陌竞歌之,岂为其辞义之美哉,直为其声新耳。"(《正声序论》,见《通志》卷四九《乐略第一》)把歌词置于歌唱的无足轻重的地位,自然阻碍词在文学方面的发展。

从北宋开始,不少人在"复古"的口号下对这一方式提出责难。王安石说:"古之歌者,皆先有词,后有声,故曰:'诗言志,歌永言,声依永,律和声。'如今先撰腔子,后填词,却是'永依声'也。"(《侯鲭录》卷七)王灼虽然承认古乐府"当时或由乐定词,或选词配乐,初无常法",但"古法"却是先词后谱:"古人初不定声律,因所感发为歌,而声律从之。""今先定音节,乃制调从之,倒置甚矣。"(《碧鸡漫志》卷一)到了北宋末年,这种"倒置"的创作方式波及"雅乐",也引起人们的不满。《宋史·乐志五》记绍兴四年"国子丞王普言:按《书·舜典》,命夔曰:'诗言志,歌永言,声依永,律和声。'盖古者既作诗,从而歌之,然后以声律协和而成曲。自历代至于本朝,雅乐皆先制乐章而后成谱。崇宁以后,乃先制谱,后命词,于是词律不相谐协,且与俗乐无异。""崇宁以后",指宋徽宗崇宁间设立大晟府以后;所谓"俗乐"即指词。朱熹《答陈体仁》亦云:"诗之作本为言志而已。方其诗也,未有歌也,及其歌也,未有乐也。以声依永,以律和声,则乐乃为诗而作,非诗为乐而作也。"他更进一步说:"故愚意窃以为诗出乎志者也,乐出乎诗者也。然则志者诗之本,而乐者其末也。末虽亡不害本之存。"(《朱文公文集》卷三七),与郑樵之说截然相反,这不啻声言词脱离音乐而独立的合理性。

苏轼对歌唱艺术中文学和音乐因素的矛盾有过实际的体会。在《醉翁操·引》中,他于称赞沈遵所作《醉翁操》器乐曲为"绝伦"后说:"然有其声而无其辞,翁(欧阳修)虽为作歌,而与琴声不合;又依楚词作《醉翁引》,好事者亦倚其辞以制曲,虽粗合韵度,而琴声为词所绳约,非天成也。"这里指出先谱后词使歌词"与琴声不合",先词后谱则又使琴声未臻于"天成"。他填写的新词才达到"真同",即声辞融合的极致。但这样成功的合作实在是可遇而不可求的了。就词的创作而论,既然合则难求兼美,不如离则各不相妨,歌唱艺术以后将由元曲代兴了。

宋词从合乐到不合乐已成为实际的发展趋势。文人词日益多不可歌,或不以可歌为创作目的。杨缵《作词五要》的第三要说:"第三要填词按谱。自古作词,能依句者已少,依谱用字者百无一二。词若歌韵不协,奚取焉!"张炎《词源序》提到"旧有刊本《六十家词》,可歌可诵者,指不多屈"。《词源》"音谱"条还提到填词不能"只依旧本之不可歌者一字填一字",即是旧本中多有不可歌之词。他还感叹当时"赏音者"之少:"余谓有善歌而无善听,虽抑扬高下,声字相宣,倾耳者指不多屈。"(《意难忘·序》)音乐的耳朵是由音乐培养而成的,"倾耳者指不多屈"正是"可歌可诵者指不多屈"的结果。沈义父《乐府指迷》云"前辈好词甚多,往往不协律腔,所以无人唱",都是有力的说明。

原因之一是依谱填词,协律太难。张炎说:"词之作必须合律,然律非易学,得之指授方可。"还说:"今词人才说音律,便以为难,正合前说,所以望望然而去之。"(《词源》"杂论"条)沈义父也指出,"词之作难于诗"即在于"音律欲其协"之不易。朱熹早已说过:"今之士大夫,问以五音十二律,无能晓者。"(《朱子语类》卷九二《乐类》)一般词人缅律病吕，势所必然。两宋号称知律的词家，不过柳永、周邦彦、姜夔、吴文英、杨缵以及张枢、张炎父子数人而已，他们的作品也难做到严丝合缝。方成培《香研居词麈》卷三"李清照论词"条云："余尝取柳永《乐章集》按之，其用韵与段（安节）说合者半，不合者半，乃知宋词协韵，比唐人较宽"，"大抵宋词工者，惟取韵之抑扬高下与律协者押之，而不拘于四声"。周邦彦身为大晟府提举官，他的词传唱颇广，但张炎犹谓其"而于音谱且间有未谐，可见其难矣"！（《词源序》）谢章铤《赌棋山庄词话》卷四谓姜夔于音律"时有出入"，"细校之不止一二数也"。

其实，宋人对于字调的四声阴阳和音律的七音关系的认识，还处于摸索的幼稚阶段，并没有找出明确的对应相配的规律，协律与否必须按之管弦始能判断。张炎记他父亲张枢关于修改"瑣窗深"的有名例子，即由"深"而"幽"而"明"（见《词源》下卷），据后世不少学者解释，这是因"深"字前面的"窗"字是阴平，应配阳平的"明"字，而"深"、"幽"皆为阴平，故不协。如果张枢知此规律，就不必一改再改，径直找个阳声字即可。周密《志雅堂杂钞》卷七云："余向游紫霞翁（杨缵）门。翁精于琴，善音律。有画鱼周大夫者善歌，间令写谱参订，虽一字之误，必随证其非。余尝叩之云：'五凡工尺，有何义理，而能暗诵如流？且既未按管，安知其误？'翁笑曰：'君特未究此事耳，其间义理，更有甚于文章。不然，安能记之！'"，也谓"既未按管，安知其误"；杨缵虽精于此道，比时人高出一头，但也语焉不详。于是词人因求协律而殚精竭虑的记载不绝于书。姜夔的《庆宫春》"盖过句涂稿乃定"（《庆宫春·序》），他要作一阕平韵《满江红》，"久不能成"，后于偶然机缘才得作成（《满江红·序》）。周密咏西湖十景的《木兰花慢》是"冥搜六日而词成"，但杨缵仍指出于律未谐，"遂相与订正，阅数月而后定"（《木兰花慢·序》）。从这些行家里手的身上不也可窥见词与音乐分离的必然趋势吗？事实上，像张炎的词，从词序和题材内容看,似也大都非为应歌,如不少题书画卷册之作,如"以词写之"、"作此解以写我忧"、"久欲述之"、"述此调"乃至"不能倚声而歌也"等语,都是明证。

原因之二是词的乐谱日渐亡失,或虽有乐谱却不在文人中流传。唐五代的有些乐谱在北宋前期就已失传。苏轼《浣溪沙》(西塞山边白鹭飞)序云:"玄真子(张志和)《渔父》词极清丽,恨其曲度不传,故加数语,令以《浣溪沙》歌之。"因《渔父》是七七三三七句式,与《浣溪沙》六句七言句大致相合。后黄庭坚《鹧鸪天》(西塞山边白鹭飞)序云:"表弟李如篪云:'玄真子渔父语,以《鹧鸪天》歌之,极入律,但少数句耳。'因以玄真子遗事足之……"因《鹧鸪天》除七句七言句外,还有两个三言句,与张志和原词句式更合,故谓"极入律",但都说明原谱已失。李之仪《跋小重山词》云:"右六诗,托长短句寄《小重山》,是谱不传久矣。"则《小重山》谱亦已不传。因此,姜、吴一派重律的词人得一乐谱,往往郑重叮咛,极为珍视。如姜夔从"乐工故书中得商调《霓裳曲》十八阕,皆虚谱无辞。……予不暇尽作,作《中序》一阕传于世。"(《霓裳中序第一》序)周密《解语花》序"羽调《解语花》,音韵婉丽,有谱而亡其辞",他因"倚声成句"。他们都有配词以传谱的用意,反证此类乐谱在他们心目中已是遗韵绝响。不仅古谱时有亡佚,即同时人所作亦常失传。秦观《醉乡春》(唤起一声人悄)一阕,"东坡爱其句,恨不得其腔"(《苕溪渔隐丛话·前集》卷五〇引《冷斋夜话》)。吴文英有自度曲《西子妆慢》,张炎喜而填之,但"旧谱零落,不能倚声而歌"(《西子妆慢》序),只好成为一首脱离音乐的文学词。乐谱的极易亡佚说明它不被一般词人所普遍重视,正是大多数文人词已从音乐为主发展到文学为主的反映。

与文人词大都不可歌的情况相反,当时传唱者多为市井率俗俚词。张炎云"昔人咏节序,不惟不多,付之歌喉者,类是率俗,不过为应时纳祜之声耳",并举例说在清明、端午、七夕时常歌柳永等俚词,而周邦彦、史达祖等"措辞精粹"之作反而"绝无歌者"(《词源》卷下《节序》)。沈义父更云："秦楼楚馆所歌之词，多是教坊乐工及市井做赚人所作，只缘音律不差，故多唱之。求其下语用字，全不可读。"(《乐府指迷》"可歌之词"条)陶宗仪《南村辍耕录》卷二七"燕南芝庵先生唱论"条更把"子弟不唱作家歌"作为"凡唱所忌"的第一忌(又见元杨朝英《阳春白雪》)。"作家歌"即《避暑录话》卷三称秦观词"语工而入律，知乐者谓之作家歌"，也就是欧阳炯《花间集序》所说的"诗客曲子词"。沈曾植《全拙庵温故录》谓芝庵"盖金、宋间人"，则更在张、沈之前。文人词之多不传唱，由来已久。

这里还需一提的是南宋一部乐谱总集《乐府混成集》(其他见于记载的宋代词谱还有《宴乐新书》、《行在谱》，今俱失)。周密《齐东野语》卷一〇"混成集"条云："《混成集》，修内司所刊本，巨帙百馀，古今歌词之谱，靡不备具。"此书钱大昕《元史新编艺文志》"词曲类"谓有"一百五册"。明万历间张萱等编《内阁藏书目录》卷五"乐府混成集"条亦存一百五册，谓"莫详编辑姓氏，皆词曲也。内有腔、板谱，分五音十二律类次之。原一百二十七册，今阙二十二册"。明王骥德《曲律》卷四云："予在都门日，一友人携文渊阁所藏刻本《乐府大全》又名《乐府浑成》一本见示，盖宋元时词谱(原注：即宋词，非曲谱)。"此书今亦失。修内司原是负责宫城、太庙修缮之事的机构，绍兴三十一年废教坊司后，它又掌管乐工，"每遇大宴，则拨差临安府衙前乐人等充应，属修内司教乐所掌管"(《都城纪胜》"瓦舍众伎"条)。此书卷帙浩繁，当时仅在乐工中流传，词人很少接触。周密说到此书有《霓裳》一曲共三十六段"，又有《杏花天》，此"二曲皆今人所罕知云"。而姜夔从"乐工故书中"所得《霓裳曲》却为十八阕(《霓裳中序第一》序)，好乐如姜夔，此书亦未寓目。其次，王骥德云："林锺商一调中，所载词至二百馀阕，皆生平所未见。"既云"生平所未见"，则知调皆僻腔，词非文人雅词。他又谓："所列凡目，亦世所不传。所画谱绝与今乐家不同。有《卜算子》、《浪淘沙》、《鹊桥仙》、《摸鱼儿》、《西江月》等，皆长调，又与诗馀不同。"而其所称"佳句"，则举"酒入愁肠，谁信道都做泪珠儿滴。又怎知道恁地相忆，再相逢，瘦了才信得"，其辞俚俗浅显，可见一斑。诚如蔡嵩云先生所说："两宋词家虽多，其协律之作，实如凤毛麟角，今世所传雅词，在当时多不能唱，可唱者，反为当时盛行、后世不传之俚词。词之音律与辞章分离，盖自宋代已然矣。"（《乐府指迷笺释·引言》）从《乐府混成集》也可反映这种"文士不重律，乐工不重文"的情况，看出宋词向元曲过渡的轨迹。

总之，苏轼所开创的豪放词派即革新词派适应了宋词发展的客观趋势，改变了词附属于音乐的地位，打破了词与诗的森严壁垒，使词作为独立的文学样式得以继续发展，才造成宋词繁荣发达、多姿多态的局面。平心而论，比之唐代律诗，苏轼对词体的革新精神和成果，还没有得到充分的发扬和利用，宋词在形式体制上的长处还大有可以用武之地。我们今天建立新的格律诗必须借鉴古典诗歌的艺术经验，苏轼的豪放词派比之律诗乃至周、姜一派词，似可提供更多的东西。

（原载《中华文史论丛》1984 年第 2 辑）

苏轼的书简《与鲜于子骏》和《江城子·密州出猎》

　　苏轼在密州所作词今可考知者近二十首,其中包括《江城子·密州出猎》、《水调歌头》(明月几时有)、《江城子》(十年生死两茫茫)等脍炙人口的名篇,是其词创作的重要发展阶段。此时他对词风的革新和词的歌唱等问题,也多所探索。如他根据友人文勋(安国)所提供的古本《阳关曲》,对"阳关三叠"的唱法作过专门考证,认为"三叠"之义在于第一句不叠,馀三句叠(见《东坡题跋》卷二),得到后世学者的肯定。刘攽亲闻他当时"歌词数首",赞其独得乐理之秘(《彭城集》卷一五《见苏子瞻所作小诗因寄》),反映出他对词乐的研习。比之前一时期即通判杭州时期来(他在通判杭州时才正式开始填词),他对词的创作无疑投入更多的精力和具有更高的自觉性。更重要的是他当时所写的《与鲜于子骏》一信,信中说:

　　　　近却颇作小词,虽无柳七郎风味,亦自是一家,呵呵! 数日前猎于郊外,所获颇多,作得一阕,令东州壮士抵掌顿足而歌之,吹笛击鼓以为节,颇壮观也。写呈取笑。

这是苏轼革新词体的宣言,他自觉地追求在风靡一时的柳词之外"自是一家",开宗立派,树立新的词风。信中所说的"一阕"猎词,即指《江城子·密州出猎》。此词为苏轼第一首成熟的豪放之作,塑造了牵黄擎苍、胸胆开张、誓射天狼的词人英雄形象,正与"壮观"相合。一信一词,互相印证,对研究苏轼豪放词风的一些问题很有帮助。

香港中文大学罗忼烈先生却提出了新说。在《东坡词杂说》(见《两小山斋论文集》)中,他认为苏轼此信乃作于徐州,信中所说"一阕"词已佚,不指《江城子·密州出猎》。后来他又对此作了补充论述,列举了三条理由(见《苏轼转变词风的几个问题》一文所引,《学习与思考》1983 年第 1 期)。这一新说得到一些先生的赞同,认为罗先生"考证精确,是可信的","否定了学术界多年成见"。我却仍有疑议,谨对罗先生所举三条理由逐一质疑如下,望罗先生及读者有以教正。

第一,罗先生说,苏轼此信见《东坡续集》卷五,而《续集》系编年排列,此信前后之作都是徐州时所写,"有注脚可证"。按,《东坡续集》所收书简确如罗先生所说是编年的,但只能说大致编年,并不严格。即以所收《与鲜于子骏》三信而论,编次在《与文与可》三首和《与何正道教授》三首之间,在《与文与可》题下注有"徐州"二字,似乎《与鲜于子骏》三信也都作于徐州。其实并不如此。我们所要讨论的这一封在《与鲜于子骏》三信中排列第二,其前一封("久不奉状,方深愧悚")却可肯定作于密州而非徐州。此第一封信中提到鲜于优当时不做京官而在外任,"闻一路蒙被仁政,不尔,吏民皆在倒悬中也,况乡井坟墓在焉"。鲜于优是四川阆中人,此即指他时在家乡任利州路转运副使。秦观《鲜于子骏行状》说,鲜于优于神宗"熙宁初"因范镇荐,"除利州路转运判官";《续资治通鉴长编》卷二二七熙宁四年十月条云"利州路转运判官、屯田郎中鲜于优权发遣转运副使",是其由判官升任副使之时在熙宁四年;《行状》谓鲜于优离利州任后,改任京东西路转运副使,后升任京东路转运使,《续资治通鉴长编》卷三六一亦谓"熙宁末,(鲜于)优已尝为京东转运使"。熙宁共十年,则他离蜀赴京东漕任之时当在熙宁九、十年间。苏轼《东坡题跋》卷三《题鲜于子骏八咏后》云：“始予过益昌，子骏始漕利路。其后八年，予守胶西（即指密州），而子骏始移漕京东”，又说鲜于侁在蜀任职“为之九年”。益昌，即利州路转运使署所在地。苏轼在英宗治平四年四月至神宗熙宁元年十二月因守丧在蜀，而《行状》又言鲜于侁任利州路转运判官在“熙宁初”，则知两人益昌之会当在熙宁元年。此年年底苏轼离蜀从陆路赴京，见于诸种苏轼《年谱》，因能途经益昌，与鲜于侁相会。《行状》又谓鲜于侁在蜀“奉使九年”，与苏跋“为之九年”、《宋史·鲜于侁传》谓“凡居部九年”同，则其“移漕京东”应在熙宁九年。而苏轼于熙宁七年十一月至熙宁九年十二月在密州任。这就是说，当苏轼离密之时，鲜于侁也已离利州漕任。苏轼在熙宁十年二月离密赴京途经郓州时，鲜于侁曾留饮新堂，有苏轼次年所作《和鲜于子骏〈郓州新堂月夜〉》“去岁游新堂，春风雪消后”诗句可证，也说明其时鲜于侁早在京东漕任上。所以，苏轼此第一封信既从内容上考知当时鲜于侁尚在利州，则可断定不能作于徐州。苏轼知徐的时间在熙宁十年至元丰二年，鲜于侁已改任京东漕，继又改任扬州知州了[1]。此信中还自谓“某到郡正一年，诸况粗遣，岁凶民贫”，“到郡正一年”，则此信可进一步考定为熙宁八年十一月左右所作。此一年旱蝗相继，正合“岁凶民贫”之语。而苏轼于熙宁十年四月至徐州，七月黄河决堤，水淹城下，境况颇窘；但一年后水退灾弭，苏轼建黄楼，开石炭，高唱“农夫掉臂免狼顾，秋谷布野如云屯”（《答吕梁仲屯田》），丰收在望，既喜且慰，与“岁凶民贫”扞格难通。因此，苏轼此第一封信作于密州无疑。《续集》既非严格编年（参看本书《苏轼〈与滕达道书〉的系年和主旨问题》一文），“徐州”这一题下注本身大成问题，当然不能由此推断第二封也作于徐州了。

---

[1]　鲜于侁何时改任扬州知州，史无明文。《续资治通鉴长编》卷二九四记元丰元年十一月“诏知扬州鲜于侁……罚铜二十斤”，则知元丰元年十一月已知扬。《北宋经抚表》谓元丰二年四月“京东转运使鲜于侁知扬州”，误。

153

第二，罗先生说，据《宋史·地理志（一）》，徐州属"京东路"，符合信中所说的"东州"。按，《宋史·地理志（一）》载，徐州"本属京东路。元丰元年，割属京东西路"（元丰元年，正苏轼知徐一年之后）。而密州却一直属京东东路。因此，徐州如因属京东路可称"东州"，则密州更可称"东州"。尤可注意的，在苏轼笔下，"东州"正常指密州。如密州时的《薄薄酒·引》中说："胶西先生赵明叔，家贫，好饮，不择酒而醉。常云：薄薄酒，胜茶汤；丑丑妇，胜空房。其言虽俚，而近乎达，故推而广之以补东州之乐府。"赵明叔系密州乡贡进士，故谓其语可入密州乡土文学。与《江城子·密州出猎》同时所作的《和梅户曹会猎铁沟》诗亦云："东州赵叟饮无敌，南国梅仙诗有声。""东州赵叟"，即赵成伯，时任密州通判。如果再往前追溯的话，则东汉著名经学家郑玄已被人称为"东州有郑康成，学该古今，儒生之所集"（《三国志·魏书·郑浑传》裴松之注引张璠《汉纪》）。郑玄正是高密（即密州）人。所以，信中的"东州壮士"，应指密州壮士，而不是徐州壮士。信中还说，"抵掌顿足而歌之，吹笛击鼓以为节"，与北宋词一般由歌妓演唱、琵琶伴奏的情趣迥异，可以看出苏轼在寻求另一种音乐效果，与他在密州时期注意词乐的情况亦复一致。

第三，罗先生说，苏轼于元丰二年正月在徐州作过两首出猎的诗，即《人日猎城南，会者十人。以"身轻一鸟过，枪急万人呼"为韵，轼分得"鸟"字》、《将官雷胜得"过"字，代作》，"失传"的那首猎词也写这次出猎。按，密州、徐州两次出猎，情况实有不同。熙宁八年，密州春旱，苏轼祷于常山；五月复旱，再祷；十月"祭常山回，与同官习射放鹰"（《乌台诗案》）。苏轼有《祭常山回小猎》诗云"青盖前头点皂旗，黄茅冈下出长围。弄风骄马跑空立，趁兔苍鹰掠地飞"，是一次场面壮阔、气氛紧迫的真会猎；《和梅户曹会猎铁沟》诗有自注云："是日，惟梅（户曹）、赵（成伯）不射"，说明苏轼是这次会猎的主角。这与《江城子》的描绘一致，也与《与鲜于子骏》信中"所获颇多"一语吻合。徐州会猎的主角却是武将雷胜。苏轼《猎会诗序》记其事云：雷胜"为京东第二将，武力绝人，骑射敏妙，按阅于徐，徐人欲观其能，为小猎城西"，虽说是日"观者数千人"，但不言猎获之多，重点似在观赏雷胜的武艺表演。苏轼的两诗，乃分韵之作，其中不免说到雷胜"得兔不暇燎"、"射杀雪毛孤"之类，实为题中应有之义，又系用典，而言及自己却谓"归来仍脱粟，盐豉煮芹蓼"，则一无所获，无野味可尝，与信中所谓"猎于郊外，所获颇多"抵牾。其时鲜于侁已做过京东转运使，信中却不提及"京东第二将"雷胜和此次会猎十人唱和之事（此信前半是谈诗歌问题，还说"所索拙诗，岂敢措手，然不可不作，特未暇耳"），亦是一个疑点。因此，从两次会猎情况来看，也以密州那次与信中所述为近。

总之，罗先生的新说似仍难以令人信服，不足以推翻成说。明确信中所言的"一阕"猎词即《江城子·密州出猎》，对于苏轼豪放词风形成的时间和自觉性等问题，可以得出更确切的结论。

1983 年 4 月

（原载《学术月刊》1984 年 5 月号）

苏轼散文艺术美的三个特征

一、圆活流转之美

苏轼喜欢用"行云流水"来评文。《答谢民师书》说："大略如行云流水,初无定质,但常行于所当行,常止于不可不止,文理自然,姿态横生。"云、水两物,都具有流动性和多变性的特点,而其流动性、多变性又以自然本色、绝无雕饰的形态表现出来,这正是苏轼在散文写作中所追求的艺术美的三个特质:圆活流转之美、错综变化之美和自然真率之美。宋初田锡《贻宋小著书》已说:"微风动水,了无定文;太虚浮云,莫有常态,则文章之有生气也,不亦宜哉!"(《咸平集》卷二)苏洵亦谓:"'风行水上涣',此亦天下之至文也。"(《仲兄字文甫说》)似是苏轼以云、水喻文的先导。他的《中山松醪赋》云"遂从此而入海,渺翻天之云涛",以云涛形容水势的浩荡;《滟滪堆赋》云"天下之至信者,唯水而已。江河之大与海之深,而可以意揣;唯其不自为形,而因物以赋形,是故千变万化而有必然之理",都可以理解为他写作的文境。他的《文说》以"万斛泉源"自夸,也是对自己散文特色的确切评语。

诵读苏轼的各体文章,一种奔腾不息、波澜迭起的气势迎面而来,使人们亲切地感受到他写作时挥洒自如、左右逢源的快感。前人也常用水来评赏苏文:"其文涣然如水之质,漫衍浩荡,则其波亦自然而成文"（释惠洪《跋东坡㤠池录》，《石门文字禅》卷二七），"苏如潮"（《文章精义》），"东坡之文浩如河汉"（元王构《修辞鉴衡》引《横浦日新》），"笔端浩渺"（元刘壎《隐居通议》卷四），"大苏文一泻千里"（《艺概》卷一）等，表达了人们的共同感受。

苏文的流动性首先表现在笔法的灵活。真是天生健笔一枝，如夭矫龙舞，如弹丸脱手，纵横驰骋，杳不可测。以下谈谈苏文常用的四种笔法。

借笔。一题到手，苏轼往往不就题论题，粘死题意，而是借客形主，回旋进退，使文情摇曳生姿，增加流动感。《书韩魏公黄州诗后》论述的对象是韩琦所作的黄州诗，却以王禹偁之知黄州陪说，说明黄州"闾巷小民，知尊爱贤者"，这是从黄州人方面说；然后叙出韩琦离黄州四十馀年"而思之不忘，至以为诗"，这是从韩琦方面说；最后才说到韩琦门客孙贲和韩琦门人作者自己，一原为黄州人，一将为黄州人，两人共刻韩诗上石，"以为黄人无穷之思"。苏轼特意点明孙贲和作者自己与"黄人"、"韩琦"的关系，又是一种陪说，而且绾合前两层文意，使文章回环往复而又主旨集中。《钱塘勤上人诗集序》的借笔形式更复杂一些。此文讲欧阳修和惠勤之间的关系：欧公之待人忠厚，惠勤之不负欧公。但苏轼却以汉代翟公任廷尉时宾客盈门、罢廷尉时门可罗雀的炎凉世态作陪说。先以翟公与欧阳修比，翟公复职后曾用"一贫一富，乃知交态"等语大书其门，以羞辱宾客，苏轼认为其客虽陋，而翟公器度亦"小"，不如欧阳修对负己者的宽厚态度；继论惠勤之没世不忘欧公，暗中又时时与翟公之客对衬。一事陪说两主，抑扬褒贬之间，见出欧阳修与惠勤契合相得之可贵。还应指出，本篇的主要题旨是讲惠勤之不负欧公，而欧公待人之厚是来申说这一层的，这又是借客形主的手法。他的《传神记》与此相反，采取以两客形一主的写法：文章先写顾恺之或以画睛传神，或以颊加三毛传神，继写僧惟真画曾鲁公以眉后三纹传神，畅论传神必须根据人物形象的多样性,突出各自的特征部位,以求得"其人之天",把人物最自然、最真实的精神特质加以突出的再现;然后才说到程怀立为作者画像,"于传吾神大得其全"。对怀立画像极致赞颂之意,是本文的主旨,但仅在文末几句了结,粗读似觉宾重主轻,实则前面论赞顾恺之、僧惟真处,已隐然在赞程怀立了。与前文的一事陪说两主的手法,各极其妙。

虚笔。苏轼善于运用空灵虚拟之笔,使行文驾空流走,滂沛疏宕,而无窒塞拘滞之病。《上梅直讲书》是他嘉祐二年(1057)中举后给编排评定官梅尧臣的感谢信,抒发知己之感。全文以"乐"字为眼目。开头提出周公遭管、蔡之流言,召公之疑忌,不能乐其富贵,而孔子师生虽厄于陈蔡,却相乐不衰。这"乐"是从师生间的戏笑语中想象而来,暗中比拟欧、梅和作者之间的相知之乐。继写欧、梅"脱去世俗之乐,而自乐其乐",这"乐"是从欧、梅平日的文章中体认而来。然后写自己受欧、梅激赏,"一朝为知己",成为"大贤"的门生,其乐何似!这"乐"才正面实写自己的切身感受。最后写梅尧臣名高位下,然而"容色温然"、"文章宽厚"、"必有所乐乎斯道"。这"乐"是全文的馀波,又是此信颂扬对方的题中应有之义,却是从梅尧臣的容色、文章中推断而来。全文四处"乐"事,除写自己者外,都以虚拟、想象、推演出之,虚实相映,极潇洒变态之妙。金圣叹《天下才子必读书》卷一四评此文云"空中忽然纵臆而谈,劣周公、优孔子,岂不大奇","文态如天际白云,飘然从风,自成卷舒。人固不知其胡为而然,云亦不自知其所以然"。颇具眼力。他的《范增论》、《伊尹论》、《荀卿论》等史论,也多这类虚实相映之笔。《范增论》讲范增遭陈平离间计而离楚,为时太晚,应早在项羽杀卿子冠军宋义时离去。此文前半叙述历史事实,多从实处下论,后半却多推想、拟测之语。如推测项羽怀疑范增必早在弑义帝之时:范增"将必力争而不听也,不用其言,而弑其所立,羽之疑增必自是始矣",这并无史实根据,但颇辩而可信。而这一虚笔在本文的论证中却起了关键作用：宋义是义帝的亲信，杀宋义是弑义帝的前奏，因此范增应在杀宋义时当机立断，"力能诛羽则诛之，不能则去之"。驾虚得实，以虚证实，弥见运笔自如。善用虚笔，使人们往往为其腾挪变化、翻空出奇之趣所吸引，甚至忽略了他时或存在的强词夺理之弊。

闲笔。作文最忌慵散，但如篇篇论题、论据、结论，一论到底，或节奏过于急促，也易造成平板粗豪，影响文势的圆活。闲笔、正笔的配合巧妙，缓急相济，主次相辅，也是力避行文板滞的有效手段。苏轼文集中最长的一篇文章《上神宗皇帝书》，乃"思之经月，夜以继日，书成复毁，至于再三"的精心结撰的力作，其政治见解不免保守，但在写作技巧上确有一些匠心独运之处。文章的主旨在于"结人心，厚风俗，存纪纲"三语，主要结构也依此分为三大段，是为正笔。但开头陈述谏买灯事，在全文属于闲笔，却起了先颂后谏、渐次引入正题的作用，文情委婉而又流转；结尾处两段：一段讲他"非敢历诋新政，苟为异论，如近日减皇族恩例"等皆为善政，在全文亦属馀波；一段抒写自己进言时思想矛盾，忽说有罪，忽说无罪，忽说不惧，忽说可惧，转转折折，含情不绝。如此长篇，允有此类结句才能轻重相匹。正文三大段中也有不少闲笔。楼昉评此文云"一篇之文几万馀言，精采处都在闲语上"（《崇古文诀》卷二三），所见甚是。

一意反复之笔。苏轼的不少名作往往围绕一个题旨，作多层次、多侧面的反复"皴染"，笔力既放得开，又挖得深，以其波摇浪起，浩渺无垠，而眩人眼目，启迪心智。他的成名作《刑赏忠厚之至论》是应举时的一份试卷，题旨实已规定，论证统治者掌握刑赏应该本着"忠厚"的原则。这类命题作文，用他自己的话来说，当是难度较大的"节目文字"，不易措手（《又答王庠书》），但他却写得"高下抑扬，如龙蛇捉不住"（《与侄论文书》）。原因即在于思路活跃，将一意翻作数层。开头破题一段，即从赏、罚两端分别说出：尧舜等人赏善是为了"乐其始而勉其终",罚不善是为了"弃其旧而开其新",都体现"君子长者之道"。然后他不再泛说,而是专从"疑"字发论。先引《传》"赏疑从与"、"罚疑从去"之语立案,说明可赏可不赏者,赏;可罚可不罚者,不罚。又以尧不听皋陶之杀人为"去",听从四岳之用鲧为"与"作为例证。又引《尚书》"罪疑惟轻,功疑惟重"进一步推进论点。然后再展开正面议论,归结为"是故疑则举而归之于仁"。这样,一个"疑"字,据之以先儒经典,证之以圣君史事,辨之以宏议说论,有力地阐明了开端"以君子长者之道待天下,使天下相率而归于君子长者之道"的命题。最后以引用《诗》、《春秋》作结。引《诗》是为了引《春秋》,借客形主;而整个结尾又是闲笔,因上文题旨已完,这个引证不过是呼应开头"见于虞、夏、商、周之书"一语,且使结尾馀味无穷而已。前人评此文"文势如川云岭月,其言不穷","圆熟流美"(沈德潜《唐宋八家文读本》卷二〇),"横说竖说,惟意所到,俊辨痛快,无复滞碍"(罗大经《鹤林玉露》乙编卷三),"自然圆畅"(张伯行《唐宋八大家文钞》卷八)等,其故即在于用了一意反复的笔法。

　　《留侯论》是另一篇在体现流动性特点上备受前人赞赏的名文。杨慎说:"东坡文如长江大河,一泻千里,至其浑浩流转,曲折变化之妙,则无复可以名状,而尤长于陈述叙事。留侯一论,其立论超卓如此。"(《三苏文范》卷七引)此文层波叠浪,滔滔奔流,但仍是可以"名状"的。苏轼对于传以为真的黄石公赐书张良的故事,一扫它神奇的乃至迷信的色彩,回到人事上来找原因:"其意不在书",而在于教育张良能"忍"。"忍"字即为一篇之主。文章就从"忍"与"不忍"两端交错发论,而又想落天外。博浪击秦与圯上授书原是了不相关的两事,苏轼却从"不忍"这点上奇妙而贴切地绾合起来;先说张良不能忍,却以郑伯肉袒迎楚、勾践臣妾于吴两个能"忍"之例逆承反接;然后归结到楚汉相争项败刘胜在于"能忍与不能忍之间而已矣",汉高祖之由"刚强不忍"到"忍之养其全锋"的转变,是由从不忍转为能忍的张良劝导的结果。张良一变椎击时的"不忍忿忿之心"则又是黄石公教导所致，这就是圯桥授书事件的实质。一意反复——"意"要集中单一，运笔却反复多变，形成了苏轼政论、史论文纵横捭阖、汪洋恣肆的总特点。

苏文的流动性又表现在句式的丰富多变。苏轼的散文语言，以散行单句为主，但又融合不少骈偶、排比成分，骈散结合，错落有致，张弛互节，节奏感强。试以几篇碑记文为例：

潮州韩文公庙碑

是气也，寓于寻常之中，而塞乎天地之间。卒然遇之，则王公失其贵，晋楚失其富，良平失其智，贲育失其勇，仪秦失其辩。是孰使之然哉？其必有不依形而立，不恃力而行，不待生而存，不随死而亡者矣。故在天为星辰，在地为河岳；幽则为鬼神，而明则复为人。此理之常，无足怪者。

这段话，归有光《文章指南》评为"句法连下，一句紧一句，是谓破竹势也"。其句式特点，即在多用排句，前有五"失"，四"不"，后有四"为"，形成一气贯注的雄健文势。但如句式过于整齐，也会流于平衍而失去流动感。这里不仅这三组句子各自有异，而且四"为"句的句式也有变化（"在天"、"在地"与"幽则"、"明则"此四句实从韩愈《上兵部李侍郎书》"大之为河海，高之为山岳，明之为日月，幽之为鬼神"化出而加以变化）。本文又云：

盖尝论天人之辨，以谓人无所不至，惟天不容伪，智可以欺王公，不可以欺豚鱼；力可以得天下，不可以得匹夫匹妇之心。故公之精诚，能开衡山之云，而不能回宪宗之惑；能驯鳄鱼之暴，而不能弭皇甫镈、李逢言之谤；能信于南海之民，庙食百世，而不能使其身

161

一日安之于朝廷之上。盖公之所能者天也,其所不能者人也。

这段排句,以"可以、不可以"两叠,"能、不能"三叠的复合句组成,句子长短错落,吟诵时自有一种急忙追赶、不能暂停的急迫腔吻。赖山阳云:"能、不能"三叠,"当言'不能、能'则顺矣。然句势不得不如此。"(《纂评唐宋八大家文读本》卷七引)孤立地来看,"不能、能"确较通顺,而苏轼安排为"能、不能",重点在强调"不能",特别用"不能使其身一日安之于朝廷之上"一句煞尾,是融注着他自己的愤懑和感喟的。我们知道,韩愈调离潮州后,官运尚佳,未尝不安于朝,这句实乃苏轼的"夫子自道"! 这说明句式的安排不是随意的,是跟他对韩愈的深切同情和崇敬以及盘郁自己心头的身世感叹完全合拍的。《超然台记》叙登台眺望所见云:

> 南望马耳、常山,出没隐见,若近若远,庶几有隐君子乎? 而其东则卢山,秦人卢敖之所从遁也。西望穆陵,隐然如城郭,师尚父、齐桓公之遗烈,犹有存者。北俯潍水,慨然太息,思淮阴之功,而吊其不终。……

"四望法"是不少文章中常用的,有时会觉得"肤套"。此段从南、东、西、北逐次叙述看,自较整齐,但句式却无对偶排比成分,仍富圆转流走之势。这说明排偶句固然常常造成文气的充沛,散句也能别具一种疏宕流畅的情韵,与他借眺望而发"超然"之意是吻合的。连接词"而"的使用,也起了上下贯串、一气呵成的作用。

苏文圆活流转的特点,表现了苏轼在博厚才识基础上思维的敏锐和联想的丰富。他总是能一下子在复杂的内外关系中抓住所论事理或所记事、物的特点,加以生动而鲜明的表现。《日喻》开头写"盲人识日"一段,盘、钟、烛、龠,妙喻叠出,如吐珠走丸,抓住事物间的某种关联进行类比,环环层递而出。《胜相院经藏记》云:"我观大宝藏,如以蜜说甜。众生未喻故，复以甜说蜜。甜蜜更相说，千劫无穷尽。自蜜及甘蔗，查梨与橘柚，说甜而得酸，以及咸辛苦。……"《梦斋铭》云："人有牧羊而寝者，因羊而念马，因马而念车，因车而念盖，遂梦曲盖鼓吹，身为王公。夫牧羊之于王公亦远矣，想之所因，岂足怪乎？"文思泉涌，辩才无碍，在苏轼这里，似乎不知道思维的苦涩，联想的贫乏，不知道"意不称物、文不逮意"的苦恼。

苏轼这种思维和联想的特点，得自《战国策》的纵横捭阖，得自《庄子》的汪洋恣肆，更得自佛经的熏陶。刘善泽《五灯会元跋》曾指出："禅门古德问答机缘，有正说，有反说，有庄说，有谐说，有横说，有竖说，有显说，有密说。"苏轼自称"楞严在床头，妙偈时仰读"（《次韵子由浴罢》），自然深得这种妙悟机锋、空灵圆通之趣。早在北宋，惠洪已指出苏文"自非从般若中来，其何以臻此"！（《跋东坡怵池录》）李淦《文章精义》指出苏文来源之一为《楞严经》，并指出"子瞻文字到穷处，便济之以此一著，所以千万人过他关不得"。袁桷《书东坡凉热偈》（《清容居士集》卷四六）说："释氏之书，皆自梁隋诸臣翻译，故语质而文窒。至若《楞严》，由房融笔授，始觉畅朗。公（苏轼）文如万斛泉，风至水涌……则房融文体一规近之。"钱谦益《读苏长公文》（《初学集》卷八三）则指出苏文学《华严经》："吾读子瞻《司马温公行状》、《富郑公神道碑》之类，平铺直叙，如万斛水银，随地涌出，以为古今未有此体，茫然莫得其涯涘也。晚读《华严经》，称性而谈，浩如烟海，无所不有，无所不尽，乃喟然叹曰：'子瞻之文，其有得于此乎？'"还是袁枚说得概括："苏长公通禅理，故其文荡。"（《与友人论文书》）这些前人都一致指出佛经与苏文流动性的密切关系，是有见地的。

二、错综变化之美

苏轼在《书蒲永升画后》中称赞画家孙位"始出新意，画奔湍巨浪,与山石曲折,随物赋形,尽水之变,号称神逸"。在《晁君成诗集引》中又称赞晁君成(端友)的作品"每篇辄出新意奇语,宜为人所共爱"。这两段称赞别人的话,实可移评苏轼自己散文的错综变化之美。他的艺术个性的重要特点是追求创新。他要求"每篇"作品都自具面目,"新意"迭出,唯其如此才能尽万事万物万理之"变",体现客观世界美的多样性。他的各体散文力反呆板蹈袭、千人一面、千部一腔之病,极尽腾挪变化之能事,突出一个"变"字。

文体之变。自曹丕《典论·论文》以来,前人对于各类文体的体制特点论述甚多,要求越来越严,逐渐演为格套。连宋代的一些文章大家也坚持文体正、变之说,严守体制界限。如:"荆公评文章,常先体制,而后文之工拙。尝观苏子瞻《醉白堂记》,戏曰:'文词虽极工,然不是《醉白堂记》,乃是《韩白优劣论》耳。'"(黄庭坚《书王元之竹楼记后》)陈师道说:"退之作记,记其事尔;今之记乃论也。"(《后山诗话》)真德秀也说:"记以善叙事为主。《禹贡》、《顾命》,乃记之祖。后人作记,未免杂以议论。"(见《文章辨体序说》引)他们都把议论性的记视作别体而深致不满。苏轼却不拘成法,别出机杼。即以记为例,他一方面巧妙融化叙述以外的成分(议论、抒情),一方面适当吸取其他文体的特点,使他的杂记文呈现多姿多态的风貌。苏轼继承欧阳修的写法,把大量议论成分带入记中。《韩魏公醉白堂记》、《李太白碑阴记》、《石钟山记》都可看作特殊性质的议论文。

一为辩疑:韩琦勋望著于三朝,因何钦羡白居易?文中先说白之勋业不如韩,韩之山水园池之乐不如白,但两人的忠言嘉谟、文采、操守、道德则又是相同的;然后发挥"醉"字,说韩琦并非欲与白相比,实乃欲"与造物者游",又引古人自比于人、常自谦抑的事例,使"天下之士"的疑问涣然冰释。

二为辩诬:李白"尝失节于永王璘,此岂济世之人哉",针对这一言论,苏轼拈出"气"、"识"两端,以李白"戏万乘若僚友,视俦列为草芥"之气,证其必不肯"从君于昏";以其识未显时之郭子仪为人杰,证其必知永王之无成。于是有力地得出李白从璘乃由于"迫胁"的论断。

三为辨误:对石钟山命名的含义,既驳郦道元之"简",只说"水石相搏",语焉不详;又驳李渤之"陋",竟用潭上双石之声求命名来由。苏轼经过实地考察,得出自己的结论。

三篇文章又同中有异:第一篇纯以议论出之,第二篇多引证,引李白的具体行实,引夏侯湛的评语等,而第三篇中间一大段却是神采飞动的记叙描写,但又与前后议论融为一体。他的《文与可画筼筜谷偃竹记》等融入十分浓重的抒情成分,至于《记承天寺夜游》、《记游沙湖》、《记游庐山》等记游小品,更坦露出作者洒脱不羁的真率个性。所有这些,无疑扩大了"记"这种文体的容量,丰富了它的表现手段。

苏轼还有意打破文体的严格界限,使之互相吸取。如《张君宝墨堂记》用赠序体,对张希元之"好书"隐含讽喻,可与韩愈《赠高闲上人序》媲美;《墨君堂记》用传奇体,为文同的墨作颂,涉笔成趣,类似韩愈《毛颖传》;《盖公堂记》用寓言体,以谢医却药喻无为而治,《表忠观碑》通篇用赵抃的奏疏,也别出一格。这类有关营建的记,按照常规,"当记月日之久近,工费之多少,主佐之姓名,叙事之后,略作议论以结之,此为正体"(《文章辨体序说》)。苏轼笔下都为变体。对记以外的文体体制,他也有所突破。如他继承欧阳修《秋声赋》而所作的前后《赤壁赋》、《黠鼠赋》等,使赋从楚辞、汉赋、魏晋时骈赋、唐代律赋而一变为宋代的散文赋;他的人物传记,常不及传主的世系和生平大概,被前人评为"变传之体"(李卓吾语,《苏长公合作》补下卷引)、"传中变调"(沈德潜《唐宋八家文读本》卷二四);他的《刚说》为孙立节传神写照,而按其文体却是"杂说"。

命题立意之变。艺术贵独创,忌雷同。但由于不少文章的实用酬世性质,不仅很难避免与前人重复,也难避免与自己重复。苏轼的写作经验是：力避犯重，但也不避重复，在表面雷同中，强化、渲染事、理的不同特点，从而使他的文章几乎篇篇光景常新。一曰同题异作。《六一居士集叙》与《范文正公文集叙》是为他一生所崇奉的两位前辈欧阳修和范仲淹的文集作序。他没有采取常见的条举伟人立德、立功、立言的写法，但取旨又不离开"文集"。前一篇序突出欧阳修的学术和文学地位，后一篇则着重于范仲淹的政治业绩。前序推尊欧阳修足以追配韩愈，上继大禹孔孟之传；又以"自欧阳子之存"、"自欧阳子出"、"欧阳子没"三层驾驭驰骋，充分肯定他在反对伪学和不良文风中的作用。后序却先抒写自己从八岁起对范公的仰慕，收束以平生不识其风仪为恨；然后点出范公的"万言书"为其一生政治行动的纲要，又以伊尹、太公、管仲、乐毅，特别是韩信、诸葛亮互相比勘，充分肯定他的政治识见和品格。前序结构整饬，后序似散非散，更富抒情意味，从而成为两篇各具内容和风格的书序。《墨妙亭记》和《宝绘堂记》、《墨宝堂记》，一亭二堂，同为庋藏书画文物之所，都有"物必归于尽"、不能"留意于物"之类的低沉感叹，但苏轼根据主人孙莘老、王诜、张希元的不同情况而各取题旨：前篇是赞颂，次篇是劝箴，后篇是讽喻，委婉地希望他不要玩物丧志，而力求在政治上有所作为。

二曰同一或类似事件因不同体裁而写法有异。苏轼的从表兄文同死后，他曾作《祭文与可文》、《文与可画筼筜谷偃竹记》两文。前文纯用抒情笔触，抒发自己的深切哀感。文中以几个"呜呼哀哉"分成四层意思，或叙文同平日所好之酒、诗、琴，或述朋友间死生睽离，或颂文同的政绩和文学成就，或抒痛失知己之感。此乃乍闻讣告后所作，哀情迸发，回肠荡气。文多排句，音节琅然。《文与可画筼筜谷偃竹记》作于文同死后半年多，痛定思痛，感情趋于深沉。文章以画为线索，追记文同"成竹在胸"的精辟艺术见解，更以错落有致的笔法，历叙两人昔日交往的琐琐细事，却产生扣人心弦、催人泪下的感染力。

三曰正题反作。《思堂记》和《牡丹记叙》一为杂记文，一为书序文。章楶（质夫）筑思堂，以"思而后行"自勉，请苏轼作记；杭州知州沈立爱好牡丹，作《牡丹记》十卷，请苏轼作序。但这两篇文章都反其意而为之。前文分几段申说"不思"之妙：自己无思，"遇事则发，不暇思也"；君子非临事而思；引隐者"思之害甚于欲"之论；然后得出"不思之乐，不可名也"的结论。文章到此，全与《思堂记》题意相悖。苏轼这才挽回一笔，谓章楶所言之思，不是世俗营营之思，乃是不思之思，才归结到题旨。姜凤阿评此文云："记思堂而专说无思之妙，辞若相缪，而意实相通，所谓无中生有、以死作活，射雕手也。"（《三苏文范》卷一四引）其中肯綮。后文在记叙杭州观花盛况后，突然说："盖此花见重于世三百馀年，穷妖极丽，以擅天下之观美，而近岁犹复变态百出，务为新奇以追逐时好者，不可胜纪。此草木之智巧便佞者也。"竟把牡丹比作小人；然后说太守"耆老重德"，而自己"方蠢迂阔"，都与此花此书不称。文情至此似离题太远，难乎为继，他却借宋广平（宋璟）为人"铁心石肠"，而所作《梅花赋》却"清便艳发"之例，谓不必故托"椎陋以眩世"，因而才"为公记之"。结尾又宕开一笔："公家书三万卷，博览强记，遇事成书，非独牡丹也。"点明《牡丹记》并非严肃的精心经营之作，隐寓作者对于牡丹著书的非议之意。其他如《大臣论上》提出"大臣"的准则应是"以义正君而无害于国"，但全文都从反面展开论述，也是正题反作之例。

袁宏道在评苏轼《王定国砚铭》等六铭时说："六砚铭，俱相题发挥，无中生有。熟看之，悟作文法，自然小题大做、枯题润做、俗题雅做者，勿以铭言轻视之。"（《三苏文范》卷一五引）这对理解苏文命题立意的多变性是有帮助的。

章法之变。苏文的结构安排，既遵守布局谋篇对于首尾照应、纵横开阖、脉理贯通等的一般要求，又自出机杼，不落窠臼，无娄丝之乱,有耳目一新之致。试以两段式为例。从结构艺术而言,前后两段应该紧密关联,浑然一体,但苏轼却有多种结撰之法。《孙武论下》主要阐述两个论点:"天子之兵,莫大于御将"和"天下之势,莫大于使天下乐战而不好战"。在布局上即以两幅分说,甚至连一个总收的结尾也没有。但两幅之间仍有内在联系:反对大将拥兵自重,借敌慑主和教化人们爱君恨敌,为我而战,一将一民,皆属君主统御之道。这是属于平列而又有错综联系的结构形式。《上韩太尉书》是向韩琦请见的书信,前幅却大谈古史,论"西汉之衰,其大臣守寻常而不务大略",一味求田问舍,苟且岁月;又论"东汉之末,士大夫多奇节而不循正道",一味"力为险怪惊世之行,而不求治国根本"。似乎与诵美韩琦离题。但后幅讲韩琦"刚毅正直而守之以宽,忠恕仁厚而发之以义",既非循循无所作为,又非翘翘只求新异,兼有两汉"大臣"、"士大夫"之长而无其短。这才知道前幅论说越详,后幅反照越明,也才知道前幅长、后幅短的原因所在。这是属于明似不连而实连的结构形式。《练军实》则属于前后分层呼应的结构形式:此篇提倡寓兵于农,反对士兵的职业化和终身制。他从军费巨大和牺牲惨重两个角度展开议论,前段讲"兵民永久分离"之害,分五层意思说出,后段讲"兵老复而为民"之利,也分五层照应,细针密缝,丝丝入扣,却又不妨害文气的畅通,别是一种格式。除了前后两段以互相关联为主的结构形式以外,还有在内容、风格、手法上相反却又相成的形式。如《应制举上两制书》是他嘉祐六年(1061)应制举时上书翰林学士、中书舍人所作。前段是将欲进言前的引言,泛论"贵贱之际"、"圣贤之分",隐然以子思、孟轲等先贤自负,使两制诸公不能以人微言轻视之,但缓缓叙来,藏锋不露;后段进入时事,则激昂慷慨,提出"治事不若治人,治人不若治法,治法不若治时"的纲领,并明确指斥"用法太密而不求情","好名太高而不适实"两端,针砭时弊,不假辞色。如果没有前段的纡回婉曲,后段就会显得突兀了。

　　至于三段式的结构，变化更多更复杂。有三段平列却围绕一个中心而展开的。如《思治论》，主旨讲丰财、强兵、择吏问题，却以"规模"（治国方案）二字统率全篇。首段讲三患（无财、无兵、无吏）在于其始未立"规模"；次段讲当时"规模"未定；末段讲定"规模"必须专一（"其人专，其政一"）、能收（收实效）、黜浮议。篇中忽引证，忽设喻，有正说，有反说，驰骋回旋，不受羁制，而其骨骼血脉却又清晰分明。有三段平列成犄角之势但又分主从的。如《上神宗皇帝万言书》其主要部分是按"结人心，厚风俗，立纪纲"分为三段，但以"结人心"为重心；《代滕甫论西夏书》的主旨是讲对西夏用兵应缓而图之的方针。第一段设喻，引医者治病、彭祖观井两喻；第二段用典，引曹操取袁氏的史事；第三段始正面分析西夏情势，提出乘间取之的策略。前两段是为第三段服务的。有先立一柱然后平列两扇成文的。如《范文子论》首先提出论断：战国晋楚鄢陵之战开始前，晋范文子反对此战，结果晋胜楚败，但最后晋国却因胜而乱，证明范文子的远见卓识。然后分论议和史例两段展开，一论一史，交相辩证，推出"治乱之兆，盖有胜而亡、有败而兴者矣"的论点，照应开头。除了平列式以外，也有三段段段顺接或逆接成文的。如《潮州韩文公庙碑》首段发大议论，畅论"浩然之气"，暗指韩愈即具此至刚至大之气；次段叙韩愈生平实事，暗示此皆浩然之气所致；末段叙潮州人民立庙之意。孙琮说，三段之间，"前一段议论因为公实事而发，说公实事处正以起潮人立庙。截然分段中，气脉自联络一片"（《山晓阁选宋大家苏东坡全集》卷五），说中了段段衔接勾连的结构特点。

　　手法之变。苏文之所以几乎篇篇面目迥异，各不雷同，原因之一在于他不拘成法，追求最大的表达自由。孙琮说："尝闻汉以前之文，未尝无法而未尝有法，法寓于无法之中，故其为法密而不可窥；唐以后之文，不能无法而能不失乎法，故其为法严而不可犯。密则疑于无所谓法，严则疑于有法而可窥（按，此段为唐顺之《董中峰侍郎文集序》中语)。至眉山父子,有法不拘于法,无法而能自为法,此其所以独有千古。"(《山晓阁选宋大家苏东坡全集目》序)苏轼作文之法,大都是无法之法,既不同于严格的规范化乃至程式化,也不完全同于自然天籁,神明难求。杨慎评三苏文,谓其"奇正相生,冥明互藏,虚实代投,疾徐错行,岐合迭乘,顺逆旋宫,方圆递施,有无相君"(《三苏文范》卷首引)。茅维(孝若)云:"长公文,犹云霞在天,江河在地,日遇之而日新,家取之而家足。若无意而意合,若无法而法随。其亢不迫,其隐无讳,淡而腴,浅而蓄,奇不诡于正,激不乖于和,虚者有实功,泛者有专指。"(同上)这些散文艺术辩证法的范畴尚待深入研究和阐明,而他们所描述的苏文手法上错综变化的面貌,跟我们读后的感性印象是符合的。上面所论,已可见一斑。这里再举用喻为例。从用喻类别说,苏文有明喻、暗喻、借喻、博喻等,尤以博喻为多,以呈奔放畅达之势,如《上神宗皇帝书》:"人心之于人主也,如木之有根,如灯之有膏,如鱼之有水,如农夫之有田,如商贾之有财。"从在文中的地位说,有喻起,如《代张方平谏用兵书》开篇云:"臣闻好兵犹好色也。伤生之事非一,而好色者必死;贼民之事非一,而好兵者必亡,此理之必然也。"《代滕甫论西夏书》却连用医者治病、彭祖观井两喻开篇,反对急于求功,主张慎于用兵。也有喻结,如《祭欧阳文忠公文》讲欧公之生死对君子、小人的影响两段,各以一喻煞尾。前段云:"譬如大川乔岳,虽不见其运动,而功利之及于物者,盖不可数计而周知";后段云:"譬如深山大泽,龙亡而虎逝,则变怪百出,舞鳅鳝而号狐狸。"其取喻的形象,旗鼓相当,但用意却正相反。特别是文中插喻,更是俯拾皆是,层出不穷。有的三言两语,有的带有一定的情节性。《上曾丞相书》讲士人不应向"王公大人"夸词求售:"鬻千金之璧者,不之于肆,而愿观者塞其门,观者叹息,而主人无言焉;非不能言,知言之无加也。今也不幸而坐于五达之衢,又呶呶焉自以因希世之珍,过者不顾,执其裾而强观之,则其所鬻者可知矣。"一喻而用对比,使事理引向深刻。苏文中有的全文以喻为主干,用生动的故事来指喻事理,如《日喻》《稼说》《黠鼠赋》等,实是独立成篇的优秀寓言。而其比喻的新颖贴切,且又善于从日常生活中取材,尤为一大特色。如用医作喻。《上神宗皇帝书》以"人之寿夭在元气,国之长短在风俗"设喻,一再引申养生之法喻治国之道。《思治论》反对为政求新求奇,说:"窃谓人臣之纳忠,譬如医者之用药,药虽进于医手,方多传于古人。若已经效于世间,不必皆从于己出。"这些养生医病的比喻,随题生意,自然妥帖,生动易懂,具见其手法的变幻莫测。

风格之变。作为一个散文大家,总是表现出独特而成熟的基本风格以及在此基础上的风格多样化。方孝孺《张彦辉文集序》在评论欧、苏文风时说:"永叔厚重渊洁,故其文委曲平和,不为斩绝诡怪之状,而穆穆有馀韵;子瞻魁梧宏博,气高力雄,故其文常惊绝一世,不为婉昵细语。"我们不妨将《醉翁亭记》(秦观称作"赋体")和《前赤壁赋》加以比较。欧"记"以"乐"字贯串全文:首段写"醉翁亭"命名来由,次段写朝暮四时之景,三段写游人、宾宴,末段写醉归,或明或暗,字字着"乐",运笔行文,委曲容与,特别是二十一个"也"字平添一种语缓气舒的风神;苏"赋"却忽写游赏之乐,忽写人生不永之悲,忽写旷达解脱之乐,突起突落,乐悲交错,文情勃郁顿挫,显出与欧"记"不同的艺术风貌。苏轼散文以雄迈奔放、波澜迭起为基本风格,但又不拘一格。明杨士奇评云:"高山巨川,巉岩万状,浩漫千顷,可望而不可竟者,苏之大也;名园曲槛,绕翠环碧,十步一停,百步一止,而不欲去者,苏之细也;疏雨微云啜清茗,白雪浓淡总相宜者,苏之闲雅也;风涛烟树晓夕百变,剡峦夷曲转入转佳,令人惊顾错愕而莫可控揣者,苏之奇怪也。"(《三苏文范》卷首引)他指出苏文宏伟、深曲、闲雅、奇怪等多种风格。商辂则从苏轼学习传统的角度立论,认为"庄之幻,马之核,陶之逸,白之超,苏氏盖集大成云"(同上)。也讲了奇幻、翔实、飘逸、超脱等多种审美特性。前人的这些品评都是鉴赏苏文的经验之谈,值得重视。

三、自然真率之美

袁宏道说:"余尝谓坡公一切杂文,圆融精妙,千古无匹活祖师也。惟说道理、评人物,脱不得宋人气习。"(《三苏文范》卷首引)他甚至认为"东坡之可爱者,多其小文小说,使尽去之,而独存其高文大册,岂复有坡公哉!"(《苏长公合作》引)刘士鏻《文致序》也说:"予犹忆儿时,诵坡公海外游戏诸篇,意趣猛跃,及对正心诚意之言,痛哭流涕之论,则脾缓筋懒,昏昏欲倦。夫所贵读古人书者,借彼笔舌活我心灵,亦安取已腐之陈言、字数而句衡之哉!"第一位编选苏轼随笔小品集的王纳谏(圣俞)也说"余读古文辞,诸春容大篇者,辄览弗竟去之",而对苏轼随笔小品备致倾慕(《苏长公小品序》)。这几位明人的评论不无偏激之处,但反映出当时的文学好尚,也说明苏轼两类文字的不同审美感受:其随笔小品比之"高文大册"、"春容大篇"来,具有"圆融精妙"、"意趣猛跃"、"活我心灵"的艺术魅力,是苏轼散文中文学性更强的品种,也是其自然真率之美的典型代表。

苏轼的随笔小品大都作于他贬谪黄州、惠州、儋州时期。其文体样式主要是杂记、题跋、书简,其构成因素有议论、叙事、抒情,其写作特点是信手拈来,随口说出,漫笔写成,而其总的内容是凸现一个历经磨难而旷放豁达、富有生活情趣的心灵,是他性格的升华,思想的结晶。日人布川通璞说:"参五祖戒和尚后身者,先从小品始之。"(《苏长公小品序》)即指出以小品见人品的特点,确切地说,是以自然的小品写出真率的人品。

他的记游文字,不论是黄州时的《记承天寺夜游》、《记游定惠院》、《书临皋亭》、《游沙湖》,惠州时的《题罗浮》、《记游松风亭》、《游白水书付过》,儋州时的《书上元夜游》等,都不作模山范水的铺陈,而

是随笔点染,情境宛然;尤其善于表现对自然景物的赏会和对人生哲理领悟之间的融合。下面是一再被称道的《记承天寺夜游》:

> 元丰六年十月十二日,夜。解衣欲睡;月色入户,欣然起行,念无与为乐者。遂至承天寺,寻张怀民。怀民亦未寝,相与步于中庭。
>
> 庭下如积水空明,水中藻、荇交横,盖竹柏影也。
>
> 何夜无月,何处无竹柏,但少闲人如吾两人耳。

这篇八十四字的短记,俨然也是先叙事、继写景、结抒慨,但这样冷静乃至冷漠的分析,未必符合作者写作和读者欣赏时内心的波澜。不错,不少论者指出其中"庭下"一句景物描写的入神,但类似描写在他的《月夜与客饮杏花下》这类作品中也有("褰衣步月踏花影,炯如流水涵青苹"),未必获得在本文中的艺术效果。这篇短记激动人们之处在于认识了一个既寂寞又自悦、生活遭际上困于他人,但在精神生活上超出常人的灵魂。胸怀大志却落得有闲之身固然引起千愁万恨,但正是"闲人"才是无主江山的真正主人,多少佳景胜概被"忙人"匆匆错过。"庭下"一句的描写正是在这个意义上取得了诗意和哲理,使人玩味不尽。这是一种对人的精神世界丰富性的发现的乐趣。同样,他的《书临皋亭》写"酒醉饭饱,倚于几上,白云左缭,清江右洄。重门洞开,林峦坌入"之际,"若有思而无所思,以受万物之备",既使文情推向寥廓,又表现出活泼的生活情趣。《记游松风亭》谓本欲纵步亭顶,因足力疲乏,正在畏难之际,突然想道:"此间有什么歇不得处? 由是如挂钩之鱼,忽得解脱。"这种妙悟之后的痛快使读者深窥作者的内心底奥,得到欣赏上的某种满足。平心而论,苏轼所写之地,景物都很平常,几乎随处可见,但他在平常的景物中发现了美,或领悟到人生的某些哲理,使人们认识到发现这些自然美和人生哲理的心灵的丰富性。这是不少读者喜爱乃至偏爱这类作品的重要原因。

他的题跋以笔致萧疏见称,用他自己的话是"本不求工,所以能工"(《跋王巩所收藏真书》)。有的以议论为主,如《书六一居士传后》、《书柳子厚牛赋后》、《书蒲永升画后》等,或阐佛老玄理,或逞机智才辩,或述艺事真谛,幅短意深,言少境多,寸山而有五岳之势,一鬶而具九鼎之美。有的以记人物为主,如《跋送石昌言引》、《题李岩老》、《书刘庭式事》、《外曾祖程公逸事》等。顺便指出,苏轼一生不为他人作志铭(只有少数几人是例外),不愿迁就墓主、强为吹嘘而束缚自己的手脚,但他留下的不少人物速写(除题跋外,还有《方山子传》、《张憨子》、《率子廉传》、《郭忠恕画赞》等),同样表现出他描写人物的才能。这些人物速写的特点是不作人物生平的全面叙述,只选取一二典型事例突出人物的主要精神面貌;而其选取的角度又往往返照出作者的性格好尚,并笼罩着作者的感情色彩。《方山子传》、《跋送石昌言引》是写两位任侠之士陈慥、石昌言,《题李岩老》、《张憨子》、《率子廉传》、《郭忠恕画赞》四个人物身份不同,但都带有一个"狂"字:李岩老是个嗜睡者,张憨子是个"见人辄骂"的狂乞丐,率子廉是个"愚朴不逊"的狂道士,郭忠恕是位不喜为富人绘画,竟在画纸上叫"小童持线车,放风鸢,引线数丈满之"的狂画家,都有着作者自己的投影。有的以记事为主的题跋,尤其是一二句的短跋,更可见出作者的功力。如《题凤翔东院王画壁》云:

> 嘉祐癸卯上元夜,来观王维摩诘笔。时夜已阑,残灯耿然,画僧踽踽欲动,恍然久之。

杜甫题画诗名句有云:"堂上不合生枫树,怪底江山起烟雾"(《奉先刘少府新画山水障歌》),与苏轼此跋都写栩栩如生的画境,但杜诗着力于形容和渲染,苏跋极不经意,杜诗明言"不合"、"怪底",反知其为夸张手法,苏跋朦胧竟能疑其为真,两者是各异其趣的。

　　苏轼书简的写作特点是"信笔书意,不觉累幅"(《答李端叔书》),故娓娓动人,不觉其长;其短柬更常省去首尾称谓,倍觉亲切,比之杂记、题跋更直接地坦露一个封建时代落拓不羁的知识分子的儵然胸襟。《答秦太虚书》云:

> ……初到黄,廪入既绝,人口不少,私甚忧之。但痛自节俭,日用不得过百五十,每月朔便取四千五百钱,断为三十块,挂屋梁上,平旦用画叉挑取一块,即藏去叉;仍以大竹筒别贮用不尽者,以待宾客,此贾耘老法也。度囊中尚可支一岁有馀,至时别作经画,水到渠成,不须豫虑。以此胸中都无一事。……

此写家用,以下写交游、土产、物价。司空见惯的琐事,一泻无馀的叙述,却蕴含着隽永的情韵、复杂的情绪:戏谑中饱含辛酸,悲苦中又有怡然自乐,却偏偏说是"胸中都无一事","掀髯一笑"。清吕葆中评此书云:"无一毫装点,纯是真率。他文如说官话,此等文如打乡谈。官话可学,乡谈不可强也。"(《晚村精选八大家古文》)确是从肺腑中自然流出的至文。他短柬的妙处在于记事简而又转换多,令人想见其落笔挥毫时意随笔出、淋漓酣畅的境界:

与　徐　得　之

　　得之晚得子,闻之喜慰可知,不敢以俗物为贺,所用砚一枚送上。须是学书时矣,如似太早,然俯仰间便自见其成立,但催促吾侪日益潦倒耳。恐得之惜别,又复前去,家中阙人抱孩儿,深为不皇,呵呵。

此柬谓友人得子,送砚致贺为不俗,一折;婴儿得砚,太早,二折;俯仰之间婴儿长大即能学书,又不算早,三折;如此,却似在催促父执辈年老潦倒,四折。小事一桩,随手写出,却有千溪万壑之妙。陆游的两句诗:"文章本天成,妙手偶得之。"(《文章》)炉火纯青的"妙"手和无意成文的"偶"得的结合,才能造成自然天成的作品,用以评价苏轼的随笔小品,极为确当。

"东坡多雅谑。"(曾敏行《独醒杂志》卷五)他的随笔小品常是谐趣满纸,这是他真率个性的突出表现。他的谐趣,不是存心去追求笑的效果,而是他屡经贬抑、备受折磨后在佛老思想影响下对人生的一种了悟,穷达得丧,置之度外,仍然坚持对生活的信心和乐趣。他的谐趣是迎战折磨、屈辱、厄运的武器。李渔《闲情偶寄·词曲部·科诨》说:"于嘻笑诙谐之处包含绝大文章","我本无心说笑话,谁知笑话逼人来"。如他初至惠州,心头不免涌起一丝愁云,但说"譬如原是惠州秀才,累举不第,有何不可"!(《与程正辅提刑》)初至海南岛,正忧"何时得出此岛"?但转念一想:"天地在积水中,九州在大瀛海中,中国在四海中,有生孰不在岛者?"(《在儋耳书》)天地、九州、中国皆在"岛"中,遑论海南?这些自譬自解自嘲的话头显然带有佛老思想的烙印,但使他蹈险如夷,处危如安,保持乐观的人生态度。因此,这种有思想深度和生活深度的谐趣,就不同于油滑,不同于单纯具有可笑性的俏皮、滑稽,它时时表现出"含着眼泪的微笑"的特点,趣语往往是愤世语,达语往往是自悼语。如《答参寥简》中,他把穷乡僻壤的贬所当成名城显邦的风景胜地:"只似灵隐天竺和尚退院后,却在一个小村院子,折足铛中,罨糙米饭吃,便过一生也得。"《文与可画筼筜谷偃竹记》先写与文同的戏谑琐事,以致"失笑"喷饭满案,正跌出后面悼念时废卷痛哭"失声"时的悲哀之深。朱熹《跋张以道家藏东坡枯木怪石》中说:"苏公此纸出于一时滑稽诙笑之馀,初不经意,而其傲风霆、阅古今之气,犹足以想见其人也。"他的谐趣的确是含蕴丰富,耐人咀嚼的。

苏轼的谐趣有时针对某种现象进行讽谕,但"谑而不虐",微讽而非讥刺;而其中时时闪发出智慧的光芒,显出其善譬巧喻、颖悟过人的才辩,引起读者触处逢春的美感。如《记与欧阳公语》记有因乘船遇风惊而得病者,医者"取多年柂牙,为柂工手汗所渍处,刮末,杂丹砂、茯神之流",竟把病治愈。苏轼写道:"予因谓公:以笔墨烧灰饮学者,当治昏惰邪? 推此而广之,则饮伯夷之盥水,可以疗贪;食比干之馂馀,可以已佞;舐樊哙之盾,可以治怯;嗅西子之珥,可以疗恶疾矣。"妙语连类不穷,使人叹其巧、服其辩。他的《梦中作祭春牛文》讲泥制春牛"衣被丹青之好,本出泥涂;成毁须臾之间,谁为喜愠",这两联显含深意,揶揄那些金玉其表、败絮其中而又昙花一现的人物,因而"吏微笑曰:'此两句复当有怒者。'旁一吏曰:'不妨,此是唤醒他!'"妙在末句:既说"泥牛"好梦不长,又说自己"梦中"作文讽世,平生已累遭口祸,正需喝醒。

南宋戴复古在《论诗十绝》其二中说:"古今胸次浩江河,才比诸公十倍过。时把文章供戏谑,不知此体误人多。"清宗廷辅认为是指苏轼(见其《古今论诗绝句》)。苏轼笔下固然也有一些流于庸滑浅薄的作品,但其谐趣的主导方面乃是表现他阅世既深后的超旷胸次,在困境中仍然坚持对美好事物的追求,不倦地去发现精神生活的新天地,体现出自然真率之美。这使他跟当时、后世的读者产生一种亲切动人的关系。苏轼在人们心目中的形象,很大程度上是由他的随笔小品建立起来的。

(原载《社会科学战线》1985 年第 3 期)

亦诗亦文，情韵不匮

——漫谈苏轼的赋

苏轼是北宋兼擅诗、词、文的杰出作家，他的赋也取得了一定成就，在我国赋史上占有重要地位。苏轼曾对扬雄把赋视作"雕虫篆刻"的观点，进行过驳斥（见《答谢民师书》），晚年在海南岛时，还默写自己平生所作八篇赋，以"不脱误一字"来预卜归期（见周辉《清波杂志》卷上），足见他对赋的重视和对自己赋作的喜爱。

兼备众体是苏赋的一个显著特点。我们知道，赋是一种介于诗、文之间的两栖性文学样式，它最初起源于徒歌，所谓"不歌而诵谓之赋"（《汉书·艺文志》），其性质是诗，但与合乐歌唱的乐歌不同。中经楚辞的骚赋，至汉代，辞赋的形式才正式定型。六朝以后又演为骈赋，唐代变为律赋，至宋代形成文赋。今东坡七集本中，以赋为题者共二十三篇，中华书局本《苏轼文集》则收二十七篇，却已包括骚赋、辞赋、骈赋、律赋、文赋等五种样式。所以研究苏赋，等于懂得了全部赋体样式。现将前四种各举一篇以示例。

《屈原庙赋》是一篇骚赋，以四言六言为主，并多加"兮"字以助语势，形式较一般诗歌为自由，但不用散句。此篇是苏轼舟行过湖北秭归屈原祠时所作，极力推崇屈原的高风亮节，融注着他初入仕途后的现实感慨。在叙写屈原一生悲剧后，笔锋一转："自子之逝今千载兮，世愈狭而难存；贤者畏讥而改度兮，随俗变化斫方以为圆；黾勉于乱世而不能去兮，又或为之臣佐；变丹青于玉莹兮，彼乃谓子为非智；惟高节之不可以企及兮,宜夫人之不吾与。"在对屈原的讴歌中,既指责了那些随俗浮沉、改志易守的所谓"贤者",又批判了汉以来对屈原的某些非难,如扬雄说屈原被逐,不再像磨不薄的玉石,而仅以文采著称,是为不智(《法言·吾子》)。苏轼义正词严地指出:屈原的凛然风范和独立不群正是他的"不可以企及"之处。晁无咎把此文看作评价屈原的"定论"(见《经进东坡文集事略》卷一引),足见它的分量。此文文采富赡,笔力凝重,"如危峰特立,有崭然之势"(祝尧《古赋辩体》卷八),正与歌颂屈原的题旨谐和。

《秋阳赋》属于辞赋。它采取汉赋常用的主客问答体的格式,韵文中夹杂散句,已与诗歌不同了。句式多为四言、六言,与《楚辞》相仿,但又有多种句式的变化。开头一段讲越王之孙(指赵令畤)告诉作者:"吾心皎然,如秋阳之明;吾气肃然,如秋阳之清;吾好善而欲成之,如秋阳之坚百谷;吾恶恶而欲刑之,如秋阳之陨群木。"以秋阳自比,喜形于色。次段写作者答语,劈头指出:"公子何自知秋阳哉?生于华屋之下,而长游于朝廷之上,出拥大盖,入侍帏幄,暑至于温,寒至于凉而已矣,何自知秋阳哉!"把贵公子的养尊处优、昧于世事当头喝醒。然后指出,经过夏潦淫雨之苦才能真正体会秋阳之喜,才能获得对秋阳的"真知":

> 方夏潦之淫也,云蒸雨泄,雷电发越,江湖为一,后土冒没,舟行城郭,鱼龙入室,菌衣生于用器,蛙蚓行于几席,夜违湿而五迁,昼燎衣而三易,是犹未足病也。耕于三吴,有田一廛,禾已实而生耳,稻方秀而泥蟠,沟塍交通,墙壁颓穿,面垢落堲之涂,目泫湿薪之烟,釜甑其空,四邻悄然,鹳鹤鸣于户庭,妇宵兴而永叹,计有食其几何,矧无衣于穷年。

这段对淫雨之苦的铺写,笔酣墨饱,穷形极相,体现出作者对农民生活的深切体验,表现了对下层人民的同情,反衬出贵族公子的无知。刘勰说:"赋者,铺也,铺采摛文,体物写志也。"(《文心雕龙·诠赋》)本篇就充分体现了辞赋的这一主要特点。

《老饕赋》是篇骈赋(又称俳赋)。它与汉赋的主要不同是运用骈偶和典故,实际上是押韵的骈体文。此篇从"庖丁鼓刀,易牙烹熬,水欲新而釜欲洁,火恶陈而薪恶劳"写起,历陈美味佳肴,"聚物之夭美,以养吾之老饕"。然后又写歌舞音乐之妙,曲终宴散,"先生方兀然而禅逃","一笑而起,渺海阔而天高"。本篇虽为游戏之文,但对偶工整,用典精切,写来却显得轻松自如,优游容与,表现出这位大作家深厚的文学素养和他那种随缘自适的旷达胸襟。

《浊醪有妙理赋》是一篇律赋。律赋是唐宋时代科举考试的一种科目,它比骈赋更追求对仗的工整,平仄的谐和,而且押韵更严,规定八个韵脚。像苏轼此篇即以"神圣功用无捷于酒"八字为韵。因此,这类赋一般文学价值较差。但苏轼此篇并非为科举而作,在严格呆板的格套中却能抒写性灵,表现个性。它取旨于杜甫《晦日寻崔戢李封》"浊醪有妙理,庶用慰沉浮"诗句,表达自己"内全其天,外寓于酒"的人生哲学,但如"得时行道,我则师齐相之饮醇;远害全身,我则学徐公之中圣",前句讲汉时曹参曾为齐相,后继萧何为汉相,"萧规曹随",一仍旧章,唯日夜饮酒而已;后句讲三国魏时徐邈违禁私饮,终被曹操赦免之事("中圣",中圣人。中,指沉醉;圣人,喻清酒)。这里是包含着苏轼的政治苦闷和不平的。此篇在旧时颇见称于世,南宋李纲作有和赋,通篇次韵到底,开和赋次韵的先例。清李调元评云:"穷达皆宜,才是妙理道篇。豪爽而有隽致,真率而能细入,前无古人,后无来者"(《赋话》卷三),评价很高。

对旧样式的改造和新样式的创造,是苏赋的另一重要特点。苏轼对于骚赋等古已有之的样式,并不是照抄照搬,而是根据自己抒情述志的需要加以灵活运用和变化。如《秋阳赋》按题属咏物类,却用

"反类尊题法"，即以夸说夏潦之忧来反衬秋阳之喜，"若出《文选》诸人手，则通篇说秋阳，斩无馀味矣"（《文章精义》）。古人作赋，未有一韵到底者，苏轼的骈赋《老饕赋》却开创这种格式，更突出此篇随笔挥洒、涉笔成趣的情韵。他把一般用作科举程文的律赋，用以抒写情性，如《浊醪有妙理赋》等，有的律赋，如《明君可与为忠言赋》，用策论手法出之，寓议论于排偶之中，却有单行之势，李调元评为"律赋之创调"（《赋话》卷五）。这些都是对旧样式的突破。

　　然而，苏赋的最大贡献在于文赋的创造和应用。平心而论，赋从骚体演而为律赋，已趋创作绝境。宋代文学家在古文运动的影响下，发展辞赋中的散文化倾向（如荀子《礼》、《智》等赋，楚辞《卜居》、《渔父》等篇，已肇其端，杜牧《阿房宫赋》更是文赋的先声），完成了文赋的创造，为赋的继续发展开辟了道路。文赋在形体上多用散句，押韵也较随便，但在内容上仍然保持铺叙、文采、抒情述志的特点，吸取散文的笔势笔法，清新流畅，别开生面。欧阳修的《秋声赋》、苏轼的前后《赤壁赋》就是典范性的作品。

　　《赤壁》二赋之所以成为九百年来传诵不衰的艺术精品，原因之一就在于苏轼"以文为赋"，解放赋体，使之兼具诗文之长，完美地表达了他在贬谪时期复杂而深刻的人生思想。前赋运用了主客对答体这一赋的传统手法，但已不是简单地借设问以说理，而是用以展示作者自己思想的波折、挣扎和解脱的过程。首段写"苏子"陶醉于清风、明月交织而成的江山美景之中，逗引起"羽化而登仙"的超然之乐；次段写"客"对曹操等历史人物兴亡的凭吊，跌入现实人生的苦闷；末段写"苏子"从眼前水、月立论，阐发"变"与"不变"的哲理，在旷达乐观中得到摆脱。这里，从游赏之乐，到人生不永之悲，到旷达解脱之乐，正是苏轼在厄运中努力坚持人生理想和生活信心的艰苦思想斗争的缩影。散文的笔势笔调，使全篇文情勃郁顿挫，像"万斛泉源"喷薄而出。与骈赋、律赋之类的讲究整齐对偶不同，它的抒写更为自由。如开头一段"壬戌之秋,七月既望,苏子与客泛舟游于赤壁之下。清风徐来,水波不兴……",全是散句,参差疏落之中却有整饬之致;以下直至篇末,虽都押韵,但换韵较快,而且换韵处往往是文义的一个段落,这就使本篇特别宜于诵读,极富声韵之美。后赋不用设问体,只是写景叙事,但笔意更为空灵飘忽,与其人生思想色调一致。

苏轼另一篇散文赋《黠鼠赋》谐趣横生、理趣盎然,实为不可多得的寓言赋,却为《赤壁》二赋盛名所掩,前人重视不够。此文前段是描写:

> 苏子夜坐,有鼠方啮,拊床而止之,既止复作。使童子烛之,有橐中空。嘐嘐聱聱,声在橐中。曰:"嘻! 此鼠之见闭而不得去者也。"发而视之,寂无所有,举烛而索,中有死鼠。童子惊曰:"是方啮也,而遽死耶? 向为何声,岂其鬼耶?"覆而出之,堕地乃走,虽有敏者,莫措其手。

写黠鼠自堕橐(袋子)中、设计逃脱的过程。用咬声招引人,"既止复作",一计;人们打开橐后,暂时装死不动,二计;引起人们疑惑,"覆而出之",随即逃遁,三计。层次井然,突出了鼠之"黠"。然后苏轼引发议论,认为如不能用心专一,万物之灵的人类也会"见使于一鼠",中计受骗。但是,由于故事的生动和概括性高,可以引起读者更多的思索:这只黠鼠不是封建社会中那些奸佞欺诈之徒的绝妙写照吗? 人们从中不是可以获得识别邪恶的宝贵启示吗?"形象大于思想",因而此赋不仅引人入胜,而且发人深省。

对于欧、苏等人完成的文赋,前人评价有所不同。祝尧说"至于赋,若以文体为之",则"《风》之优柔,比兴之假托,《雅》、《颂》之形容,皆不复兼矣"。他甚至说:这样的赋,"则是一片之文,但押几个韵尔,赋于何有? 今观《秋声》、《赤壁》等赋,以文视之,诚非古今所及;

若以赋论之,恐教坊雷大使舞剑,终非本色"(《古赋辩体》卷八)。此说有失偏颇。文赋在形式上虽似押韵之文,但其精神实质在于追求情韵不匮的诗境,不能以赋的旧有格式来限制它的发展。其实,亦诗亦文,情韵不匮也是汉代辞赋所追求的艺术目标。诚如清人王芑孙所说:"赋有不嫌四六者,必旁挟乎史汉散体之文,而直树以韩柳孤行之骨,然后营度无乖,波澜老成。诗不可于诗求,赋亦不可于赋求也。"(《读赋卮言·审体》)指出散文化对赋体艺术的助益,提出"赋外求赋"而不能囿于传统赋体,这些观点很有见地,可以帮助我们进一步理解文赋形成的意义。

（原载《文科月刊》1984 年第 10 期）

生活的真实与艺术的真实

——从苏轼《惠崇春江晓景》谈起

苏轼《惠崇春江晓景二首》①之一说：

> 竹外桃花三两枝，春江水暖鸭先知。蒌蒿满地芦芽短，正是
> 河豚欲上时。

这首生意盎然、饶有情趣的名作，语意显豁，通俗易懂，却不料招来前人的异议和争论：一是"鸭先知"问题，一是"河豚欲上时"问题。对此作一番辨析和研究，有助于对苏诗写作特色和诗歌艺术特性的理解。

关于"鸭先知"的争论，首先由清初著名学者毛奇龄和王士禛的门人汪懋麟引起。毛奇龄《西河合集》中《西河诗话》卷五说，他"与汪蛟门（汪懋麟）舍人论宋诗。舍人举东坡诗'春江水暖鸭先知'，'正是河豚欲上时'，不远胜唐人乎？予曰：此正效唐人而未能者。'花间觅路鸟先知'，唐人句也。觅路在人，先知在鸟，以鸟习花间故也。此'先'，先人也；若鸭，则先谁乎？水中之物，皆知冷暖，必先以鸭，妄矣"。随后，王士禛出来声援弟子。他在《渔洋诗话》卷下说："萧山毛奇龄大可，不喜苏诗。一日复于座中訾謷之。汪蛟门（懋麟）起曰：'竹外桃花三两枝，

---

① 诸本多作《惠崇春江晚景二首》，此据宋刊《东坡集》本（明刊《东坡七集》本《前集》卷一五亦同）。从诗意看，似作"晓景"为胜。七集本《续集》卷二重收此诗，题作《书衮仪所藏惠崇画二首》。

春江水暖鸭先知云云,如此诗,亦可道不佳耶?'毛怫然曰:'鹅也先知,怎只说鸭?'"①与毛奇龄的逞足辩才不同,王士禛采取了用白粉涂对方鼻子的办法,以代替认真的论辩。于是又引起毛奇龄的门人张文虒的不满。他在《螺江日记》卷六"又东坡诗"条中,先引述《西河诗话》全文并推崇毛奇龄说:"此真见先生品骘谨严,为前后言诗家所不及";又指责王士禛"直借先生此言作笑柄","先生评坡诗几百馀言,而王止摘八字","岂是时王原不在坐,但得诸传述之言,未悉其详耶?"这段话有点漏洞:"鹅也先知,怎只说鸭"八字并不见于《西河诗话》的那段"百馀言"之中,王士禛从何"摘"起? 那么,这是王士禛的杜撰吗? 张文虒又含糊地推测为"传述之言",他不敢明确地否认乃师说过这话。而且,《西河诗话》既有"水中之物,皆知冷暖,必先以鸭,妄矣"的话,这八个字的概括也与原意无大出入。后来,"鹅也先知"之说不胫而走,传为笑谈,如袁枚《随园诗话》卷三、徐卓《荒鹿偶谈》卷二、徐嘉《论诗绝句》(《味静斋诗存》卷四)等,都有记载。

　　一方是老师帮学生,另一方是学生帮老师,论争颇为热烈,并延续不止。笔者是不同意毛奇龄之说的,然而,从前人论争材料中却发现一个奇怪的现象:持反对意见的人多数采取简单讥斥的态度,而持赞同意见的人倒是摆事实说道理的,从反面提出了一些值得深思的问题。徐卓指责毛奇龄"惟喜驳辩以求胜"(《荒鹿偶谈》卷二),陈衍说他"岂真伧父至是哉? 想亦口强耳!"(《宋诗精华录》卷二)简单讥斥并不能说明问题的实质。支持毛说的王鹤汀说:"毛先生以水暖先知仅属于鸭,为坡诗病;予之病坡诗志(者)不然。鸭之在水,无间冬夏,又何知有冷暖,而谩以'先知'予之? 虽一时谐笑之言,然自是至理,为格物家所不废。若然,则坡诗诚不无可议矣。盖缘情体物,贵得其真,窃恐'先知'之句,于物情有未真也。"(见《螺江日记》卷六引)

---

① 又见《居易录》卷二,且有"众为捧腹"一句作结。

毛奇龄的指责提出了艺术形象的个别和一般的关系问题,王鹤汀的论难提出了生活真实和艺术真实的关系问题。两个问题又是互相关联的。

诗歌中的艺术形象总是个别的、有限的,它不可能也不必要穷尽所有的生活现象。诗人总是努力捕捉那些蕴含更多内容和意义的个别的生活形象或场景,来表达他所感受或认识到的象外之旨、景外之意。"春江水暖鸭先知",这里鸭对早春的感知,不是作为生物学对象的特点,不是论定它在同类水禽中是否最为敏感,也不是论定它是否比人先知,而是诗人从鸭戏春江的欢乐场面中敏锐地感受到春天的消息。因此,他强调甚或夸张鸭对水温感知这一特点,实际上是对它与人的精神密切关联乃至相通的那一特点的强调或夸张,从而表达对春天的喜悦和礼赞,对生活的热爱和肯定。通过个别表现一般,以少胜多,一以当十,正是艺术创作的一般规律。

现象比本质丰富。不同的生活形象中固然常常包含着不同的意义,相同的或相似的意义也可以在不同的事物中表达出来。在我国古代诗人吟咏早春的作品中,出现过许多作为报春标志的景物形象。陆凯把梅花作为"春信"送给范晔:"江南无所有,聊赠一枝春。"(《赠范晔诗》)成了后世咏梅诗常用的典实,梁王筠《和孔中丞雪里梅花》"水泉犹未动,庭树已先知。翻光同雪舞,落素混冰池",讲梅花知春最先,与"鸭先知"句同一构思。另据《鹖冠子·环流》"斗柄东指,天下皆春",又有张说《钦州守岁》"愁心随斗柄,东北望春回",王安石《御柳》"人间今日春多少?只看东方北斗杓",范成大《除夜感怀》"贫病老岁月,斗杓坐成移",陆游《开岁半月,湖村梅开无馀》"斗柄忽东指,开尽湖边梅"。早梅、北斗等有时序特征的事物当然可以作为春来的信息,在有的作者笔下,其他一般景物也能充当,如方干《除夜》"寒灯短烬方烧腊,画角残声已报春",曹松《江外除夜》"半夜腊因风卷去,五更春被角吹来",连蔡京的一联当时颇为传诵的《春日帖子》

断句也说:"龙烛影中犹是腊,凤箫声里已吹春。"(见《西清诗话》)画角声和凤箫声在欣赏者的听觉中也变成了春天的征兆。早梅、北斗、画角、凤箫都成了得春天风气之先的事物,它们却并不互相排斥,因为诗人并不仅仅着眼于客观事物的时序特征,而主要忠实于自己对春天的感受,这在艺术领域内是完全合"理"的。所以,尽管能"知冷暖"的"水中之物"很多,却不能证明"必先以鸭"是"妄"的。

毛奇龄用"花间觅路鸟先知"句来贬抑苏诗,也是一种曲解。此句见唐张谓《春园家宴》七律:"南园春色正相宜,大妇同行少妇随。竹里登楼人不见,花间觅路鸟先知。……"诗写一家人去南园赴宴赏春:在竹丛中登楼却不见人影,以渲染竹茂楼隐;在花间探路前行惊动禽鸟,以衬托环境的幽雅。"竹里登楼"和"花间觅路"承上"同行"、"随",主语都是参加家宴之人。人在花间觅路为鸟先知,与春水转暖为鸭先知,用法相类,不能把这句诗解释为"鸟"比人先知路;而在艺术境界上,张谓诗与欧阳修《采桑子》写行船"微动涟漪,惊起沙禽掠岸飞"近似,而苏轼诗却突出大地回春的萌动时刻,显得更有生趣,更耐人寻味。如果按照毛奇龄的逻辑,那么,花间的蜂蝶之类也能知人行走,"必先以鸟",不也"妄"么? 袁枚指出毛奇龄的说法"太鹘突",反驳道:"若持此论诗,则《三百篇》句句不是:'在河之洲'者,斑鸠、鸤鸠皆可在也,何必'雎鸠'耶?(指《国风·关雎》)'止丘隅'者,黑鸟、白鸟皆可止也,何必'黄鸟'耶?(指《小雅·緜蛮》)"(《随园诗话》卷三)在反对毛奇龄的材料中,袁枚没有简单讥斥,算是据理反驳的。

从生活现象的无限丰富性来说,讲"春江水暖鹅先知",也未尝不可。王安石《集禧观池上咏野鹅》有"似怜喧暖鸣相逐"句,陆游《春夜读书感怀》也以"野水鹅群鸣"来烘托春天气氛。晁冲之《春日》"鹅鸭不知春去尽,争随流水趁桃花",苏辙《和柳子玉共城新开御河过所居墙下》"生长鱼虾供晚馔,浮沉鹅鸭放春声",更是鹅鸭并提,同为春天景物。但苏轼此诗只能说鸭,不能说鹅,一个简单的理由:它是一首题画诗。惠崇的这幅山水小品今已不传①，但从苏诗中的竹子、桃花、鸭、蒌蒿、芦芽等来看，这是一幅鸭戏图。鸭正是画面的中心。仅此一点即可证明毛奇龄的谬误，但似为许多反对者所忽视。

王鹤汀对苏诗的论难，涉及生活真实和艺术真实的关系问题。他说"缘情体物，贵得其真"，原是不错的。问题是有两种"真"："格物家"所要求的"真"和艺术家所追求的"真"。艺术真实必须以生活真实为基础，诗人不能随心所欲地改变对象的特征，强加上与它绝不相容、格格不入的东西；然而，艺术又不是对自然的抄袭，诗人总要强调甚至改变对象的某些特征以表现自己的思想和感受，从而获得比生活更高的真实。然而，王鹤汀的谬误主要还不在于不懂得上述两者的联系和区别。他责问道："鸭之在水，无间冬夏，又何知有冷暖，而谩以'先知'予之？"这从"格物家"的眼光看也是说不通的。鸭子的确终年在水中，但又确知有冷暖，现代科学的常识告诉我们，有的动物的某些感觉比人类还敏感。鸭戏春江确是富有季节特征性的场景，不少诗中加以吟咏。陆游《游镜湖》"禹祠柳未黄，剡曲水已白。鲂鱮来洋洋，凫雁去拍拍"，《春日睡起》"水满凫鹥初拍拍，雨馀花木已阴阴"，而苏轼早在这首题画诗以前，就写过"东郊欲寻春，未见莺花迹。春风在流水，凫雁先拍拍"（《游桓山，会者十人，以"春水满四泽，夏云多奇峰"为韵，得泽字》），在野鸭戏水中最先"寻"到春天。连毛奇龄也承认"水中之物，皆知冷暖"，王鹤汀却说"何知有冷暖"，与之抵牾。他实在算不得有力的声援者。

真正涉及生活真实和艺术真实关系问题的，倒是对"正是河豚欲上时"一句的争论。批评者胡仔在《苕溪渔隐丛话·前集》卷三一引

① 明王世贞《弇州山人四部稿·续稿》卷一六八《题惠崇江南春意》云：在"春时"将此画在镇江一带出观，"而歌张志和'桃花流水'按之，当与江山俱响应矣"。所说与苏轼此诗"桃花"、"春江"颇相似。又据《悦生堂别录》、《画旨》，南宋贾似道曾藏有《惠崇江南春图》。王世贞之后的董其昌亦曾寓目。但此幅是否即苏轼题诗之原画，不可确考。

孔毅夫《杂记》云：

> 永叔称圣俞《河豚诗》云："春洲生荻芽，春岸飞杨花。河豚
> 于此时，贵不数鱼虾。"以谓河豚食柳絮而肥，圣俞破题两句，便
> 说尽河豚好处。乃永叔褒誉之词，其实不尔。此鱼盛于二月，至
> 柳絮时，鱼已过矣。

胡仔据以批评苏诗所写"正是二月景致，是时河豚已盛矣，但'欲上'
之语，似乎未稳"。就是说，与时令不合。回护者高步瀛在《唐宋诗举
要》卷八引陈岩肖《庚溪诗话》卷下云：

> 余尝寓居江阴及毗陵，见江阴每腊尽春初已食之。毗陵则
> 二月初方食。其后官于秣陵，则三月间方食之。盖此由海而上，
> 近海处先得之，鱼至江左则春已暮矣。……然则圣俞所咏乃江
> 左河豚鱼也。①

高步瀛推断说："据此，则河豚上时各地不同，子瞻所咏殆与圣俞同
耳。"就是说，苏诗"欲上"句不误，因南京附近暮春柳絮飞扬之日，正
是当地河豚"欲上"之时。但是，此说并没有驳倒胡仔：苏诗明明写
的是早春景象，并非暮春三月间事。更有意思的是他和胡仔一样，都
把艺术真实完全等同于生活真实，都没有了解艺术的特性。

---

① 　参看《风月堂诗话》卷下："晁季一(名贯之)检讨尝为予言：《归田录》所记圣
俞赋河豚云：'春洲生荻芽，春岸飞杨花。河豚于此时，贵不数鱼虾。'则是食
河豚时正在二月。而吾妻家毗陵人，争新相问遗会宾客，惟恐后时，价虽高，
无吝色，多在腊月，过上元则不复贵重。所食时节与欧公称赏圣俞绝不相
同，岂圣俞赋诗之地与毗陵异耶？风气所产，随地有早晚，亦未可一概论也，
故为记之。"

　　"河豚欲上"句与"鸭先知"句不同,它不是对原画面中景物的吟咏,而是诗人从画面上逗引起的主观联想。苏轼写过不少脍炙人口的题画诗,除了一些借画引发议论的作品外(如《书晁补之所藏与可画竹三首》、《书鄢陵王主簿所画折枝二首》等),基本上有两种写法:一种是直接地再现画面形象,着力于描摹的细致逼真,使人吟诵一过,如亲观其画(如《韩幹马十四匹》等);另一种是在描摹画面形象的基础上,再作引申、渲染、想象,以构筑诗的意境。这后一种写法往往在艺术上获得更大的成功。因为太忠实原画,不免粘皮带骨;完全离开原画,则又捕风捉影,妙在不即不离、若即若离之间,正如晁补之所说,"诗传画外意,贵有画中态"(见《景迂生集》,俞剑华《中国画论类编》上卷引)。王士禛《居易录》卷一三说:"《尔雅》:购,蔏蒌。郭璞注:蔏蒌,蒌蒿也,生下田,初出可啖,江东用羹鱼。故坡诗云'蒌蒿满地芦芽短,正是河豚欲上时',七字非泛咏景物,可见坡诗无一字无来历也。"①所以,由原画中的蒌蒿、芦芽引发出"河豚欲上",联想十分自然和贴切。更重要的是为了构成全诗冬去春来时的意境:竹外的桃花"三两枝",是初开;春水初暖,游鸭感知最先;蒌蒿、芦芽,既是早春植物,又是做鱼羹的配料;当此春江水发、蒌蒿遍地而芦芽初生之际,正是河豚由海入河、逆流上水之时。苏轼紧紧抓住和突出自然景物在季节转换时的特征,把画面上已有的鸭、桃等物和未有的河豚,统一组成他心目中的"第二自然",表达他对这个辞腊迎春时刻的敏感和喜悦,从"画中态"传达出"画外意"。吴景旭《历代诗话》卷五六把河豚当作画中实有的"小景",似未确;他还把"上"字解释成"上水之上,非初上之上",替苏轼避开时令不合的指责,这是不必要的。其实,"上"固然只是"上水"之意,但"欲上"仍即"初上"之义。"初"、"先"、"早"是全诗所有景物形象的共同特点,这首诗的

---

① 又见《渔洋诗话》卷中,称苏轼此诗"非但风韵之妙,盖河豚食蒿芦则肥,亦梅圣俞之'春洲生荻芽,春岸飞杨花',无一字泛设也"。

好处就是写活了一个"初"字！顺便说明，苏轼习惯于用动的眼光观察自然，形成了他写景诗的一个特点。他的不少写景诗名作或写季节变换（如《赠刘景文》写秋冬之交），或写风云变幻（如《六月二十七日望湖楼醉书》写由雨转晴，《饮湖上初晴后雨》写由晴转雨），潮涌（如《八月十五日看潮》）、雪霁（如《雪夜书北台壁》）、急流（如《百步洪》）等，表现了他对充满活力、运动不息的那一类自然美的特殊爱好。即如这组题画诗的第二首也说："两两归鸿欲破群，依依还似北归人。遥知朔漠多风雪，更待江南半月春。"这大概是幅归雁图。与苏轼同时的李昭玘，有"日边雁带腊寒去，雪里梅将春信来"的诗句，为人们所赞赏（《能改斋漫录》卷八），陆游《晚出偏门》也把"村墟香动梅初破"，跟"沙边雁带碧烟横"列为早春景致，苏轼此诗言归雁虽归而不欲归，乃因春虽临江南而北方仍处严寒，仍然为了突出早春之"早"。两首题画诗的着眼点是一致的。

诗歌中的自然形象，不是诗人对客观事物一般属性的简单模拟，而是他心灵中对自然美的捕捉和再现，是人的本质的对象化。对于苏轼这首诗的意境来说，河豚究竟何时何地才是"初上"的争论，没有什么重要性，即使它或许有悖于科学常识的真实，却真实地描绘出一幅春机勃发的图画，满足了艺术创造者和欣赏者的审美要求。

然而，在我国从古到今的诗词评论中仍不乏这类脱离艺术特性的批评。大作家欧阳修对张继《枫桥夜泊》的"夜半钟声到客船"表示质疑，引前人"三更不是打钟时"之说，指斥为"理有不通"（《六一诗话》），以致聚讼纷纭，直到前不久我们学术界还在讨论。杜牧的一首名作《过华清宫》七绝："长安回望绣成堆，山顶千门次第开。一骑红尘妃子笑，无人知是荔枝来。"有人根据史书记载，唐玄宗以每年十月幸骊山，至春还长安，而荔枝成熟却在六月，时令不合，有"失事实"（《诗人玉屑》卷七引）；有人则表示异议。这类争论一般是这样展开的：一方引述材料以证其事之无，一方引述另一些材料却证其有，双方对于事实真实的拘泥则是共同的。胡仔等说二月为河豚盛时，"欲上"语"未稳",高步瀛等则说在秣陵等地河豚迟至暮春才上水,并非"未稳"。攻之者说寒山寺并无夜半打钟之例,辩之者又说实有其事。史书记载唐玄宗十月幸骊山,但乐史《杨太真外传》却有六月一日"上幸华清宫"之类的记载,如此等等。这些材料当然也有一定参考价值,但并没有从根本上解决问题。

苏轼对此倒有深刻的理解。他既强调要尊重客观对象,又不把对自然的简单模拟当作艺术创作的最高境界。他在《戴嵩画牛》、《书黄筌画雀》等文中,指出画斗牛而"掉尾而斗",画鸟展翅欲飞时"颈足皆展",都不合物情,都是"观物不审"的结果;同时他更反对单纯追求"形似"。他说:"论画以形似,见与儿童邻;赋诗必此诗,定非知诗人。"(《书鄢陵王主簿所画折枝二首》其一)王若虚《滹南诗话》卷二曾阐发其意说:"论妙于形似之外,而非遗其形;不窘于题,而要不失其题。"也就是要求在"形似"的基础上追求"神似",在抓住题意的前提下又能挖掘得深,生发得广,达到言外有意、象外有旨的境界。他的创作正是遵循这一艺术原则,因而对客观对象不能不有所取舍,有所强调、突出、渲染乃至部分改变。这种"失真"、"无理"恰恰为了更真实、更合理。他的《卜算子·黄州定惠院寓居作》有孤鸿"拣尽寒枝不肯栖"的句子,有人又认为"鸿雁未尝栖宿树枝,唯在田野苇丛间,此亦语病也"。其实,诗人不过借傲岸不随流俗的孤鸿自喻,原不必计较鸿雁的生活习性。它会不会栖树都不影响词中孤鸿形象的真实性。胡仔为此替苏轼辩解道:"盖其文章之妙,语意到处即为之,不可限以绳墨也。"(《苕溪渔隐丛话·前集》卷三九)比起他指责"河豚欲上"为"未稳"来,显得通达多了。苏轼对这类指责,常以他自己"意不欲耳"、"想当然耳"答之,这种不答之答,对艺术形象总是不真之真、无理之理的特性来说,不失为一种巧妙的回答。

(原载《文学遗产》1981 年第 2 期)

影 响 篇

清人对苏轼词的接受及其
词史地位的评定

　　文学作品一旦从作家笔下脱稿，还不能算是最后的完成。任何作品只有在读者的阅读中才获得真正有意义的存在，它必然要进入一个不断地被传播、被接受的过程，并由此确定其历史地位。苏轼词的被接受及其历史定位也有一个历时的过程。对这一过程加以客观的描述，不仅可以进一步理解苏词的审美内蕴，而且可以由此窥测到不同时代的美学风尚。

　　苏词由于其主要对话对象的转移（由柳永等词以下层市井为主转移到以士大夫文化圈为主），因而，在题材、语言、主题乃至于结构上别成一家，在北宋共时阅读中产生了别种效应。其时反应的主调乃是从非"本色"的角度加以否定。但是，靖康之难后，重大的社会动乱冲决了北宋"小词"文学类型原则的堤坝。民族的屈辱、国破家亡的深仇大恨必然替代了风花雪月的闲适和典雅，窾坎镗鞳的黄钟大吕必然替代了浅斟低唱。李纲、张元幹等即曾从苏词中接受了直抒胸臆的手法与壮大雄阔的境界。即使是原来不满苏词的作家也开始放弃了固有的词体观念：李清照成了"闺阁中的苏、辛"（沈曾植语，见《菌阁琐谈》），叶梦得也自言"漫馀诗句犹杰"（《念奴娇·云峰横起》）。词论家王灼第一次指出苏词在词史上的开创性意义："指出向上一路，新天下耳目，弄笔者始知自振。"①嗣后，

---

① 《碧鸡漫志》卷二，见《词话丛编》。

胡寅也从苏词审美境界的角度作了极高的评价:"一洗绮罗香泽之态,摆脱绸缪宛转之度,使人登高望远,举首高歌,而逸怀浩气,超然乎尘垢之外。于是《花间》为皂隶,而柳氏为台舆矣。"① 德国接受美学的代表人物姚斯认为:"第一个读者的理解将在一代又一代的接受之链上被充实和丰富,一部作品的历史意义就是在这过程中得以确定,它的审美价值也是在这过程中得以证实。"② 自苏轼于徽宗建中靖国元年(1101)七月客死于常州,至钦宗靖康元年(1127)闰十一月金人攻下汴京,仅仅四分之一个世纪。这段时间里,周邦彦以步武本色当行提举大晟府,万俟咏以风花雪月、脂粉才情名噪一时,而苏轼的词是相对沉寂的。所以,如果我们把南宋初年的词人和词论家看成是苏词的"第一个读者",他们对苏词的理解与接受对南宋辛弃疾的词风形成有着密切的关系。由此而形成的所谓苏辛一派,直到宋末(金末)元初仍有刘辰翁、王若虚、元好问等人,他们也与靖康之难时期的士大夫心态相近,所以,一样接受了"辞气迈往"、"落笔皆绝尘"(王若虚《滹南诗话》)、"倾荡磊落"、"如天地奇观"(刘辰翁《辛稼轩词序》)的境界和"'一洗万古凡马空'气象"(元好问《新轩乐府引》)。到元代有刘敏中、王博文鼓吹苏词中的"雄辞英气"。明代王世贞从苏词中读到了"丽而壮",张綖读到了"豪放"。这些都可以看成是对南宋初年词人、词论家对苏词理解的充实与丰富。但是,清词的中兴和清人对词学史的专意探求,使得苏词再一次发出了奇异的光芒,成为苏词接受史上的一个高

---

① 《向芗林酒边集后序》,见《斐然集》卷一九。胡寅虽比王灼年长,但《向芗林酒边集后序》一文当作于《碧鸡漫志》之后。向子諲(芗林)死于绍兴二十二年(1152),胡寅此文作于其死后;而《碧鸡漫志》则成书在绍兴十五年至十九年(1145—1149)之间。
② 《走向接受美学》,见《接受美学与接受理论》,辽宁人民出版社,1987年,第25页。

潮,苏词在词史上的地位也由此确定。

一、从"苏柳"并称到"苏辛"并重

在清朝建国之初词坛上首先以其人格、理论、创作造成重要影响的是陈子龙(1608—1647)。他虽然未曾明确提出对苏词的具体看法,但是,可以肯定他对苏词是并不排斥的。谢章铤《赌棋山庄词话》续编卷三云:"昔陈大樽以温李为宗,自吴梅村以逮王阮亭翕然从之,当其时无人不晚唐。"这种看法如果从某些方面(如令词的创作、早期词的创作特色等)加以审视,也有一定的道理。不过,陈子龙在理论上并不否定苏词,在其《幽兰草·题词》中他贬斥南宋词为"近于伧武"、"入于优伶",又以为晚唐"意鲜深至",而赞扬南唐二主至清真"代有作者"(当然包括苏轼)。他还将情有独钟的北宋词分为两派:一派为"秾纤婉丽",一派为"流畅淡逸"(苏词当属后一派)。而他对两派未加轩轾,他认为此二派"皆境由情生,辞随意启,天机偶发,元音自成,繁促之中尚存高浑"。基于这一认识,他对有明一代推重刘基、杨慎、王世贞三家,并分析其各自的得失优劣。他评王世贞云:"元美取境,似酌苏柳间。""苏柳"并称是当作肯定因素提出的,只是可惜王氏"未免时坠吴歌"。而所谓"翕然从之"的吴伟业、王士禛又如何呢? 吴伟业(1609—1672)在《苏长公文集序》中有云:"一片忠诚,徒寄于风晨月夕之啸咏。即琼楼玉宇,高不胜寒,天子亦知其为爱君之语。"很显然这里含有了对苏词深至思想的阐释与肯定。王士禛(1634—1711)在《花草蒙拾》中继承了陈子龙的二派说,他说:"名家当行,固有二派。苏公自云'吾醉后作草书,觉酒气拂拂,从十指间出',黄鲁(直)亦云:'东坡书挟海上风涛之气。'读坡词当作如是观。琐琐与柳七较锱铢,无乃为髯公所笑?"王士禛对二派的态度和对苏词审美价值的肯定在《带经堂诗话》卷二八更有进一步的说明:"词如少游、易安,固是本色当行,而东坡、稼轩直以太史公笔力为词,可谓振奇矣。"可惜的是王士禛后期专力于诗,未能有"振奇"之词作,而徒以师法《花间》《漱玉》为人所道,陈子龙也只在牺牲之前留下了颇具东坡之风格的绝笔词。但是,吴伟业与苏词的关系却受到了人们的重视。陈廷焯《白雨斋词话》卷三云:"东坡词豪宕感激,忠厚缠绵,后人学之,徒形于粗鲁。故东坡词不能学,亦不必学。惟梅村高者与老坡神似处,可作此翁后劲。"陈廷焯还具体举出吴梅村的《满江红》诸阕,以为与东坡词"颇为暗合","哀艳而超脱,直是坡仙化境"。

清初词坛陈子龙"苏柳"并称的做法显然是对明代贬斥苏词的一次反拨,是对苏轼所代表的词气豪迈一派的肯定。贺贻孙在其《诗筏》中虽然认为苏词"不如秦七、黄九之到家",但更着重批评了李清照《词论》中对苏词的否定,承认其代表词中之一调,故曰:"东坡词气豪迈,自是别调。"尤侗(1618—1704)《西堂杂俎二集》卷二《芙蓉词序》云:"世人论词,辄举苏、柳二家。"卷三《梅村词序》赞"坡公'大江东去'卓绝千古"。而沈谦(1620—1670)在其《填词杂说》中以为"晓风残月"、"大江东去"皆"文之至也"。在改朝换代的残酷政治氛围中,清初不少词人胸怀块垒,郁抑不平,促使他们去努力开掘苏词中"词气豪迈"方面的审美价值,承认其具有与柳永所代表的"本色"一派的平等地位,无疑是一种历史的必然。这种历史的选择与南宋初年的词人和词论家自觉地选择苏词有着惊人的相似,同时,这种选择如同南宋造就了辛派词人一样,也造就了陈维崧(1625—1682)为代表的阳羡派。

苏轼之于宜兴、常州①,本来就有一段不平常的因缘。他一生飘泊奔走,几达半个中国,但每一处都不是出于他的愿望,惟有卜居宜兴、最终死于常州乃至后裔在此定居,却是他自主选择的结果。早在嘉祐二

---

① 宜兴古称阳羡,宋时为常州属县。

年(1057)考中进士的琼林宴上,同年蒋之奇向他述说家乡阳羡风物之美,他后来回忆道:"琼林花草闻前语,罨画溪山指后期;岂敢便为鸡黍约,玉堂金殿要论思。"(《次韵蒋颖叔》)虽然"且约同卜居阳羡"(苏轼自注),但政务缠身,不能实现。以后他南来北往,经过常州约有十几次之多,而最早买田于宜兴则在熙宁七年(1074)他通判杭州之时①。宋人费衮《梁谿漫志》卷四《毗陵东坡祠堂记》条云:苏轼"出处穷达三十年间,未尝一日忘吾州",看来不算夸大。他之所以选择宜兴,用他的话来说,一是"独裴回而不去兮,眷此邦之多君子",此见于他为友人钱济明之父钱公辅所写的《钱君倚哀词》。他结识了一大批常州、宜兴籍的朋友。除蒋之奇、钱氏父子外,他还与胡完夫、单锡、胡修仁、报恩寺长老、邵民瞻、蒋公裕等人亲密交往。二是"买田阳羡吾将老,从来只为溪山好"(《菩萨蛮》),他赏爱宜兴的三湖九溪之风光。三是退居明志。他在宜兴所作的《楚颂帖》云:"阳羡在洞庭上,柑橘栽至易得,暇当买一小园,种柑橘三百本。屈原作《橘颂》,吾园若成,当作一亭,名之曰'楚颂'。"屈子"苏世独立,横而不流"的"橘颂"精神,也是苏轼作为中国文人典型文化性格的有机构成,即是说,顺境时立朝为宦,坚持济世拯时的节操,逆境时退避林下,"潇洒"自处,追求自我生命价值的完满实现。苏轼又云:"吾来阳羡,船入荆溪,意思豁然,如惬平生之欲。逝将归老,殆是前缘。"他的这一"阳羡情结"的文化内蕴也应主要从士大夫立身准则上去探求。而全部东坡词正是它的形象体现,"致君尧舜,此事何难","用舍由时,行藏在我"之类的歌唱当最能拨动清初阳羡词人的心弦,以致达到了异代的精神沟通。他们正处于山崩地裂的易代鼎革之际,又大都具有反清的民族意识,面临着进退失据、用舍维艰的选择,于是五百年前的这位侨寓乡贤,很适合成为他们倾心追慕的对象。陈维

---

① 参看宗典《苏轼卜居宜兴考》,《中华文史论丛》1979年第1辑,上海古籍出版社。

崧云："思往事，峨嵋仙客，曾驻吾乡。惹溪山千载，姓氏犹香。"(《满庭芳·蜀山谒东坡书院》)龚胜玉(节孙)作《仿橘图》，陈氏又作《摸鱼儿》题赠，在词序中云："节孙，兰陵人，卜居阳羡，慕东坡之为人，故为斯图以明志。"其所"明"之"志"，即是"拟'楚颂'名亭，追踪坡老，此意尽潇洒"。其实，"慕东坡之为人"也是陈维崧自己的心迹。他的姑表兄弟曹亮武亦云："先生买田阳羡，潇洒忆当年"，"耿耿孤忠亮节，落落风流文采，此事只君全。独喜清秋夜，今古共婵娟"(《水调歌头·代祭东坡书院》)。"孤忠亮节"、"风流文采"正是此时阳羡词人最需要的精神支柱和文化修养，因此才能获得今古之"共"的思想认同。苏轼词名于是流芳三湖九溪，孳乳沾溉无尽，这一词派之崇奉东坡词，其最深层的原因就在这里。

陈维崧早年受业于陈子龙，但他并没有墨守陈子龙的词学观。代表其成熟时期词学观的文章是康熙十年(1671)他与吴本嵩、吴逢原、潘眉合编的《今词苑》的序文《词选序》①。首先，他反对词为"小道"之说②。他从"天之生才不尽，文章之体格亦不尽"的前提出发，证明了词与经、史、诗"谅无异辙"。其次，与陈子龙否定南宋不同，他标举苏、辛一派，以为"东坡、稼轩诸长调，又骎骎乎如杜甫之歌行与西京之乐府也"。同时，他还总结了当时苏、柳并提的观点，认为优秀文学都必须具备厉"思"、博"气"、观"变"、会"通"等方面，所以，不必极意固守《花间》、《兰畹》的"香弱"与清真的"本色"。

在陈维崧影响下的阳羡词人任绳隗、史惟圆、徐喈凤无论在创作还是理论上都极主"性情"，以苏、辛为词中壮士，乃至力图证明"豪放亦未尝非本色"③，史惟圆《南耕词·评语》中批判了鄙薄"大江东

---

① 《陈迦陵文集》卷二，四部丛刊本。
② 陈子龙《幽兰草·题辞》有云："作为小词以当博弈。"
③ 徐喈凤《词证》，清刊本。此条又见田同之《西圃词说》，但未注明采自《词证》，《词话丛编》，中华书局，第二册，第1455页。

（去）"为"非词家正格"的本色派论调。在阳羡派的鼓荡下，苏辛派的作品（尤其是慢词）成为词人们主要的参习对象。吴梅《词学通论》第九章有云："小令学《花间》，长调学苏、辛，清初词家之通例也。"主要就是指阳羡派及受到陈维崧影响的曹贞吉、吴绮等词人。但是，陈维崧并不满足于在慢词中学苏、辛壮语，也努力将其贯彻到令词之中去。蒋兆兰《词说》云："自东坡以浩瀚之气行之，遂开豪迈一派。南宋辛稼轩，运深沉之思于雄杰之中，遂以苏、辛并称。""至清初陈迦陵，纳雄奇万变于令、慢之中，而才力雄富，气概卓荦，苏、辛派至此，可谓竭尽才人能事。"

　　客观地分析清初学习苏辛一派的成功就会发现：第一，吴伟业、陈维崧等词人都经历了明末清初冷酷政治血雨腥风的洗礼，痛苦的心灵积淀决定了他们能具备苏辛词中所必备的"气"与"意"；第二，他们早期都有过学习"本色"、"婉约"一派的艺术经验，这种艺术经验使他们改学异质词风时就能有效地防止粗率或叫嚣。这两个重要条件若不具备必然会失败。蒋兆兰云："初学填词，勿看苏、辛，盖一看即爱，下笔即来，其实只糟粕耳。"①尤其是苏轼词天然超旷的情韵更是无迹可求。故而陈廷焯以为："太白之诗，东坡之词，皆是异样出色，只是人不能学。"②吴梅亦云："惟（东坡）胸怀坦荡，词亦超凡入圣。后之学者，无公之胸襟，强为摹仿，多见其不知量耳。"③所以，随着血雨腥风的政治斗争的相对平息，以陈维崧为首的学苏派也就归于沉寂。

二、苏辛的不同遭遇与苏词初步的历史定位

　　在陈维崧等 1671 年编辑《今词苑》并于其序言中张扬苏辛词派之

---

① 《词说》，《词话丛编》，第五册，第 4633 页。
② 《白雨斋词话》卷一，《词话丛编》，第四册，第 3783 页。
③ 《词学通论》第七章，商务印书馆 1932 年版，第 74 页。

后七年,朱彝尊(1629—1709)与汪森等编选刊刻了著名的词选《词综》,公然反对陈子龙揭橥的南唐二主、北宋的词风。朱彝尊在《词综·发凡》中提出:"词至南宋始极其工,至宋季而始极其变。"他虽极力赞扬姜夔,以为"最为杰出",但限于姜夔存世词仅"二十馀阕",无法更多采录。南北宋以词名家者被录词最多的,除周密(54首)、吴文英(45首)、张炎(38首)、周邦彦(37首)外,就要算是辛弃疾了(35首),而苏轼是著名词人中录词最少的一个(15首)。根据其录苏词的情况,可以推测朱彝尊等的审美标准是继承了南宋末年张炎等人的衣钵。张炎《词源》卷下有云:"东坡词清丽舒徐处,高出人表。"所以,不合乎"清丽舒徐"标准的作品,如《水调歌头》(明月几时有)、《定风波》(莫听穿林打叶声)、《江城子》(老夫聊发少年狂)、(十年生死两茫茫)等皆不入选。当然,清初词论家与词人对苏词的不满,于别处亦隐约可见,不只是在朱氏《词综》中反映出来。贺贻孙《诗筏》说苏轼"不中音律亦是一短",贺裳《皱水轩词筌》、刘体仁《七颂堂词绎》等皆批评他的檃括体。而著名词人纳兰性德(1655—1685)于《渌水亭杂识》中明确指出:"词虽苏、辛并称,而辛实胜于苏。"由于朱彝尊、纳兰性德等清初著名词人对苏、辛的不同看法,不仅所谓浙西词人不重视学习东坡,就是有些学苏、辛一派的词人也基本上是通过学习陈维崧而学习稼轩。

到了雍正、乾隆年间,以厉鹗(1692—1752)为赤帜的浙派词人"家白石而户梅溪"①,苏词被视为"硬语"②,厉鹗甚至把朱彝尊按时代划分的标准丢弃,贬斥南宋稼轩、后村诸人为"词之北宗",而北宋清真则也归入了与姜夔同列的"南宗"③。显然,这与他追求的"雅

---

① 谢章铤《赌棋山庄词话》卷一一,《词话丛编》,第四册,第3458页。
② 厉鹗《论词绝句》之八评元好问云:"略仿苏黄硬语为。"见《樊榭山房文集》卷七,四部丛刊本。
③ 《张今涪红螺词序》:"尝以词譬之画,画家以南宗胜北宗:稼轩、后村诸人,词之北宗也;清真、白石诸人,词之南宗也。"见《樊榭山房文集》卷四,四部丛刊本。

正"标准有关。朱彝尊、纳兰性德重辛轻苏尚未曾完全摈弃苏、辛词风,他们的不少作品如朱彝尊的《消息》(千里重关)、纳兰性德的《金缕曲》(何事添凄咽)等仍有苏辛慢词的影子,他们也不拒绝与苏、辛派的词人陈维崧等人唱和;到了厉鹗,则斤斤株守着他崇尚醇雅的审美见解,创作中极少能见到苏、辛的豪气。尽管如此,我们从厉鹗《论词绝句》之八、之九中仍能寻绎到他对苏辛的评价并不等同:他从"风雅"的角度而少所许可的元好问,正是以学苏词而著称的;而其予以赞扬的刘辰翁,却历来被划归"辛派"。可见,他对"硬语"的苏词与划入"北宗"的辛词仍有一定的轩轾。

　　清代中叶的词坛除了以厉鹗为中心的浙派词人反对学苏之外,继承晚明词风的词人夏秉衡等,既排斥苏辛又排斥吴文英、张炎等浙派词人所崇尚的作家。其《清绮轩历朝词选》中仅选苏词八首,长调只选《水调歌头》(明月几时有)、《念奴娇》(大江东去),令词则专选《阮郎归》(绿槐高柳咽新蝉)等清新婉丽之作。但是,苏轼词在官方却得到了较为公允的评价。首先,早在康熙四十年(1707),康熙帝玄烨"命词臣辑其风华典丽悉归于正者"为《御选历代诗馀》,其中选苏词达一百九十七首之多。苏词中无论是豪放旷逸的还是清徐婉丽的,无论是小令还是慢词皆得到重视,几乎包罗了苏轼全部的优秀之作,可谓已无遗珠之憾。而四库馆臣所撰《东坡词提要》[①]云:

　　　　词自晚唐五代以来,以清切婉丽为宗。至柳永而一变,如诗家之有白居易;至轼而又一变,如诗家之有韩愈,遂开南宋辛弃疾等一派。寻源溯流,不能不谓之别格。然谓之不工则不可,故至今日,尚与《花间》一派并行而不能偏废。

---

① 《四库总目提要》卷一九八,中华书局,1965年,第1808页。

我们认为馆阁文臣能摆脱门派之争、超越个人的审美趣味,为苏词在词史上找到了比较适当的位置。首先,承认苏轼在文人词中别为一格,开南宋辛弃疾一派;其次,肯定苏词的艺术之"工";其三,苏词在当时与《花间》派并行,有独立成派且与《花间》以来的所谓本色派分庭抗礼的资格。这一评价人们基本上是能够接受的,甚至浙派殿军郭麐(1767—1831)《灵芬馆词话》卷一亦云:"至东坡以横绝一代之才,凌厉一世之气,间作倚声,意若不屑,雄词高唱,别为一宗。"其《无声诗馆词序》(《灵芬馆杂著》卷二)中又曰:"苏辛以高世之才,横绝一时,而奋末广愤之音作。"对苏词之开宗立派作了肯定。

苏词历史地位的初步评定不仅表现于理论论述,还表现在创作实践中,清中叶词坛上不少独具旷达、豪迈气概的词人纷纷追步苏、辛。扬州八怪之一的郑燮(1693—1765)自言:"少年游冶学秦柳,中年感慨学辛苏,老年淡忘学刘蒋。"①陈廷焯《云韶集》卷一九评为:"摆去羁缚,独树一帜,其源出苏、辛、刘、蒋,而更加以一百二十分恣肆,真词坛霹雳手也。"又曰:"粗粗莽莽,有旋转乾坤、飞沙走石手段,在倚声中当得一个快字。"尽管陈氏根据板桥自序言其派出苏、辛、刘、蒋四家,究其实,陈氏所称赞者正是苏词的特色。与郑燮同被张维屏在《松轩随笔》中称为"词中之大文,不得以小技目之"的蒋士铨,也通过学陈维崧而学苏辛。他为题"陈其年《洗桐图》"而作的《贺新凉》(一丈清凉界)有曰:"太白东坡浑未死,得此人生差快。"这里虽是从陈维崧的人生态度上找到其与东坡的共通之处,而这种态度与磊落坦荡的胸襟正是学习苏辛词,特别是苏词的基本条件。其他又有学苏辛之豪隽者如黄仲则,学苏辛之奇崛者如洪亮吉,亦皆一时之英彦。

理论上对苏词的历史定位和创作上对苏词接受的成果,使得浙

---

① 《词钞·自序》,《郑板桥集》,中华书局,1962年,第116页。

派词人不得不打破门户的囿限,在创作上主张兼容苏辛旷逸、豪迈之风。《清名家词钞》中评为"诗词为浙派后劲"的吴锡麒赞扬后辈词人曰:"由此而进之,则蹑姜史之后尘、追苏辛之逸轨,铿锵合奏、笙声同音矣。"①其论姜史、苏辛两派词对清人影响曰:"词之派有二:一则幽微要眇之音、宛转缠绵之致,戛虚响于弦外,标隽旨于味先,姜史其渊源也。本朝竹垞继之,至吾杭樊榭而其道盛。一则慷慨激昂之气、纵横跌宕之才,抗秋风以奏怀,代古人而贡愤,苏辛其圭臬也。本朝迦陵振之,至吾友瘦铜(张埙)而其格尊。"尽管这里所举的张埙并不足以代表清代中后期词坛学苏辛一派的最高成就,但是,吴锡麒在文章中批评了那种"谓姜史之清新为是,苏辛之横逸为非"的偏见,主张熔铸二派,"因时酌宜,应物制巧"②,表现出兼容并包的艺术取向。

三、苏辛之争的再起与对苏词的全面认识

在朱彝尊、纳兰性德重辛抑苏之后,一方面,后期浙派领袖厉鹗以辛词不合其深婉幽约的审美情趣而定辛为"北宗",对苏辛之区别已不加重视了;另一方面,朱彝尊《词综》、纳兰性德《渌水亭杂识》中皆未提出具体的、系统的苏不如辛的理论;更重要的一方面是郑燮、蒋士铨、黄仲则等优秀词人都以苏辛并重而取得了杰出的创作实绩。所以,苏辛轩轾之说并未造成很大的影响。但是,到了常州词派兴起之时,周济等则系统地提出了"退苏进辛"的理论③。

常州词派的创始人张惠言(1761—1802)在他的《词选·叙》中,尚把苏轼、辛弃疾一同列入"渊渊乎文有其质"的词家,其《词选》录苏词四首,辛词六首(全书共 116 首),比例相差不算太大。陈廷焯《白

---

① 　《与董琴南论词书》,《有正味斋骈体文集》卷一七,五凤楼嘉庆刊本。
② 　《董琴南楚香山馆词钞序》,《有正味斋骈体文集》卷八。
③ 　见周济《宋四家词选目录序论》,《词话丛编》,第二册,第 1646 页。

雨斋词话》卷二还称赞说："张皋文《词选》独不收梦窗词，以苏辛为正声，却有巨识。"至于他赞同南宋铜阳居士《复雅歌词》之说，以《诗经·卫风·考槃》"贤者退而穷处"之义比附苏词《卜算子》(缺月挂疏桐)，这一误解却是以对苏轼阳羡"楚颂"精神的正确领悟为思维前提的，似不宜用"深文罗织"简单斥之。然而，常州派的重要理论家周济(1781—1839)却公然揭出苏、辛"二公之词，不可同日语也"的论题。概括他"退苏进辛"的理由不外有以下几个方面：(一) 东坡"苦不经意，完璧甚少"。(二) "苏之自在处，辛偶能到；辛之当行处，苏必不能到。"(三) 苏词"天趣独到处，殆成绝诣"，而辛词"沉着痛快，有辙可循"①。这就是说，苏轼首先没有能像辛弃疾那样"以毕生精力注之(于词)"②。其次，辛词的特点能够涵盖苏词，而苏词却不能代表辛词的全部特点。其三，辛词可学，而苏词无法学。如果排除对苏轼词的感情成分，我们认为，他的这些理由未尝没有道理。但是，周济又继承并发挥了张惠言"低徊要眇以喻其致"的比兴寄托之说，认为"夫人感物而动，兴之所托，未必咸本庄雅。要在讽诵绁绎，归诸中正，辞不害志，人不废言"③。所以，他在《介存斋论词杂著》中赞赏东坡《贺新郎》(乳燕飞华屋)之"韶秀"，并由此以为东坡的豪情逸气、清刚奇崛为"粗豪"。《词辨》中仅选苏词《卜算子》(缺月挂疏桐)、《贺新郎》(乳燕飞华屋)二首(选辛词达十首之多)。《宋四家词选》列东坡于稼轩门下，仅录《贺新郎》(乳燕飞华屋)等三首，而辛词入选多达二十四首，其"退苏进辛"的态度，可谓出主入奴，失去了分寸。由此可知，周济对苏词的认识并不完全如其在比较苏、辛优劣时那样还保持表面上的公允，而是和浙派词人一样以自己的审美趣味去审视与评价苏轼，所以，连著名的《念奴娇》(大江东去)都不予重视。在他所建

---

① 均见其《宋四家词选目录序论》、《介存斋论词杂著》。
② 参见谢章铤《赌棋山庄词话》卷九。
③ 《词辨·自序》，《词话丛编》，第二册，第 1636 页。

立的"问途碧山，历梦窗、稼轩以还清真之浑化"的词学系统中，也就失去了苏词的地位。由此必然引起进一步的苏、辛优劣之争。

　　吴衡照《莲子居词话》卷四云："苏辛并称，辛之于苏，亦犹诗中山谷之视东坡也。东坡之大与白石之高，殆不可学而至。"这里将东坡与浙派奉为圭臬的白石并提，又以诗中之苏黄拟苏辛，轩轾之意昭然若揭。邓廷桢由吴衡照的苏姜并论，进而认为苏乃姜之导师，苏轼之于词犹如慧能之肇启南宗①。陈廷焯则在《白雨斋词话》卷八中首先肯定了吴衡照对苏、辛的评价，又具体指出："东坡词全是王道，稼轩则兼有霸气。""王"、"霸"之判，一字千钧。又云："稼轩求胜于东坡，豪壮或过之，而逊其清超，逊其忠厚。"而谭献《复堂词话》则就具体词的评析指出："（稼轩）大踏步出来，与眉山同工异曲。然东坡是衣冠伟人，稼轩则弓刀游侠。"陈廷焯亦云："魄力之大，苏不如辛；气体之高，辛不逮苏远矣。"②如此以人论词，实开王国维所谓"东坡之词旷，稼轩之词豪"的先河③。相对于周济的退苏进辛，这些对辛苏的评价虽也有所褒贬，却不是完全的意气之论。所以，"退苏进辛"的论调终要收场了。

　　清末词坛的词论家除了坚持客观地评价苏辛关系以外，他们对四库馆臣对苏词的评价与初步定位亦有争议。刘熙载（1813—1881）《艺概》卷四完全否定以苏词为别调之说。首先，他认为李白《忆秦娥》"声情悲壮"为词之祖，到晚唐、五代才"惟趋婉丽"，所以，东坡乃是词中复古者。婉丽为变，悲壮为正。其次，从儒家温柔敦厚的诗教出发，认为"苏辛皆至情至性之人，故其词潇洒卓荦，悉出于温柔敦厚"。而"温柔敦厚"正是传统所谓的"雅正"。陈廷焯《白雨斋词话》卷一则从苏词的意蕴立论，认为"东坡词寓意高远，运笔空灵，措语忠

①　《双砚斋词话》，《词话丛编》，第三册，第 2529 页。
②　《白雨斋词话》卷一，《词话丛编》，第四册，第 3783 页。
③　《人间词话》，《词话丛编》，第五册，第 4250 页。

厚，其独到处，美成、白石亦不能到，昔人谓东坡非正声，不足与之辩也"。应当承认，在中国传统的封建思想体系中，"正"与"变"之间自然是寓含了褒贬的，论诗有变风、变雅之说，论文亦有复古、宗经之论，所以，刘熙载、陈廷焯判定苏词之为"正"而非"变"、非"别"，论辩不休，自有其良苦用心。但是，词在生成时期所逐渐形成的风情婉变、要眇宜修的特点，已作为传统词体审美特质而相对固定下来，因而被视之为"小道"而不能与诗并提，东坡却变之以成"别调"。此所谓"变"与"别"和刘、陈所谓"变"与"别"显然不同，甚至完全相反。所以，蒋兆兰《词说》仍传述《提要》之言，吴梅《词学通论》亦以《提要》为"持平之论"。对苏词为"变声"、为"别调"之说，刘、陈等词论家力辩其非，目的是为苏词争"正统"、"正宗"，实则无视苏轼之前词作文本的存在实际，在我们看来，恰恰在客观上贬低了甚至否认了苏轼革新传统词风的创造性贡献。

从宏观上对苏词历史定位是一回事，从微观上探索苏轼词风特点又是一回事，苏轼词中有前人所不能至者自是苏轼独开一派的依据，但苏轼词的文本系统中又有与前人相似而同样达到艺术极致，足以名家的那一部分，如周济所"独赏"的"韶秀"，渔洋所称的"缘情绮靡"，自然无法在宏观上做出把握，所以对之进行微观的研究也是非常必要的。陈衍《石遗室诗集》卷二四中对那种于苏辛"惟见《念奴娇》、《水调歌头》、《永遇乐》三数阕"的做法表示不满。提醒人们：苏词中亦有"杨花"、"石榴"、"春事阑珊"、"冰肌玉骨"那些"缠绵凄惋"的作品。黄苏《蓼园词选》选苏词十七首，其中有"寻味不尽"的咏榴词，有发"忠爱之思"的中秋词，有"清和佳丽"、"奇情四溢"的艳情词，亦有"豪宕"的述志词、"达观"的重阳词。吴梅《词学通论》既以《四库全书总目提要》之大处着眼为是，又进而从作家论的角度指出：坡词"豪放、缜密，两擅其长。世人第就豪放处论，遂有铁板铜琶之诮，不知公婉约处何让温韦？"由此可知，近代词论家对于流派论与作家论的区别已有清醒的认识,他们不以一派之特色来替代对单个作家创作的丰富性与复杂性的分析。

　　清末的词学批评已处于我国古代词学批评的成熟时期,其特点是综贯整合,博采众长,能在常州词派的普遍影响之下,自出手眼,不为某派某体所牢笼,而达到新的水平。在苏词评论中也是如此。如果说,上引评论还只是三言两语、颇为零散的话,那么,郑文焯(1856—1918)的手批《东坡乐府》二十六条和冯煦(1843—1927)的《东坡乐府序》就显得篇幅较长、论述更系统周密、理论意义更大了。郑文焯在“清末四大家”中以长于声律著称,论词崇尚周柳,曾手批《梦窗词》,校勘《乐章集》、《清真集》,但其手批《东坡乐府》也应在评苏史上给予较高的地位。首先是他超越于以往“正、变”或豪放、婉约两派的优劣之争,也不同刘、陈等人用返回“正”途等说来为苏词争“正宗”,甚至不满足于一般地论定两种词风有其统一的一面、两者不可偏废云云,而是处处从词的“本色”即本体特质的角度来评赏苏词的革新成果。他在评《江城子》(梦中了了醉中醒)时云:“读东坡先生词,于气韵、格律,并有悟到空灵妙境,匪可以词家目之,亦不得不目为词家。世每谓其以诗入词,岂知言哉?”“空灵妙境”是他对苏词艺术境界最主要的界定和把握。“突兀而起,仙乎仙乎”、“飘飘欲仙”、“仙凡之判”、“从太白仙心脱化,顿成奇逸之笔”、“人外之游,淡然仙趣”、“骨重神寒,不食人间烟火气者,词境至此观止矣”之类的评语随处可见。这一界定和把握当然是对苏公胸襟、气度、风范的高度礼赞,而从词的本体而言,此境界并非“以诗入词”所造成,恰是保持和发挥“贵神情不遗迹象”、要眇幽深、婉曲多折的词体特质的结果。他评《鹧鸪天》(林断山明竹隐墙)时说到其中的“殷勤昨夜三更雨,又得浮生一日凉”,比之唐李涉的“因过竹院逢僧话,又得浮生半日闲”(《题鹤林寺僧舍》),“自是诗词异调,论者每谓坡公以诗笔入词,岂审音知言者?”苏词取源李诗,但郑氏敏锐地觉察到两者的细微区别,即李诗径直道出半日"闲"趣,而苏词只说获得一日清"凉",但闲逸之"趣"已在"凉"中了。郑氏多次否认苏轼"以诗入词"、"以诗笔入词",固然尚可讨论,但这个偏颇恰恰说明郑氏认为苏词虽有异于传统词风,但仍是词,而且是"本色"之词。"非可以词家目之",是苏词之"变";"亦不得不目为词家",是说苏词之"变"仍属于词之"本色",并没有超过"限度"而破坏词体。这两句看似矛盾的悖论,正体现他的词体"本色"观;在他这里,词的"本色"已整合了异量之美,吸取了不同的甚至是对立的艺术因子,扩大和丰富了"本色"的内涵。在他以前的尊奉苏词者,大都申说"刚柔相济、曲直并用"之理,两种对立艺术因子似有不分主从、平列混合之嫌;徐喈凤《词证》、田同之《西圃词说》虽都也说到"豪放亦未尝非本色",但只从表达"性情"之真立论,即苏轼因具豪放之性情,因而有豪放之本色,此"本色"实已离开了词体的本色论。郑氏把词体的"本色"看成一个并非凝固不变而是发展开拓但又不离词体本质特点的概念,确是高人一头。其次,他不同于常州词派周济的"退苏进辛",而是在苏辛之间更推重苏词。他评《满庭芳》(三十三年)云"健句入词,更奇峰郁起,此境匪稼轩所能梦到",此从词境上比较,对此词"不事雕凿,字字苍寒,如空岩霜干,天风吹堕颇黎地上,铿然作碎玉声",备致倾倒之情。其评《水调歌头》(落日绣帘卷)又云:"此等句法,使作者稍稍矜才使气,便入粗豪一派;妙能写景中人,用(因)生出无限情思。"此未明提稼轩之名,但"矜才使气","粗豪一派"云云,辛氏及其末流亦恐难辞其咎。可以看出,郑氏评骘苏辛,仍是从坚持词体之本质特点出发的。他评《定风波》(莫听穿林打叶声),一针见血地提出:"以曲笔直写胸臆,倚声能事尽之矣。""直写胸臆"之"直",说中了苏词明快疏放的特点,但仍要用"曲笔",才能尽"倚声能事"。"粗豪"的根本艺术缺点在于词境直寻,而无一笔多意,"奇峰郁起"、"无限情思"之妙,背离了词的"本色"论的要求。

　　冯煦写于宣统二年(1910)的《东坡乐府序》可视作评苏的专论。他从填词"四难"而概括出苏词的四个特点,均属体悟有得之见。一是词的"显隐"、"曲直"的表达手法。他指出,"词尚要眇,不贵质实",在"显隐"、"曲直"之间很难掌握适度,而"东坡独往独来,一空羁靮,如列子御风以游无穷,如藐姑射神人,吸风饮露,而超乎六合之表"。即谓苏词超乎"显隐"、"曲直"之外,体现出最大的表达自由,这与郑文焯"空灵妙境"之评是相通的。二是词的"刚柔"的艺术风格。"词有二派,曰刚曰柔,毗刚者斥温厚为妖冶,毗柔者目纵轶为粗犷",对于这对艺术风格的矛盾,苏轼却能"刚亦不吐,柔亦不茹。缠绵芳悱,树秦、柳之前旐;空灵动荡,导姜、张之大辂。唯其所之,皆为绝诣"。对苏词风格的多样性作了充分评价,尤其寻绎其与秦柳姜张之间潜通暗合,颇具慧识。三是词的"寄托"问题。他沿承常州词派所标举的"文外有事"的"寄托"说,但指出极易导致"无病而呻"的故作高深,而苏轼能把他的满腔"忠爱之诚,幽忧之隐",在"若有意,若无意,若可知,若不可知"之中予以充分的渲泄与抒发。用"有意无意"、"可知不可知"来阐发苏词的"寄托",也是颇得解读真髓的。四是词的"雅正"问题。他说,"侧艳之作,止以导淫,悠缪之辞,或将损性",淫词、游词导致了词的文化品位的失落,足为词人之诫。但"东坡涉乐必笑,言哀已叹。暗香水殿,时轸旧国之思;缺月疏桐,空吊幽人之影。皆属寓言,无惭大雅"。这就把苏词在提高词的品位、促成词的雅化即士大夫化方面的作用,作了恰当而高度的评估。上述评论,从文体学的角度,紧紧抓住词体创作的几对主要矛盾,全面周密地阐述了苏词的特点、价值和意义,洋溢着朴素的艺术辩证法精神,比之前人,在理论视野和审美眼光上都有所开拓和深化。

　　清末四大词家之一的朱祖谋(1857—1931)"论词最矜慎"(龙榆生语),并无论苏片言存世,却以编校《东坡乐府》的形式表示自己的"酷嗜坡词"(冯煦语),也对当时崇尚苏词的热潮作了回应。苏轼词集虽从南宋初年起,即有专集和注本行世,但均为按词调编次,且以后不断辑佚而又不断有伪作混入,迄无较为完整的定本。朱祖谋首创编年本,这在知人论世、了解作品和研究苏词创作的发展道路方面,其优于按调编次本自不待言。他以元延祐本为底本,用毛氏汲古阁本参互校正,补缺纠讹,勒成三卷,前一二卷为编年词 204 首,卷三为不编年词 136 首,共收词 340 首。他所制定的《凡例》七条,对编年方法、诗词分判、作品辨伪等一一作出规定,成为词籍校勘整理的重要指导原则,此书也被誉为"七百年来第一善本"(沈曾植语)。这一方面促使词籍校勘成为"专家之学","遂使声律小道,高跻乎古著作之林"①。此书也成为"苏词学"的重要构成部分;另一方面也对苏词的进一步传播和接受作出了贡献。嗣后龙榆生的《东坡乐府笺》以及曹树铭的《苏东坡词》,石声淮、唐玲玲的《东坡乐府编年笺注》等,都是朱本系统的延伸和发展。

　　清末词坛,除了理论批评、词集编纂外,在创作上苏词也普遍受人瞩目和取法。清代末期,尤在鸦片战争之后,又出现一个动荡不安、多灾多难的局面。和靖康之难、宋末元初以及明末清初这三个时期一样,近代词人也纷纷从苏词中找到各自的共鸣点。这是又一个苏词得到张扬的时代。在空前的民族的、政治的、传统文化的全面危机之下,其时词人的心态复杂而沉重,或悲愤国事,救亡图存;或明知大厦将倾、回天无力,仍希企洁身自好,维持心理平衡;或沉郁激宕,充满身世飘零的人生感慨,都极易从苏词的某一点取得灵犀相通。正如冯煦论朱祖谋与苏轼的关系云:"噫,东坡往矣! 前辈(朱祖谋)早登鹤禁,晚栖虎阜。沉冥自放,聊乞玉局之祠;峭直不阿,几蹈乌台之案。其于东坡,若合符契。"因而与坡公"亦有旷百世而相感者

---

① 　张尔田《彊村丛书序》见《彊村丛书(附遗书)》,上海古籍出版社,1989 年,第九册,第 7123 页。

乎!"①虽然在清末并没有涌现专门取法苏轼一家的词人或词派,但苏词的影响力可说是无处不在的,几乎所有的词坛名家无不受其熏陶。举其荦荦者有"一往情深,性复倜傥,有豪侠气"的蒋春霖②,有多发"振奇独造语"的谢章铤③,有"清季能为东坡词者"的王鹏运④,有"差能学苏"的文廷式⑤,皆有振奇激荡之音,慷慨昂扬之气。至于朱祖谋,他前期词作虽取法周邦彦、吴文英⑥,后期则转而"取法于苏"⑦。夏敬观更具体指出其"晚亦颇取东坡以疏其气"⑧,以救学周学吴所造成的艰涩之弊。夏承焘《瞿髯论词绝句》也说朱氏"晚年坡老识深衷",并以"苍劲沉着"为世所许。顺便提及,即使创作上并不宗嗣东坡者,也不同于前人常有的门户之见,而能给予苏词很高的评价,如况周颐自言不学苏辛,乃是自感不具备条件而"未敢学",王国维虽重欧、秦一派,但其《人间词话》每及苏、辛必有赞语。词人们开始把个人的美学好尚、门派风格与学术研究区别开来,这也标志着近代词人对苏词认识的又一进步。

(原载《词学研讨会论文集》,台湾中国
文史哲研究所[筹]出版,1996 年)

---

① 《东坡乐府序》见《东坡乐府》,《彊村丛书》,第二册,第 809 页。

② 杜文澜《憩园词话》卷四,《词话丛编》,第三册,第 2923 页。

③ 谭献《复堂日记》,《词话丛编》,第四册,第 4006 页。

④ 叶恭绰《广箧中词》卷二,遐庵丛书本。

⑤ 夏敬观《手批东坡词》,转引自龙榆生《近三百年名家词选》,古典文学出版社1956 年版,第 163 页。又夏敬观《忍古楼词话》云:"芸阁(文廷式)词宗苏辛,玉甫(叶恭绰)尝为余言:'近代词学辛者尚有之,能近苏者惟芸阁一人耳。'"见《词话丛编》,中华书局版,第五册,第 4764 页。

⑥ 朱氏所辑《宋词三百首》选周词 22 首,吴词 25 首,苏词 10 首。

⑦ 张尔田《龙榆生忍寒词序》,转引自龙榆生《近三百年名家词选》,第 184 页。

⑧ 《忍寒词序》,同上注。

苏轼作品初传日本考略

　　苏轼的诗文集究竟何时以何途径始入日本,遍查有关书籍,均无明确记载。只有片鳞只爪的材料,表明至晚在平安朝后期至镰仓时代前期(即公元 12 世纪至 13 世纪中),苏轼其人已为日本人士所知晓,作品亦有传入。

　　平安朝后期左大臣藤原赖长的《宇槐记抄》"仁平元年(1151)九月二十四日"条云:去年(1150)宋商刘文冲将《东坡先生指掌图》二帖等书赠给藤原①。虽然此书很可能是假托误名之书②,但无论如何,这是东坡名字首次在东瀛出现。此时距苏轼去世(1101)不到五十年。

---

① 《宇槐记抄》是藤原赖长的日记《台记》的一个摘抄本。因《台记》散佚较多,抄本往往可补阙存逸。

② 今苏轼著作中无此书。《宋史·艺文志》有《指掌图》一卷,不录作者名氏。日人有以为是苏轼所作的"《切韵》的指南书"(见西尾光一、小林保治校注《古今著闻录·文学部》,新潮出版社);有认为是假托苏轼之名,实为税安礼的《地理指掌图》(见早川光三郎《苏东坡与国文学》,《斯文》第 10 号,1954年 7 月),长泽规矩也在述及仁平元年刘文冲献书一事时,则把书名径改为《历代地理指掌图》(《和汉书的印刷及其历史》第五章,《长泽规矩也著作集》第二卷,汲古书院刊)。

　　　查《四库总目提要》,《经部·小学类》三有《切韵指掌图》二卷,宋司马光撰。且云:"孙奕《示儿编》辨不字作逋骨切,惟据光说。"因此,司马光《家集》虽不载此书,但确系光所作。另《史部·地理类存目》一有《历代地理指掌图》一卷,"旧本题宋苏轼撰"。又引《梁谿漫志》(费衮),认为:"此书之伪,南宋人已言之。"要之,《提要》中所言此二书均非苏轼所撰,刘氏所赠,或为伪书,或真一佚书。

进入镰仓时期(1192—1333),有关苏轼的记载便屡见不鲜。其中有两书的记载颇为重要,即成书于 1253 年的《正法眼藏》(道元著)和成书于 1254 年的《古今著闻集》(橘成季著)。《正法眼藏》九《溪声山色》中称苏轼为"笔海真龙",并抄录苏轼的一首偈诗("溪声便是广长舌,山色无非清净身。夜来八万四千偈,他日如何举似人。")这是介绍苏诗并称颂苏轼文名的最早记载。值得注意的是,作为早期五山僧的道元,他是后世五山诗僧解读苏诗的先驱,而他的以苏诗与禅学因缘关系为着眼点的读苏方式,也奠定了苏诗在中世日本传播的一个主要切入口。《古今著闻集·文学部》除记载刘文冲赠《指掌图》等书给藤原一事外,还提及"苏轼非难白居易作品"。据日本学者分析,这指的是苏轼《祭柳子玉文》中"元轻白俗"一语①。若然,则可见苏轼文章亦流传至日本了。

到此时为止,除了以上这些零星记载外,并未涉及苏轼诗文集的流传状况。当时,商人之外,渡日的宋僧(如兰溪道隆于 1246 年、大休正念于 1269 年、无学祖元于 1279 年渡日)及入宋的日僧(如 12 世纪后期两度入宋的荣西、1223 年入宋的道元等),往来不绝。这些商人、僧侣在出入宋境时,往往捎带书籍,而其时南宋坊间苏轼诗文集并不难觅,况且他又被日僧(如道元)视为悟禅得道者,所以其诗文集不被购求,是很难想象的。但限于史料,只能付之阙如。

到了五山文学时期②,凭依着五山诗僧的推崇,苏轼诗文集的流传便从微转盛,由晦而显,进入其诗文在日本传播的兴盛期。此时苏轼诗文集按版本系统分成三类:

一、宋元刊本。今藏东北大学附属图书馆的《[王状元集百家注

① 见上引早川光三郎文。
② 五山文学时期是日本中世文学的一个阶段,上自镰仓时代末(约 14 世纪 30 年代)下迄室町时代终结(1573),约二百五十年,兴盛期主要在室町前期(15 世纪),其文学是以镰仓、京都两处五山的禅僧为中心建立起来的汉文学。

分类]东坡先生诗二十五卷》二十五册一书,长泽规矩也氏《东北帝大附属图书馆贵重目录》题为"南宋刊本",并说,此书中"有室町时代的书写痕迹,因而和臭很多"①。可见室町时代的日本即有南宋刊本。另外,此时期的和刻本中有覆元刊本(详见下说),则其底本元刊本也必流入日本。

二、五山版本。所谓五山版,是指五山时期在禅寺开版印刷的书籍。五山版的苏轼诗集,被推定早在应安三年(1370)至应永二年(1395)间就有刊行。此时期正值日本南北朝(1336—1392),故是南北朝刊本。又因为是由当时避元渡日的刻工俞良甫等人参与刻写的,故又称俞良甫版。俞版即是《王状元集百家注分类东坡先生诗二十五卷》的覆元刊本②。这一版本系统,数量颇多,据长泽氏《镰仓至室町时期旧刊本汉籍外典现存书分类目录》记载,宫内厅书陵部(有四部)、东北帝国大学附属图书馆、东洋文库、足利学校遗踪图书馆、近卫家阳明文库、静嘉堂、德富家成箕堂文库、高木家高木文库等均藏有此刊本。但此书可能被多次重印,甚至重刻。长泽氏在著录时,对有关成书年代,下语颇为谨慎,如对足利学校藏本,长泽氏据框廓下有"良"等刻工名字,推为俞良甫所刻的南北朝刊本③。而对宫城县图书馆藏本,仅云:"旧刊本,有室町时代的书写痕迹。"④想必此书内无刻工名字,故长泽氏只能笼统言之。可见两书不一定是同板所出⑤。

---

① 《长泽规矩也著作集》第四卷。和臭,即指日人所做汉诗文中带有的日本味。
② 参见长泽规矩也《书志学考论》第二篇《旧刊本考》,《著作集》第一卷。
③ 《足利学校贵重特别书目解题》,《著作集》第四卷。
④ 《宫城县图书馆汉籍善本书目》,《著作集》第四卷。
⑤ 另外,中田祝夫《四河入海解说》一文说,国会图书馆藏本《王状元集诸家注东坡先生诗》(卷一、二缺)十二册"为覆元刻本,虽是南北朝期的刊本,但第十二册(卷二四、二五)为室町时代的刊本。……版心上有刻工的名字,可知是让西渡来的刻工开版刻印的。"(《四河入海》第十二册,东京,勉诚社,1972年6月)这表明王十朋集注的五山版覆元刊本确有不同时期的刊本。

三、五山僧的注释本。喜爱苏诗的五山诗僧,不但持有五山版的苏集,又有专门的"坡诗讲谈师",历代相沿,建立起苏诗注释学的学统,涌现了大量记录他们读苏心得的注释书。五山僧的注释本在方式上自成一统,即把王十朋集注分类本拆开,切除边框,逐页粘贴在较大的和纸上,再装订成册。然后即在和纸上写入自己的见解,或抄录他人的讲述。其中较著名的有瑞溪周凤(1392—1473)的《胜说》、大岳周崇(1345—1423)的《翰苑遗芳》、一韩智翃的《蕉雨馀滴》(又名《一韩翁闻书》,为抄录其师桃源瑞仙的坡诗讲义之书。此书未单独刊行)、江西龙派(1375—1446)的《天马玉津沫》(又名《续翠》,亦似无单行本)、万里集九(1428—?)的《天下白》(综合《胜说》、《翰苑遗芳》、《续翠》三种注释,予以评判,并加按语)、周馥的《翰林残稿》(已佚)、林宗三的《东坡诗抄》等。而笑云清三的《四河入海》则是集大成者。此书亦以王十朋注本为底本,汇集《胜说》、《翰林遗芳》、《蕉雨馀滴》、《天下白》四注,加入己见。历时八年,于天文三年(1534)完稿,二十五卷,每卷均分上、下,共五十册,有"自稿本"、"古活字本"存世①。

纵观五山时期苏集流传状况,其特征有三:

第一,此期主要是刊行苏轼的诗集,尤其推重托名为王十朋集注的苏轼诗注本,上述三种,均属此一系统。我们知道宋人所编苏轼诗除王十朋集注本以外,还有施(元之、宿)、顾(禧)注本系统。此本今尚未在日本发现,但大岳周崇的《翰苑遗芳》却忠实地过录了大量的施、顾注文,足证在五山时代此本必已传入日本。(大岳曾访问过金泽文库,此《施顾注苏诗》本极可能为该文库所藏。)另外,米泽文库藏本《增刊校正王状元集注分类东坡先生诗集二十五卷》(15 册,元刊本)一种,也很值得我们重视。内田智雄编《米泽善本的研究和题

_____

① 　参见上引中田祝夫《四河入海解说》。

解・汉籍题解》曾记录其版式:"此书切除原本的外框,贴在和纸上,加以改装。又在栏外有不少每半叶三十一行六十馀字的细字识语,其中频频引用施注。识语到卷第三《归真亭》为止。"这也说明在江户前期以前,日本曾有过施顾注本。因为在修撰于元禄十二年(1699)的该文库入藏书目《官库御书籍目录》上,此本已有著录,可见江户前期已入庋。从其拆书粘贴,旁加小注的做法来看,完全是五山僧的作风。中田祝夫则认为,该书在"本文中有朱笔的训点,是具有中世传统的训点,与笑云的东坡诗的训点有一致之处"①。如果这一本子的加注确是成于五山僧之手的话,那么,也可助证早在五山时期施、顾注本已传入日本。

此外,苏轼的诗文集现存日本的最早版本,即为著名的宋孝宗时的《东坡集》刊本,一存内阁文库,一存宫内厅书陵部(均残)。两本何时传入日本已不可考。但阁本在日本传承情况,据附于该书中的市桥长昭作于文化元年(1804)的跋文,知阁本原为京都西禅寺所藏,其后归妙心寺大龙院僧懒庵,大龙院创建于庆长十一年(1606),而僧懒庵是该院创建时期的主持僧,故推知其十七世纪初在世。宫本则为金泽文库旧藏。大致可以推断,阁本和宫本在室町时代已存于日本,传入的时间当更早。

第二,五山时期虽然王十朋注本盛行于世,但当时对苏轼作品的了解,并非仅限于王十朋集注本,别有两种途径:一是总集。收有苏轼诗文的《精选唐宋千家联珠诗格》(元于济撰,蔡正孙补)、《古文真宝》(宋黄坚编)等,在五山时期也受推崇,且均有南北朝时期的和刻本②,因此对时人了解苏轼诗文尤其苏文,不无帮助。二为诗话。成书于公元1372年左右的《太平记》曾抄录苏轼的《春夜》(即"春宵一

---

① 参见上引中田祝夫《四河入海解说》。
② 参阅长泽规矩也《书志学考论》第二篇《旧刊本考・镰仓室町期外典的翻刻》,《著作集》第一卷。

刻值千金")。此诗不收于王十朋集注本,只见录于《诗人玉屑》、《诚斋诗话》等诗话(直到明成化四年[1468]吉安府本《东坡集·续集》卷二才收入本集)。而《诗人玉屑》则早在正中元年(1324)即有和刻本①,因此,此诗很可能借助了《诗人玉屑》等诗话的媒介,才传入日本,并很快传诵一时,其语句、意象往往被日人采入诗文、谣曲狂言。

第三,五山时期的苏集主要在僧人中流传,五山诗僧成了苏诗学的权威。一般世人很少有机会接触到苏轼诗集,除了《春夜》之外,未见有其他被反复称引的苏诗。相反,许多佛理诗、禅意诗却附会成苏轼之作而行世。可见,在日本苏轼与禅林的纽带之牢固远甚于在本国。

在室町时代与江户时代之间的安土桃山时代(1574—1615),有不少朝鲜活字本、刊本流入。僧人啸岳鼎虎藏有三苏文合选本《苏文正宗》一书。据阿部隆一氏《洞春寺开山啸岳鼎虎禅手泽现存本》记载:"存首一四卷(缺卷一),宋苏洵、苏轼、苏辙撰,朝鲜阙名者编。朝鲜[古(16世纪)]刊。四册。"因该书"与朝鲜的申公济等所编的《韩文正宗》书名相类,所以推想大概是李朝人所编"。阿部氏更进一步推测此书的由来,大概是1592年丰臣秀吉攻打朝鲜(所谓文禄之役),鼎虎随军入朝时获藏的②。

到了江户时代(1603—1867),由于学术普及,汉籍由中国、朝鲜输入,并经由幕府官刻、诸侯藩刻、民间私刻三个渠道进行翻刻,苏轼作品集的种类远富于前一时期。不过,需要指出的是,在江户中期(享保时代,1716—1736),由于大儒荻生徂徕、服部南郭等鼓吹明诗、排斥宋诗,影响了一代诗风,"学者逐李(攀龙)王(世贞)之臭,不知李杜之后有坡公者几乎七八十年矣"③。这七八十年间,苏轼的作品大

① 见上引早川光三郎文。
② 《阿部隆一遗稿集》二《解题篇一》,汲古书院。
③ 村濑栲亭《苏东坡绝句序》,《苏东坡绝句》,文化十四年刊。

受冷落,《胆大小心录》云:"东坡的诗集[刊于明历二年(1656)等者],纸质虽佳,书价只值五六匁(六十分之一两为一匁),然问津者乏。"①身价一落千丈,自然会影响到翻刻苏集的热情。下面所列江户时期翻刻苏集情况,虽只依据几种主要书目,网漏甚多,但也清楚地显示出 18 世纪是苏集翻刻的低潮期。

1.《(增刊校正王状元集注分类)东坡先生诗》二十五卷,《东坡纪年录》一卷,大二十七册。宋苏轼撰,王十朋等注,刘辰翁评,明历二年(1656),京都上村吉右卫门刊本。

(案:此本甚多,又长泽氏主编《和刻本汉籍文集》收入刊行,得之颇易。)

2.《新刻东坡禅喜集》九卷,宋苏轼撰,明徐长孺编,元禄二年(1689),洛阳(指京都)中野伯元刊。

3.《东坡先生诗抄》不分卷,四册,宋苏轼撰,清周之麟、柴升选。朝川鼎松井元辅校,文化三年(1806),仙台西村治右卫门等刊。

4.《东坡先生志林》,宋苏轼撰,文化六年(1809),息耕堂刊。

5.《苏长公小品》四卷,四册,明王纳谏评选,日本布川通璞校,弘化三年(1846),浪华书林河内屋茂兵卫等刊。

6.《苏文忠文抄》二十八卷,宋苏轼撰,茅坤批评,安政五年(1858),昌平黉刊。

(案:此书又有安政六年本,亦是"昌平学问所"刊本。昌平学问所是德川幕府直属的讲授中国学问的学校。)

7.《苏文忠公诗集择粹》十八卷,《目录》一卷,清查慎行原本,清纪昀评、清赵古农选,平田敬校,文久二年(1862)江户玉山堂浅仓屋久兵卫刊本。

---

① 转引自中村幸彦《汉籍的传来与和刻·和刻本》,见《日本汉学》,大修馆书店《中国文化论丛》丛书之一。

（案：此书另有文久三年[1863]江户山城屋佐兵卫等刊本。）

除了翻刻汉籍苏集外，还出版了一些由日本人整理、评选的本子，如：

1.《东坡文抄》二卷，二册，宋苏轼撰，赤松勋纂辑，文化元年（1804），江户山城屋佐兵卫等刊。

2.《苏东坡绝句》四卷，四册，宋苏轼撰，村濑修选、田能村孝宪订，文化十四年（1817），浪华书铺松根堂刊。

此一类由日人辑选的苏轼作品集，到了明治时期仍方兴未艾，如藤森大雅编《东坡策》（明治三年，1870）、中川升辑《怀宝东坡集二卷》（明治十年，1877）、森川次郎选辑《东坡诗粹》一卷《文粹》三卷（明治十四年，1881）、近藤元粹选评《苏东坡诗醇》六卷（明治四十年，1907）等，虽然明治时期已不属江户时代，但可视为江户后期宋代诗风回升的馀绪。

（原载《湘潭师范学院学报》1998 年第 2 期）

苏轼文集初传高丽考

　　"苏子文章海外闻"（高丽朝权适诗句，见徐居正《东人诗话》卷上），苏轼是位有世界性影响的大作家。据现存资料推断，早在苏轼在世时，他的文集已传入高丽。苏颂《己未九月，予赴鞫御史，闻子瞻先已被系。予昼居三院东阁，而子瞻在知杂南庑，才隔一垣，不得通音息。因作诗四篇，以为异日相遇一噱之资耳》（《苏魏公文集》卷一〇）诗中有"拟策进归中御府，文章传过带方州"句。带方，汉置带方县，以带水（今汉江）为名，故治在今平壤西南，此处即指高丽。苏颂在句下自注云："前年，高丽使者过馀杭，求市子瞻集以归。"苏颂此诗作于元丰二年（己未，1079）九月与苏轼同系御史台狱之时，自注中所言之"前年"，即熙宁十年（1077）。此年初苏轼由密州知州改赴徐州任，其时汇辑倅杭时（熙宁四年至七年）作品的《钱塘集》早已刊印，《超然集》（密州）或尚未行世，《黄楼集》（徐州）更是后话。高丽使者所购之集，似是《钱塘集》。另据《宋史》卷四八七《高丽传》谓，"往时高丽人往反皆自登州，（熙宁）七年，遣其臣金良鉴来言，欲远契丹，乞改途由明州诣阙，从之"。"九年，复遣崔思训来，命中贵人仿都亭西驿例治馆，待之寖厚，其使来者亦益多。"则苏颂自注所说的"高丽使者"，大概就是熙宁九年（1076）由崔思训所率领的使团。他们从明州登陆，往返汴京，杭州是必经之路，觅购苏轼作于杭州时的作品结集《钱塘集》也就十分自然了。

　　苏集传入朝鲜后，迅速为彼邦士人所崇奉，至高丽朝中叶，出现了"专学东坡"的局面。徐居正《东人诗话》卷上云："高丽文士专尚东坡，每及第榜出，则人曰：'三十三东坡出矣。'"因而刊印苏集也就应运而生。现可考知最早的苏集高丽刻本当是"尚州摹本"和"全州新雕本"，均见于李奎报（1168—1241）《全州牧新雕东坡文集跋尾》（《东国李相国集》卷二一）一文。李奎报是著名政治家和文学家，他的门人、全州牧崔君址"新雕"《东坡文集》，请他作跋。他先追述缘起说：

> 其摹本旧在尚州，不幸为虏兵所焚灭，了无子遗矣。完山守礼部郎中崔君址，好学乐善君子人也，闻之慨然，方有重刻之志。

"摹本"，原指临写、影写或石刻的翻刻本，此处与下文"重刻"及"新雕"相连而言，当指照原本摹制的刻本。这里的"虏兵"指蒙古兵。根据中朝两国史书记载，自高丽朝高宗十二年（1225）与蒙古断交后（《高丽史》卷二二《高宗世家》），蒙古兵曾三次入侵：第一次在高宗十八年（1231）："蒙古主以高丽杀使者，命撒礼塔（一译撒儿台）率众讨之，取四十馀城。"高丽请降（《续资治通鉴》卷一六五）。第二次在高宗十九年，蒙古以高丽朝迁都江华岛为"叛"己，再命撒礼塔入侵，不久撒礼塔即中矢而亡。因而"尚州摹本"殆毁于高宗十八年蒙古兵占领包括尚州在内的"四十馀城"之役，则其刊刻当在此年（高宗十八年，即宋理宗绍定四年）以前。

至于"全州新雕本"的刊年，李奎报跋文末署"柔兆涒滩皋月"，据《尔雅·释天》："太岁在丙曰柔兆"，"太岁在申曰涒滩"，"五月为皋"，则当在丙申五月，即高丽高宗二十三年（1236，宋理宗端平三年）五月。此年又与蒙古兵第三次入侵有关了。李奎报在上引跋文后接着说："时胡骑倏来忽往，间不容毫，州郡骚然，略无宁岁，则似若未遑于文事。而太守（指崔君址）以为古之人尚有临戎雅歌、投戈讲艺者，文之不可废如此。"说明崔君址的新雕本是在"胡骑"不断侵凌的战乱环境中诞生的。据《高丽史》卷二十三《高宗世家》所载,高宗二十三年,蒙古兵由唐兀台率领第三次入侵,渡鸭绿江,"冬十月甲午,全罗道指挥使上将军田甫龟报蒙兵至全州古阜之境",蒙古前锋已达全州。在兵荒马乱、强敌即至的形势下,仍保持出版《苏轼文集》的热情,苏轼地下有知,当会惊与喜并了。

(原载《新民晚报》1997 年 3 月 16 日)

论苏轼的高丽观

　　研究苏轼与高丽的关系,立即发现一个强烈的对比:一方面高丽文人对他推崇备至,如相国李奎报,诗学苏轼,"其豪迈之气,富赡之体,直与东坡吻合"①;大臣金富轼、金富辙兄弟,一望其名便已说明一切。另一方面,苏轼却有七篇奏议,要求朝廷禁止向高丽输出书籍,反对密切宋、高丽外交关系。这在现今韩国学者中颇有非议,是一个甚为复杂、也极敏感的话题。陈寅恪先生曾说,评论古人"应具了解之同情,方可下笔。盖古人著书立说,皆有所为而发。故其所处之环境,所受之背景,非完全明了,则其学说不易评论"②。对于苏轼的高丽观,其"是非得失"的判定,也牵涉到"环境"、"背景"等方面的因素,而"了解之同情"的态度尤是至关重要的。

一

　　先从事实真伪来判断。苏轼在元祐四年和八年,曾先后两次向朝廷呈奏六篇札子(另《乞禁商旅过外国状》一篇,作于元祐五年)。元祐四年十一月,高丽僧人寿介等五人来华,时任杭州知州的苏轼,

---

①　崔滋《补闲集》卷中,(韩)亚细亚文化社 1972 年版。
② 　《冯友兰中国哲学史上册审查报告》,《金明馆丛稿二编》第 247 页,上海古籍出版社 1980 年版。

在《论高丽进奉状》等三文中①,指出"(高丽)使者所至,图画山川,购置书籍。议者以为所得赐予,大半归之契丹",要求限期船送明州归国。元祐八年二月,高丽使者又至汴京,欲购《册府元龟》等书,苏轼时任礼部尚书,又上《论高丽买书利害札子三首》②,提出了著名的"五害说"。这两次上书,均属他职务范围内的应尽之责。他反对当时宋神宗推行的亲丽政策,主要有如下一些具体理由:(一)财政上耗资巨大。接待丽使及回赠,所费不赀;修建亭馆,民力不胜负担;对方贡品,却是"玩好无用之物"。(二)军事上泄露机密。图书文籍中涉及山川险要及边防利害,若允输出,为患不浅。(三)外交上丽、辽"阴相计构"。高丽使者"图画山川形胜,窥测虚实","终必为北虏(契丹)用";其所得宋廷赐予,必分遗契丹,乃是"借寇兵而资盗粮"。此外,高丽已为契丹藩国,其通好宋朝,恐为契丹向宋寻衅提供借口。

上述三个方面的七条理由,从是否符合事实而论,有的属实,有的失实,大都却是"事出有因,查无实据"。符合事实者如接待费用之巨大。苏轼在杭州亲自接待丽使,花费达二万四千六百馀贯,是年浙西饥荒,此款可"全活几万人矣"③。他估计每一次来使的接待费用"约十馀万贯"④。他当时给范祖禹的信中诉说道:"某衰病日侵,而使客旁午,高丽复至,公私劳弊,殆不能堪。但以连岁灾伤,不敢别乞小郡。然来年阙食之忧,未知攸济,日俟罪遣而已。"⑤其关心民瘼、珍惜民膏之情,真切动人。元丰八年,他赴任登州途中,亦亲见因建造"高丽亭馆"以准备接待丽使,大兴土木,致使"密、海二州,骚然有

_____

① 另两文为《论高丽进奉第二状》《乞令高丽僧从泉州归国状》,均见《苏轼文集》卷三〇,中华书局1986年版。
② 《苏轼文集》卷三五。
③ 《乞禁商旅过外国状》,《苏轼文集》卷三一。
④ 《论高丽买书利害札子三首》之一,《苏轼文集》卷三五。
⑤ 《答范纯夫》,《苏轼文集》卷五〇。

226

逃亡者",他于是吟咏一绝:"檐楹飞舞垣墙外,桑柘萧条斤斧馀。尽赐昆邪作奴婢,不知偿得此人无?"①以为高丽之国人即使如匈奴浑邪王之臣服西汉而归附宋朝,亦不足以抵偿如此巨耗。在不无偏执的言词中,却表现出他对靡费扰民的忧心忡忡。但他认为高丽贡品全系"玩好无用之物",则显系失实。今存高丽贡物的多份礼单,无论是品种和数量都十分惊人,并均为有价值的物品②;况且从苏轼个人来说,他也按规定接受过高丽使者的馈赠:"发私币于公卿,亦蒙见及。莫遑辞避,但切感铭。"③他当知并非"玩好无用之物"。

关于防止因图书输出而失密的问题,在当时紧张对峙的对外关系中实司空见惯。如宋辽之间就相互禁书流出。《宋会要辑稿》"刑法"二之一六载:天圣五年(1027)二月二日,中书门下上言,辽国使臣和商人"将带皇朝臣僚著撰文集印本传布往彼,其中多有论说朝廷防遏边鄙机宜事件,深不便稳"。朝廷于是颁布了相应的诏令。以后扩大为普遍施行的政策:康定元年(1040)五月,京师"无图之辈及书肆之家,多将诸色人所进边机文字,镂板鬻卖,流布于外",宋廷就此下诏:"委开封府密切根捉,许人陈告,勘鞫闻奏。"④至和二年(1055)五月,翰林学士欧阳修上言:"京师近有雕布(市)宋贤文集,其间或议论时政得失,恐传之四夷不便,乞焚毁。从之。"⑤苏轼的禁书输出高

---

① 《元丰七年,有诏京东、淮南筑高丽亭馆,密、海二州,骚然有逃亡者,明年,轼过之,叹其壮丽,留一绝云》,《苏轼诗集》卷二六,中华书局1982年版。
② 如熙宁四年宋丽复交的首次来使,所献物品繁多,有衣饰、匣盒、鞍马、垫褥、弓刀、器仗等四五十项,仅金腰带、金束带两条各重40两、30两,其他有"香油二十缸,松子二千二百斤,人参一千斤,生中布二千匹,生平布二千匹"等,见《高丽史》卷九《文宗世家》文宗二十六年条,(朝鲜)劳动新闻出版印刷所1958年6月版。
③ 《谢高丽大使土物启》,《苏轼文集》卷四六。
④ 《宋会要辑稿》"刑法"二之二四,中华书局1957年版。
⑤ 《续资治通鉴长编》卷一七九,至和二年五月甲申条,上海古籍出版社1986年影印本。

丽之议,也就不足为怪了。

至于"图画山川形胜,窥测虚实",也事出有因。不仅乃弟苏辙亦有同样言论:"高丽之人所至游观,伺察虚实,图写形胜,阴为契丹耳目。"①而且还有实例。据《梦溪笔谈》卷一三载,熙宁时"高丽入贡,所经州县,悉要地图","山川道路,形势险易,无不备载",到了扬州,这些地图被扬守陈升之赚取后"聚而焚之"。由此可见,苏轼的戒备心理并非空穴来风。苏轼又推测丽使所得宋朝赐物,"大半归之契丹",即"资盗粮"问题,也有他亲闻的消息来源。《东坡志林》卷三曾记述他听到淮东提举黄寔的反映:"见奉使高丽人言:所致赠作有假金银锭,夷人皆坼坏,使露胎素,使者甚不乐。夷云:非敢慢也,恐北虏(契丹)有觇者以为真尔。由此观之,高丽所得吾赐物,北虏盖分之矣。"苏辙甚至说:"或言契丹当遣亲信隐于高丽三节之中,高丽密分赐予,归为契丹,几半之奉。"②则在高丽使团中竟有契丹心腹暗中监视了。这些传闻,今日已无确切材料加以证实,但也无法证伪,只能疑信参半。至于通好高丽恐为契丹寻衅提供口实,但事实上并未发生,也就存而不论了。

总之,就事论事,苏轼的几条反对亲丽政策的理由,大都是信其所闻而未能完全证实,而衡之以高丽方面通好宋廷的初衷(下详),则其偏颇更为明显,丽辽"阴相计构"之类尤不免失之猜忌。有的如"耗资巨大"条虽符合实情,但也不能作为一国外交决策的主要根据。

二

那么,造成苏轼这一偏颇态度的原因是什么?

---

① 《乞裁损待高丽事件札子》,《栾城集》卷四六,四部丛刊本。
② 《乞裁损待高丽事件札子》,《栾城集》卷四六,四部丛刊本。

　　首先,不能仅仅归咎于苏轼对情况了解的不全面、不深入,归咎于他的"主观、片面"。从苏轼经历来看,按理他对高丽情况应比一般士人有较多的了解,至少不会比亲丽派官员生疏。当时几个与高丽通航的海岸城市,他大都去当过地方官。《续资治通鉴长编》卷三三九元丰六年九月庚戌条云:"天圣以前,(高丽)使由登州入;熙宁以来,皆由明州。"其原因,《宋史》卷四八七《高丽传》有交代:"往时高丽人往反皆自登州,(熙宁)七年,遣其臣金良鉴来言,欲远契丹,乞改途由明州诣阙,从之。"苏轼于元丰八年(1085)曾任登州知州,为时虽短,且当时已改用明州为主要港口,但他也接触到不少情况。他未到过明州,但两次任职于杭州,而当时高丽来船一般是由明州港经馀姚江而达于杭州的①。苏轼任职时,高丽使者祭奠杭僧净源,即走此路线。他对明州市舶司亦甚关注,在《乞禁商旅过外国状》中还特别引用了"元丰三年(1080)八月二十三日中书札子节文":"诸非广州市舶司,辄发过南蕃纲舶船,非明州市舶司而发过日本、高丽者,以违制论。"坚持宋商往高丽从事贸易,皆应由明州市舶司签发。宋时除了前期登州、后期明州为主要港口外,还有密州。据《续资治通鉴长编》卷三四一元丰六年十一月己酉条,时宋廷派遣冯景为高丽国信使,曾试探从密州"发船至高丽,比明州实近便"。后密州知州范锷向朝廷建言在板桥镇(今山东胶县)设立市舶司。据《宣和奉使高丽图经》卷二《世次》"王氏"条,元丰七年七月,宋使钱勰等即"自密之板桥航海而往"的。苏轼在《乞禁商旅过外国状》中也提到一个事实:元祐五年(1090)海商王应升欲去辽国贩卖货物,却冒称去高丽而骗取密州地方当局的"公凭":"杭州市舶司准密州关报,据临海军状申,准高丽国礼宾院牒,据泉州纲首徐成状称,有商客王应升等,冒请往高丽国

①　《西溪丛语》卷上"会稽论海潮碑"条云:"海商船舶,畏避沙淖,不由大江,惟泛馀姚小江,易舟而浮运河,达于杭、越矣。"中华书局1993年版。

公凭,却发船入大辽国买卖。"说明密州也是通往高丽的海口。朱彧《萍洲可谈》卷二也说,高丽人来华,除明州为南路外,"或至密州,则由京东陆行至京师,谓之东路",且"沿路亭传皆名高丽亭"。苏轼于熙宁末任过密州知州达三年之久,熟悉该地环境和风土人情,因而对元丰时因筑高丽亭馆造成"密、海二州,骚然有逃亡者"的情形,才会有切肤之痛。此外,福建泉州也是一个通航口岸,苏轼在《乞令高丽僧人从泉州归国状》中说:"窃闻泉州多有海舶入高丽往来买卖",高丽僧人寿介如无船从明州离境,则可"往泉州附船归国"。凡此种种,说明苏轼密切关注宋朝与高丽的交往,也说明他能从多种渠道获取高丽事务的信息。当然,他对高丽的认识受到时空条件的限制,但这种客观限制,亲丽派士人也不能例外。他对高丽的严峻和戒备态度显然不能单从认识局限上来解释。

其次,也不能仅仅归咎于苏轼具有自大自傲的"华夏意识",归咎于他的"不屑与蛮夷小邦往来之立场"。"华夷之辨"的"大一统"思想是中华传统精神的基本支柱之一。上古以"华夏"与"夷狄"对称,原指中原农耕人与周边游牧、渔猎人的区界,并形成以"华夏"为中心的世界观念:"内其国而外诸夏,内诸夏而外夷狄。"[1]这种"华夏意识",包括华夷有别、崇华贬夷、尊王攘夷以及"大一统"的"春秋大义"等一系列具体观念,在悠久的中国历史发展中产生了无法估量的作用。尤当受到外部侵凌、威胁之际,这一精神往往随之高涨,对于挽救危亡、保存国脉、增强华夏民族的凝聚力、维护中原农耕文明等,起了动员和鼓舞的作用。宋朝从立国之初开始,一直处于契丹、党项、女真、蒙古诸族连续不断的侵扰之中,因而"华夏意识"在士人心中时时被强调。《宋史》卷二〇二《艺文志一》著录《春秋》类著作达240部,

---

[1] 《春秋公羊传·成公十五年》,《十三经注疏》第 2297 页,中华书局 1980 年影印本。

2799卷,其中如孙复《春秋尊王发微》等成为宋时"尊王"说的最初代表作,影响有宋一代甚深。宋人的"华夏意识"和民族文化优越感恰恰弥补了因军事懦弱、外交妥协所造成的失意感和屈辱感,与一般的民族自大狂并不相同。苏轼也无法超越这种时代氛围,在他的奏议和诗文中也时有流露。于情于理,恐怕是应该被容许和谅解的。当然,他也有"胡孙弄人"的比拟,"夷虏性贪"的恶语,伤害民族感情,则是不必为贤者讳的。

　　然而,越出政治、经济、军事利害的考虑,对一般正常交往和文化交流,苏轼并无异议。元丰八年(1085)高丽僧统义天(文宗第四子)使华巡礼,诏令苏轼友人杨杰馆伴,往游钱塘。苏轼作《送杨杰》诗相赠,中有"三韩王子西求法,凿齿弥天两勍敌"之句,以"俊辩有高才"的东晋名僧道安喻义天,与杨杰(以习凿齿为喻)辨才相当,对他西来"求法"作了热情肯定,并无民族褊狭之心。宋廷曾拟派遣苏轼出使高丽,因故未能成行。① 但苏轼在给友人林希的信中,对林有此差遣誉为"人生一段美事":"浮沧海,观日出,使绝域(指高丽)知有林夫子,亦人生一段美事",表达了无限向往之忱;对"此本劣弟差遣,遂为老兄所挽",深表遗憾和惋惜②。林希因轻信占卜,惧怕出海风浪之险,畏而辞命③,相比之下,倒显得苏轼具有为获取对异国风情的新的人生体验而迈往勇锐的追求,就他的文化心态而言,无疑是开拓外倾的。

　　如此看来,苏轼对高丽的态度,在政治、军事、外交上确有偏颇之

---

① 见秦观《客有传朝议欲以子瞻使高丽,大臣有惜其去者,白罢之,作诗以纪其事。与莘老同赋》,《淮海集》卷八,四部丛刊本。
② 《与林子中》,《苏轼文集》卷五五。
③ 龚明之《中吴纪闻》卷二"陈龙图使高丽"条:"初,林希枢密买卜于京师,孟诊为作卦影,画紫袍金带人对大水而哭,林以为高丽之役涉瀚海,故力辞之。"上海古籍出版社1986年版。

处,而在文化交往上称得上是友善的。论及苏轼完整的高丽观,似应兼顾这两个方面。

<h2 style="text-align:center">三</h2>

要深入理解苏轼高丽观的内蕴及其偏颇的缘由,应从当时宋、辽、丽三国鼎峙外交和宋廷内政的关联上来探索。陈寅恪先生在《唐代政治史述论稿》中提出过中古史研究中"外族盛衰的连环性"的史学观点。他说:"盖中国与其所接触诸外族之盛衰兴废,常为多数外族间之连环性,而非中国与某甲族间之单独性也。"①这一多缘外交思想,对我们讨论的问题也有启发性。苏轼对高丽的态度和主张,无论为是为非,均是基于宋朝与诸外族间关系的充分考虑。也就是说,宋丽关系受制于宋、辽关系和辽、丽关系的双重变化。在当时东北亚地区,从地缘政治学的角度来看,宋、辽和战相继,互为敌国。澶渊之盟后,虽无大战,却仍处于"冷战"对峙状态。而高丽于993年被契丹征服,995年以后一直接受辽朝的册封,奉其正朔,屈居藩国,且地壤相连,与宋却沧海暌隔。在这种客观形势下,苏轼在《论高丽买书利害札子》中说:高丽必听命于契丹,"终必为北虏用。何也? 虏足以制其死命,而我不能故也"。这是苏轼的一个基本估计,他在"五害论"中所提出的种种具体理由,实皆导源于此。这个基本估计才是决定他在政治、外交上疏远高丽的最主要的原因。

要全面评价这个基本估计的是非曲直,却非单纯用事实真相如何就能简单判定的,而要联系到苏轼在奏议中未予明言的有关背景。主要是宋神宗及王安石变法派的"联丽制辽"政策。

宋廷面对东北亚三国鼎峙的形势,产生"联丽制辽"的政策构想,

---

① 《唐代政治史述论稿》第128页,三联书店1956年版。

是很自然的。在宋神宗以前或以后均有此一谋划。宋太宗太平兴国四年（979）正月，"命太子中允张洎、著作佐郎句中正使高丽，告以北伐"①，宋廷将伐辽情报通报高丽，目的自然为了争取配合，但高丽并未积极回应。庆历四年（1044），富弼上河北守御十二策，也提出联丽抗辽的建策，并具体承诺联合的条件："高丽其举兵相应，表里夹击，契丹败，则三韩之地及所得人民府库，尽归高丽。"②结果也未实现。此均在神宗以前。在其后，则元符二年（1099）丽使尹瓘回国，哲宗附敕曰"辅我中国，永为东藩"，也寄予希望③。而宋神宗时，这一意图尤为明显、热切。他在熙宁三年（1070）恢复了中断四十年的宋丽邦交后④，立即掀起了一个两国交往的高潮。他提高了接待丽使的规格，从待之如夏国使臣，进而到依辽使例，并赐赠丰厚。他说："蛮夷归附中国者固亦不少，如高丽其俗尚文，其国主颇识礼义，虽远在海外，尊事中朝，未尝少懈。朝廷赐予礼遇，皆在诸侯之右。"⑤苏辙也说：宋廷"所以遇高丽者，其比二虏（辽、西夏），多或过之"⑥。赐赠的特别优渥，实不只因"其俗尚文"、"颇识礼义"，而是看重其"尊事中朝"而别有所图。元丰三年七月，高丽户部尚书柳洪等使宋回国，宋神宗附敕八道，其一云："卿（高丽文宗）宅彼辽左，式是海东，若昔抚封，维躬保享，迪德不爽，修职有严，载披忱辞，灼见勤款，庸加褒显，以厚眷私。"⑦在褒扬言辞的背后，强调的是高丽"宅彼辽左，式是海

① 《宋史》卷四《太宗本纪》，中华书局1977年版。
② 《续资治通鉴长编》卷一五〇，庆历四年六月戊午条。
③ 《高丽史》卷一一《肃宗世家》肃宗四年条。
④ 宋、丽自天圣八年（1030）断交至熙宁三年（1070）恢复，前后中断四十年，不少史籍（如《长编》卷二三二、《玉海》卷一五四、《宋史》卷四八七《高丽传》等）均作四十三年，殆误。
⑤ 《续资治通鉴长编》卷三二三，元丰五年二月丁卯条。
⑥ 《乞裁损待高丽事件札子》，《栾城集》卷四六，四部丛刊本。
⑦ 《高丽史》卷九《文宗世家》文宗三十四年条。

东"的地理位置,对宋廷抗辽的战略地位,人们不难听出宋神宗"联丽制辽"的心声。他还投入巨大财力物力建造巨舰,以便利宋丽交通联络。徐兢说:"臣侧闻神宗皇帝遣使高丽,尝诏有司造巨舰二,一曰凌虚致远安济神舟,二曰灵飞顺济神舟,规模甚雄。"①颇有跃跃欲试、付之行动的势态。其实,早在熙宁三年宋廷讨论是否恢复宋丽邦交时,"时议者亦谓可结之(高丽)以谋契丹,帝(神宗)许焉"②。"结丽以谋契丹",这是宋神宗制定的一项重要国策。

这一政策实际上是宋神宗与王安石变法派共同制定和推行的。我们从王安石当时竭力主张对契丹采取强硬态度便可窥知。他对神宗说:"契丹无足忧者","凡卑而骄之,能而示之不能者,将以致敌也"。又说:"陛下何为忧之太过? 忧之太过,则沮怯之形见于外,是沮中国而生外敌之气也。"③

与王安石的力言用兵相反,苏轼则从早年的主张用兵,转变为此时的"以言兵为戒"。苏轼父子原以言兵闻名于世。南宋李壁《与苏洵定谥札子》云:"方时燕安,中外以兵为讳,(苏)洵独著书,极论为国之大计,与制虏之长策,皆指事切理,不为空言。"④把苏洵论兵看作他政治上的最大贡献。苏轼早年的《思治论》等与乃父一脉相承。但到熙宁时,他却一反初衷,在《上神宗皇帝书》中,提出"兵,凶器也"的大旨,声称轻易言兵,"天下殆将不安"⑤。最能说明此点的是他对唐太宗伐高丽一事的前后不同的评论。他在嘉祐六年(1061)所作的《策断》中,肯定太宗的"亲击高丽"为"争先而处强"之举,"当时群臣

---

① 徐兢《宣和奉使高丽图经》卷三四,《海道》"神舟"条,知不足斋丛书本。
② 《文献通考》卷三二五,四裔考二,高句丽。浙江古籍出版社 1988 年影印"十通"本。又见《宋史》卷四八七《高丽传》。
③ 《续资治通鉴长编》卷二六二,熙宁八年四月癸亥条。
④ 《宋会要辑稿》"礼"五八之八八。
⑤ 《上神宗皇帝书》,《苏轼文集》卷二五。

不能深明其意，以为敌国无衅而我则发之。夫为国者，使人备己，则权在我；而使己备人，则权在人"①。这种力争主动有利地位的言论，与王安石的"能而示之不能者，将以致敌也"的思路，不是完全一致吗？然而到了熙宁十年（1077）他的《代张方平谏用兵书》中，口气骤变，认为太宗"亲驾辽东"，只是"志在立功，非不得已而用。其后武氏之难，唐室凌迟，不绝如线。盖用兵之祸，物理难逃"②。袁枚曾经议论道："苏子瞻谏用兵，引唐太宗伐高丽为戒；作《策断》，则以为可法。夫言岂一端而已，夫各有所当也。"③话颇圆通模棱，其实未能揭示苏轼不同言论的不同背景。由此，苏轼对当时的"联丽制辽"的政策自然采取怀疑和反对的态度。他在奏议中尚未挑明，但在《东坡志林》的笔记中就直言不讳了；宋朝厚赐、通好高丽，"或以为异时可使牵制北虏，岂不误哉！"④苏辙则用追述的口吻，指出当年"招致"高丽，含有"犄角契丹，为用兵援助"之用意，并表示"何益于事"的失望⑤。兄弟俩所言，实关涉到在高丽问题上政见分歧的核心所在。

为了说明"联丽制辽"政策与新旧党争的纠葛与联系，我们不妨举两位建州建阳人为例。一位是陈升之。他初附王安石，得以先安石拜相，随即请免三司条例司，与王安石不和而罢相。后在熙宁八年至十年任职扬州时，遇到高丽使者入贡，"所经州县，悉要地图，所至皆造送。山川道路，形势险易，无不备载。至扬州，牒州取地图。是时丞相陈秀公（陈升之）守扬，绐使者：'欲尽见两浙所供图，仿其规模供造。'及图至，都聚而焚之，具以事闻"⑥。他的诓骗赚取，含有对

① 《策断一》，《苏轼文集》卷九。
② 《代张方平谏用兵书》，同上卷三七。
③ 《答洪稚存论吴中行》第三首，《小仓山房尺牍》卷五，《袁枚全集》第 5 册，第 98 页，江苏古籍出版社 1993 年版。
④ 《东坡志林》卷三"高丽"条，中华书局 1981 年版。
⑤ 《乞裁损待高丽事件札子》，《栾城集》卷四六，四部丛刊本。
⑥ 《梦溪笔谈校证》卷一三第 467 页，上海古籍出版社 1987 年版。

王安石亲丽政策的抵制和不满，如果他是坚定的新党，恐不会对丽使采取这种办法。

另一位是陈轩。他是苏轼《论高丽买书利害札子》中被弹劾的人物。苏轼指责他身为馆伴，帮助丽使购买"《策府元龟》、历代史及敕式"，"事事曲从"，"甚非馆伴之体"，结果他从中书舍人贬知庐州。迨及绍圣元年(1094)新党重新上台，苏轼远贬惠州，陈轩即由庐州改知杭州，三年改知江宁，元符二年又改知颍昌府，仕途顺遂。陈轩虽然并未列身新党，但他的升沉荣辱却与新旧两党对高丽政策的歧见消息暗通。

苏轼在党争中的地位总是这样：他不算旧党的首领，但常常充当旧党政见的主要代言人。论高丽问题又是如此，他是反对者中言论最系统、态度最鲜明的一位。

苏轼的奏议写于元祐四年、八年，对其是非曲直的估量，就需要对宋丽复交十多年来宋廷推行"联丽制辽"政策的效果及其前景，进行一番考察了。

在宋代士大夫中，虽然可以区分为亲丽、反丽和中立三种类型①，其间有着颇为清晰的党争分野。但是，随着时间的推移，持反对态度者的人数越来越多。且不局限于旧党人士，其原因在于经过多年的双方频繁交往，宋廷在政治、军事上得益甚微，宋丽军事联盟始终未能形成，没能实现抑制契丹的初衷，仅在文化(书籍、音乐、医药)和商业贸易上有所收获而已。曾巩在任明州知州时，已感到回赠丽使所费不赀，公帑难以支付，在《明州拟辞高丽送遗状》中提出双方交往应以"所重者礼义，所轻者货财"为原则，对高丽给予地方官吏的

---

① 　参见申采湜《苏轼的高丽观》，《中国学报》第 27 辑，1987 年，汉城。

馈赠应予辞让,这就同时能减轻宋朝回馈的负担①。这是在元丰二年(1079)。然而宋神宗未予采纳,仍于次年正月下诏:"高丽国王每朝贡,回赐浙绢万匹,须下有司估准贡物乃给,有伤事体,宜自今国王贡物不估值,回赐永为定数。"②不问来贡价值多少,一律每次回赐万匹浙绢。这可看出元丰二三年时双方交往尚处于高潮阶段。曾巩属于旧党,他对高丽的友善态度不能视作与党派观念有违,而是与当时双方外交发展阶段有关。到了元丰八年,京东转运使鲜于侁上书,他根据辖境内的种种情况,"乞止绝高丽朝贡,只许就两浙互市,不必烦扰朝廷"。然而结果是"事虽不行,然朝廷所以待高丽礼数亦杀于前云"③。这是两国关系将要降温的信号,当然与神宗是年已去世有关。正是在同一年,苏轼赴任登州途中,写了那首不满因建"高丽亭馆"而造成人民逃亡的绝句。这事即发生在同一京东地区。往后,于元祐四年、八年,才有苏轼的六篇奏议,其言论的系统、态度的鲜明也就不难理解了。我们读苏轼奏议:"臣伏见熙宁以来,高丽人屡入朝贡,至元丰之末,十六七年间,馆待赐予之费,不可胜数。"④其回顾总结的语气,说明苏轼对长达十六七年(若以写此奏议之时计,则已二十三年了)"联丽制辽"政策的利弊得失,已在作深刻的反思。苏辙也反复说道:"自其始通,及今屡至,其实何益于事? 徒使淮、浙千里,劳于供亿,京师百司,疲于应奉。""朝廷劳费不赀,而所获如此,深可惜也。"⑤苏辙所说的"今"为元祐五年,离熙宁三年复交已二十年,他看不到联丽的实际成效,只见大量帑廪滚滚付之东流,权衡利弊,得不偿失,苏轼兄弟俩的失望和不满不能说是没有道理的。

---

① 《曾巩集》卷三五,中华书局 1984 年版。
② 《宋会要辑稿》"蕃夷"七之三六。
③ 《续资治通鉴长编》卷三六一,元丰八年十一月丁酉条。
④ 《论高丽进奉状》,《苏轼文集》卷三〇。
⑤ 《乞裁损待高丽事件札子》,《栾城集》卷四六,四部丛刊本。

宋、丽军事联盟之所以未能形成,重要原因是宋朝的军事实力并未明显优于契丹,高丽自不能轻率完全倒向宋朝。早在文宗十二年(1058,宋仁宗嘉祐三年),文宗初萌复交之念,内史门下省表示反对:"国家结好北朝,边无警急,民乐其生,以此保邦,上策也。昔庚戌之岁,契丹问罪书云:'东结构于女真,西往来于宋国,是欲何谋?'又云:'其于中国,实无所资,如非永绝契丹,不宜通使宋朝。'从之。"①臣下们从地缘接近立论,认为高丽与契丹通好,"以此保邦",才是"上策";而于宋朝,"实无所资",若通使交好,则要付出"永绝契丹"的沉重代价。因而,希望高丽纳入联宋抗辽的轨道,对高丽来说,不能不是十分困难的选择。熙宁三年的宋、丽复交,从双方史书记载来看,采取主动的是宋神宗。《高丽史》卷八《文宗世家》文宗二十二年(1068,熙宁元年)七月条载:"宋人黄慎来见,言皇帝(宋神宗)召(诏)江淮、两浙、荆湖南北路都大制置发运使罗拯曰:'高丽古称君子之国,自祖宗之世,输款甚勤,暨后阻绝久矣。今闻其国主,贤王也,可遣人谕之。'于是,拯奏遣慎等来传天子之意。王悦,馆待优厚。"两年以后即文宗二十四年,宋复遣黄慎来。这才有二十五年(熙宁四年)三月,高丽"遣民官侍郎金悌奉表礼物如宋",正式复交。在《宋史·高丽传》中也有相类的记述。但苏轼在《东坡志林》卷三《高丽公案》条又云:"始因张诚一使契丹,于虏帐中见高丽人,私语本国主向慕中国之意,归而奏之,先帝(神宗)始有招徕之意。"则是高丽文宗首先向宋使发出的复交信息。这些不同记载反映出维护各自民族声望和地位的微妙立场,也预示着真要建立起军事联盟,存在着太多的未能逆料的不稳定因素。

马端临说:"高丽之臣事中朝也,盖欲慕华风而利岁赐耳;中朝

---

① 《高丽史》卷八《文宗世家》文宗十二年条。

之招徕高丽也,盖欲柔远人以饰太平耳。"①此语颇可商榷。以"柔远人"、"饰太平"来推断宋廷的动机,似未抓住要害;说高丽通好宋朝的目的是"慕华风"和"利岁赐",后者不免诬妄,对勘两国各自给予对方的馈赠,似以高丽支出为巨;前者则是千真万确的。综观宋、丽交往的全部历史,高丽始终仰慕中华文化,对引进、吸取宋朝文明不遗余力,其态度之至诚,奉礼之周到,千年后仍不免令人动容。例如高丽文宗王徽就做过这样颇堪深思的"华夏梦":"其国(高丽)与契丹为邻,每因契丹诛求,藉不能堪,国主王徽常诵《华严经》,祈生中国。一夕,忽梦至京师,备见城邑宫阙之盛,觉而慕之,乃为诗以记曰:'恶业因缘近契丹,一年朝贡几多般。移身忽到京华地,可惜中宵漏滴残。'"此段文字见于《石林诗话》卷中(又见《石林燕语》卷二)是两国复交时高丽使者告诉宋朝馆伴张诚一的,自然是表示复交的诚意;但其深层的政治心理是对宋朝文明的钦羡,也符其时日益汉化的发展趋势,这是高丽通好宋廷的一个目的。另一目的是力图在宋、辽之间采取"等距离"外交,借以摆脱契丹过重的盘剥与欺压。还在熙宁初酝酿复交时,高丽礼宾省给宋福建转运使罗拯的信中就直言不讳地说:"蕞尔平壤,迩于大辽,附之则为睦邻,疏之则为劲敌。虑边骚之弗息,蓄陆詟以靡遑。"②真实地描画出与辽国相处的两难处境。"陆詟",畏惧之义,出班固《东都赋》。"附之则为睦邻"又谈何容易!马端临记述说:"自王徽以降,虽通使于我,然受契丹封册,奉其正朔,上朝廷及他大书,盖有称甲子者。岁贡契丹至于六,而诛求不已。常云:高丽乃我奴耳,南朝何以厚待之? 辽使至其国,尤倨暴馆伴及公卿,小失意,辄行捽箠;

---

① 《文献通考》卷三二五,四裔考二,高句丽条。
② 《宋史》卷四八七《高丽传》。

闻我使至,必假他事来觇,分取赐物。"①一个民族所受的如此横蛮的暴力必然转化为抗争的动力,努力寻求摆脱"诛求"之途,转向与宋朝结好,以形成一种牵制与平衡的机制,是很自然的。但要把这种"结好"再向前跨进一步,达到军事结盟,这又是高丽所不敢为的事情。因此,从高丽的通好目的这一角度来考察,同样证明要实现宋朝"联丽制辽"的构想,其前景是十分渺茫的。

历史似乎有太多的连续性与重复性。如果我们把问题放在更长远的时段上来考量,更能对苏轼的高丽观采取"了解之同情"的态度。

北宋末年,金继辽而称雄,东北亚各国的力量对比发生新的变化。宋徽宗时,继神宗之后,出现又一次奉使高丽的高潮,但并无实际成效。钦宗即位,高丽派贺使至明州,御史胡舜陟上言:"高丽靡敝国家五十年。政和以来,人使岁至,淮、浙之间苦之。彼昔臣事契丹,今必事金国,安知不窥我虚实以报,宜止勿使来。"朝廷予以采纳②。胡舜陟是《苕溪渔隐丛话》作者胡仔之父,是位有一定战略眼光的能吏。靖康之难后他的谋建四镇之议为史家所称道。辽人马植(即赵良嗣)向宋徽宗献"结好女真,相约攻辽"之策,遂至酿成金人灭宋之祸,又是胡舜陟奏准朝廷"戮之于市"的③。他在这里强调的靡费、失密、资敌三点,均与苏轼所论前后相承。到南宋初,宋廷又有联丽制金之议。爱国将领宗泽上奏云:"遣一使泛海道入高丽,谕以元丰讲好之旧,令出兵攻金人之西。"④然而在宋廷风雨飘摇的危局下,这只是画饼之策而已。当时的高丽实动摇依违于宋、金之间,宋廷对高丽的政策基点已放在力求避免出现金、丽联

---

① 《文献通考》卷三二五,四裔考二,高句丽条。
② 《宋史》卷四八七《高丽传》。
③ 《宋史》卷四七二《赵良嗣传》。
④ 《建炎以来系年要录》卷一五,建炎二年四月条,中华书局1988年版。

合而攻宋的局面之上。《文献通考》云："高宗建炎元年(1127)五月即位,即遣胡蠡等为高丽国信使,朝廷盖忧其通金人;而金人亦以是时遣王枢持册使高丽,则亦忧其为我用也。"①宋、金双方都想争取高丽。建炎二年(1128)三月,宋高宗派两浙东路马步军副总管杨应诚为大金、高丽国信使,抵高丽后,原拟借道高丽去金国,但高丽国王王楷却拒不应允,经过六十四天的交涉,"楷终奉诏"②。可见高丽对金国的畏惧。绍兴二年(1132)十二月,高丽派知枢密院事洪彝叙等来朝,宋廷原打算把他们安排在临安府学住宿,但有大臣奏言"虽在兵间,不可无学,恐为所窥",于是"诏以法惠寺为同文馆以待之"③。均说明宋廷对高丽疑惧戒备心理的加重。以后高丽使者来宋,一般至明州而止,不去临安,以免示人以朝廷虚实,走漏机密情报④。这样,南宋初以来产生的"联丽制金"的构想彻底破灭了。四百年后的归有光在《跋高丽图经后》中对此有过评论,他在肯定地引述苏轼的元祐奏议后说:

夫高丽与辽接壤,其势不得不奉其正朔而尊事之,而略于待宋,于时中国之体亦卑矣。永祐(宋徽宗)不知丧败之已迫,区区犹事远夷。至建炎以后,事势益异,乃欲从三韩结鸡林,以夺二帝之驾。其为迂谬,真可笑也⑤。

① 《文献通考》卷三二五,四裔考二,高句丽条。
② 《建炎以来系年要录》卷一四,建炎二年三月条;卷一六,建炎二年六月条。
③ 《宋史》卷四八七《高丽传》。
④ 如绍兴六年十一月,"高丽将入贡,先遣持牒官金稚圭、刘待举来,朝廷惧其与金人为间",赐金帛财物而遣之,"于是稚圭至明州而反"(《建炎以来系年要录》卷一〇六,绍兴六年十一月条)。到了绍兴三十二年三月,高丽纲首徐德荣至明州,"言本国欲遣贺使",宋廷予以同意。但殿中侍御史吴芾进言"高丽与金人接壤,为其所役……方两国交兵,德荣之情可疑",于是宋廷又予制止(《宋史》卷一九八,绍兴三十二年三月条)。
⑤ 《震川文集》卷五,上海古籍出版社1981年版。

他把宋高宗"结鸡林以夺二帝之驾"即"联丽制金"的设想,讥之为"迂谬",为"可笑",诚哉斯言!正如西方一位哲人所言:历史往往重复,但第一次是正剧,第二次是喜剧。从宋高宗以来联丽的失败,正可反溯宋神宗时那胎死在母腹中的"联丽制辽"构想,也是一个不切实际的幻想。而以后北宋"联金灭辽"而北宋亡、南宋"联蒙灭金"而南宋亡,这些联合外援的计划,到头来,最大的受害者竟是宋朝自己!争取联合外援的策略,必得立足于自身强大的基础上。从南北宋之交以后的史实考察中,说明苏轼的高丽观有其历史的正当性。

我们再引述朴趾源的有关意见,作为本文的馀论。

朴趾源是清乾隆时来华游历的朝鲜文人,他在《热河日记》中几次与中国士人王鹄汀讨论过此一"东坡高丽公案"。对于苏轼"五害"说的具体内容,他也不完全同意:"东坡札论,未免失言,小国慕华而来,大邦何必曰利?"但从总体上却又充分理解苏轼的用心良苦:"子瞻以当时招徕高丽为失计,观其诸所记述,俱为国家深长之虑。"下面一段与钱谦益对比的议论更饶有意味:

> 苏东坡之恶高丽,则有以也。当时高丽专事契丹,而特以慕华之意,时入宋庭,中州之士,未必鉴悉素衷,或谓之窥侦朝廷者,无足怪也。且其贡路,自明州下陆,必儒臣馆伴,而其供亿之费,常亚于辽使,非与国非属藩,而每在倔强夏国之上,则当时士大夫谓之无益者固宜。……钱牧斋为东林党魁,则以鄙夷我东为清论,可胜愤惋耶?至于东国诗文,则尤为抹杀。

以下他引用钱氏《跋皇华集》文,文中指斥"东国文体平衍",要求明朝使臣不要与之"酬和"。朴氏最后说:"吾故详录之,以见牧斋毁我,异于东坡。"①苏、钱之同抑高丽,但其出发点和思想观念有异:苏轼完全从维护本国民族利益出发,一则恐被"窥侦朝廷",于国防不利;二则供应糜费,于财政负担甚重。而钱谦益却以大国优越感而"鄙夷"外族,一笔抹煞彼邦的诗歌成就,缺乏有容为大的心态。朴趾源由于时间距离效应,其感情趋于冷静沉稳,见解也通达平允得多了。

　　围绕苏轼高丽观不同意见的讨论,说明坚持学术求真求实精神,而同时又应力求打破不同民族间的心理隔阂,沟通彼此的理解,互相尊重,实现平等对话,这并不容易却又是十分重要的。在今天的国际交往中同样应该慎重对待。

(原载《文史》1999 年第 1 辑)

---

① 　以上引文,分别见《热河日记》第 445、731、748 页,朝鲜国立出版社 1956年版。

谱 学 篇

评久佚重见的施宿《东坡先生年谱》

  宋人所编苏轼年谱,今可考知者有九种①,国内流传者仅王宗稷、傅藻两种。施宿《东坡先生年谱》屡见著录,如《直斋书录解题》卷二〇云:"《注东坡集》四十二卷,《年谱》、《目录》各一卷。司谏吴兴施元之德初与吴郡顾景蕃共为之,元之子宿从而推广,且为《年谱》,以传于世。"(又见《文献通考》卷二四四《经籍考》,书名"集"改作"诗",是。馀全同)明徐献忠《吴兴掌故集》卷四《著述类》亦云:"《注东坡诗》四十二卷,《年谱》、《目录》各一卷,司谏施元之,字德初,与吴郡顾景蕃共为之。元之子宿推广为《年谱》,陆放翁序。"但此谱国内久佚。康熙时见到宋刊《施注苏诗》的邵长蘅已云"施氏谱无考"(《施注苏诗》卷首《注苏姓氏》),冯应榴亦云"施武子所为《年谱》已不传"(《苏文忠公诗合注》卷首《年谱》案语),实为苏轼研究中一大憾事。

  复旦大学顾易生教授于 1981 年 2 月去日本讲学,大阪市立大学西野贞治先生惠赠施宿《东坡先生年谱》影印本一件②。久佚古籍,重返中土,弥足珍贵,易生先生嘱为撰文,介绍这一中日学术交流的具体成果。

  原件系抄本,分卷上卷下两册,共一一四页。书前有陆游序、施宿序,后有施宿跋、日人未云叟跋。年谱正文用表格形式,分作"纪

---

① 参见《宋人所撰三苏年谱汇刊》(上海古籍出版社 1989 年版)前言。
② 此件实复印自仓田淳之助等所编《苏诗佚注》一书,1965 年 3 月日本同朋舍出版。笔者写作本文时,尚未获见。

年"、"时事"、"出处"、"诗"四栏,其中熙宁六年、七年之间缺四页,绍圣元年缺两页,其他皆完整。语涉宋帝,则空格;"惇"字缺末笔(如章惇、安惇),故知其所据底本为南宋本(宋光宗名赵惇)。

一、从施宿序、跋看《施注苏诗》

施元之、顾禧、施宿合编的《注东坡先生诗》(后称《施注苏诗》),与署名王十朋的《百家注分类东坡诗集》,是现存最早的两部重要的苏诗注本,前者编年,后者类编,各有所长,施注本尤有特色,理应并传兼行。但在清康熙以前,却是王本独行天下,施本沉晦不彰。康熙时宋荦购得宋刊施本(残本,施宿《年谱》亦缺),请邵长蘅等补缀刊刻,始得流行;但邵氏等妄改妄删,顿失宋刊原貌,为后世版本学家所诟病。近来有学者重视对施本的研究,弄清了一些问题①。施宿两篇序跋的发现,对进一步认识施本的面貌有很大的帮助。

(一)施元之稿本的成书年代。由于现存宋刊施本没有序跋,成书年代和过程无考。署名王十朋的《百家注东坡先生诗序》又未提及施注,故一般学者皆认为施本后于王本。冯应榴《苏诗合注》卷首《凡例》云:"考王梅溪之卒在乾道七年,书标王状元而不系官与谥,或更在其未卒时。施德初卒年无考,而乾道七年尚官衢州,其子武子于嘉定间始刊其父所注。若施顾注先出,集百家注本必兼采之,今并无其姓名,则杨氏所云施氏书后出,无疑也。"所说"杨氏",指杨瑄,但其所作百家注王本序实未明确断定"施氏书后出"。阮元《苏文忠公诗编注集成序》更谓施本"已较《集注》后出三十五年"。杨绍和《楹书偶录》卷五亦云:"《东坡诗》旧注,今所传者惟王氏、施氏二本。梅溪《集

---

① 参看刘尚荣《宋刊〈施顾注苏诗〉考》,见《苏轼研究专集》,《四川大学学报丛刊》第 6 辑。已收入其《苏轼著作版本论丛》(巴蜀书社,1988 年)一书。

注》成于乾道间，施顾之注，至嘉定初，德初之子宿始经刊行，已后《集注》三十馀年。"但施宿序文证明这一说法并不准确。施宿说：

> 东坡先生□（诗），有蜀人所注八家，行于世已久。先君司谏病其缺略未究，遂因闲居，随事诠释，岁久成书。然当亡恙时，未尝出以视人。后二十馀年，宿佐郡会乩（稽），始请待制陆公为之序。

这篇序文作于嘉定二年（1209）。这里首先提出，施元之是因"八家"本"缺略"而发意著书的，故仍采用"八家"本编年体例，他并未看到署名王十朋的集百家注本。关于集百家注本，《四库提要》已辨其为书坊伪托王十朋之名，以广招徕，但受到冯应榴、王文诰及今人的异议；其实，伪托说未可厚非。王十朋是高宗时状元，又是孝宗时政治舞台上的活跃人物，屡次上书，力图恢复，又历知各州，如他确在"乾道间"或更前作成《集注》，应为时人所熟知，但从现在材料来看，直至他晚年及死后三十多年间，竟无人提及此事。《庚溪诗话》卷上："今上皇帝（孝宗）尤爱其（苏轼）文。梁丞相叔子，乾道初任披垣，兼讲席。一日，内中宿直，召对。上因论文问曰：'近有赵夔等注轼诗甚详，卿见之否？'梁奏曰：'臣未之见。'上曰：'朕有之。'命内侍取以示之。至乾道末，上遂为轼御制文集叙赞，命有司与集同刊之。"孝宗在乾道初只看到"赵夔等注轼诗"，如果有王十朋注本，孝宗君臣何以不闻不知？反对"伪托说"的王文诰，也不得不承认"乾道时赵尧卿等注已陈乙览，即《八注》、《十注》合刊之证，时《百家注》未出也"（《苏诗编注集成》卷首《王施注诸家姓氏考》）。阮元也说："龟龄《集注》，实由《八注》、《十注》推广。"（《苏诗编注集成序》）此可疑者一。楼钥为胡穉所作的《简斋诗笺叙》云："少陵、东坡诗，出入万卷，书中奥篇隐帙，无不奔凑笔下。……蜀赵彦材注二诗最详，读之使人惊叹。"楼钥此序作于"绍熙壬子正月吉"，即光宗绍熙三年（1192），距王十朋之死已二十一年，尚称赵彦材所注苏诗为"最详"，足证未见百家集注本。此可疑者二。陆游与王十朋同朝,他于宁宗嘉泰二年(1202)所作《注东坡先生诗序》,又无一字提及王十朋编纂《集注》之事,而此序主旨正是阐述注苏之难,理应提及。其时距王十朋之死已三十一年。此可疑者三。今存署名王十朋的《百家注东坡先生诗序》称其"旧得公诗《八注》、《十注》",乃至"百人",而施元之却仅仅依据《八家注》来补其"缺略",如果王十朋序是真的,这也有悖情理。施元之曾主持多种典籍的刊印,是位著名出版家(见《书林清话》卷三),他又"以绝识博学名天下"(陆游语),并非孤陋寡闻的乡间冬烘。他专攻苏诗,何以只见《八注》,不见王十朋所见的《十注》乃至"百人"注呢? 施宿序文亦未提及王书,说明直到嘉定二年王书未必出现。时距王十朋之死已三十八年。此可疑者四。此外,今传世王本的最早刻本,为南宋黄善夫家塾本。此书避宋讳至"敦",亦在光宗(赵惇)之后。至于冯应榴等人反驳"伪托说"的论据,亦大都似是而非。如冯氏云:"王楙《野客丛书》已有'集注坡诗'一条;明王弇州《长公外纪》云'王十朋集诸家注';《杨升庵集》亦云'王十朋注'。则由来已久,未可竟疑其伪托矣。"(《苏诗合注》卷首《凡例》)检《野客丛书》卷二三"集注坡诗"条,其内容为驳正赵次公注和程注,所言《集注》实乃《八注》、《十注》之类,不能作为《百家集注》之证;而王世贞、杨慎已是明人,所言更不足为据。因此,伪托说不能遽断为非,今传《百家集注》本其最早刻本又在光宗之后,要断定施元之成书在《百家集注》本后,是缺乏说服力的。

其次,施宿序文还指明施元之成书的具体年代。他说,在其父成书"后二十馀年,宿佐郡会乩(稽),始请待制陆公为之序"。他请陆游作序在嘉泰二年(1202),上推"二十馀年"(以二十五年计),则施元之成书约在淳熙四年(1177)左右。据邓广铭《辛稼轩年谱》,辛弃疾任江西提点刑狱时,曾于淳熙三年弹劾施元之(时任赣州知州),施遂奉祠离职,大概即是施宿序中所谓"闲居"著书时期。又玩"岁久成书"语意(陆游序亦谓"用工深,历岁久"），则其成书当在淳熙四年之后①。这一点也是以前研究施注本时未能确定的问题。阮元《苏文忠公诗编注集成序》谓施元之"与顾禧为编年注，应在淳（熙）、绍（熙）之时"，其推测大致相近，但无论据。

（二）注文分合问题。施注本包括题下注和句中注两部分，最后完成于施元之、顾禧、施宿三人之手，但现存宋刊施本并未标明三人分注体例，清代学者多所考证，但意见分歧。或谓施元之作"书中自（句）解"，施宿作"题下小传，低数字"，即题下注（郑元庆《湖录经籍考》卷六）；或谓"诗题下小传似亦有元之注"（冯应榴《苏诗合注》卷首《翁本附录》）；或谓题下注为施元之笔，句下注为施元之、顾禧二人笔，施宿仅作"题注末补载墨迹石刻及较改同异之字，间有引证及增辑《年谱》所无"（王文诰《苏诗编注集成》卷首《王施注诸家姓氏考》）；或谓题下注为施元之笔，句下注系顾禧独为（阮元《苏诗编注集成序》）。详情参看余嘉锡《四库提要辨证》卷二二。余氏云："推勘全书体例，证以陆序，实如王氏、阮氏之言。"此说几乎成为定论。

施宿序文却证明郑元庆的说法是基本正确的。施宿说，在其父成书以后：

> 宿因陆公（游）之说，拊卷流涕，欲有以广之而未暇。自顷奉祠数年，旧春蒙召，未几汰去，杜门无事，始得从容放意其间。……故宿因先君遗绪及有感于陆公之说，反覆先生出处，考其所与酬答赓倡之人，言论风旨足以相发，与夫得之耆旧长老之传，有所援据，足裨隐轶者，各附见篇目之左；而又采之《国史》以谱其年……

---

① 陈乃乾《宋长兴施氏父子事迹考》（载《学林》第 6 辑，1941 年 4 月），定施元之卒年为淳熙元年（1174），似不确。施罢赣州任在淳熙三年，有确证，见《辛稼轩年谱》。施宿序中又说，其父"闲居""岁久成书"以后，"而先君末年所得未及笔之书者，亦尚多有"，说"末年"，则其去世当比淳熙四年更晚。

嘉泰时陆游之序仅云"司谏公（施元之）以绝识博学名天下，且用工深，历岁久，又助之以顾君景蕃之该洽"，未提施宿之名，说明其时施宿尚未对此书进行加工，亦未作《年谱》，仅是施、顾两家注的稿本。到了嘉定元年①，施宿闲居时才对此稿本作进一步补益，并作《年谱》。施序还明确指出，他的补益，"各附见篇目之左"，即题下注；内容是"纪事"："反覆先生出处，考其所与酬答赓倡之人，言论风旨足以相发，与夫得之耆旧长老之传"，即包括苏轼经历、酬唱者行实和故老传闻等，与句下注之"征典"有所分工。验之宋刊施本题下注，正是如此。阮元序云："（题下注）纪事引本集、《栾城》、史传，不载出处；（句中注）征典引经史子集外藏，悉载出处，显属二手。"这点被他看中了，但他由此而推断前者出于施元之，后者出于顾禧，却不正确。现在再来看最早著录此书的《直斋书录解题》就更清楚了："司谏吴兴施元之德初与吴郡顾景蕃共为之，元之子宿从而推广，且为《年谱》，以传于世。""从而推广"即施宿序的"有以广之"，用语一致，证明陈振孙曾寓目此序。《吴兴掌故集》却把这两句紧缩为"元之子宿推广为《年谱》"一句（《湖州府志》亦云"推广为《年谱》"），似乎施宿作《年谱》外再无其他补益，实是误改。

题下注出于施宿之手，还可从宋刊施本中找到内证。卷一三《登望谼亭》题下注："此诗墨迹乃钦宗东宫旧藏。今在曾文清家，宿尝刻石馀姚县治。"卷一六《送刘寺丞赴馀姚》题下注："刘寺丞名扱，字行甫，长兴人。……后七载，公守湖州，行甫自长兴道郡城赴馀姚，公既赋此诗，又即席作《南柯子》词为饯，首句云'山雨潇潇过'者是也。后题元丰二年五月十三日吴兴钱氏园作。今集中乃指他词为送行甫，

① 施宿序作于嘉定二年中秋，文中云"旧春"。这年十一月，施宿被起用为吉州知州，旋又罢职。《宋会要辑稿·职官》卷七四：嘉定二年"十一月二十二日，新广东提刑常褚、新知吉州施宿，并罢新任，以臣僚言褚谋身奸邪，宿邀功避事"。事与"旧春蒙召，未几汰去"相仿，惟年、月不合。

252

而此词第云湖州作,误也。真迹宿皆刻石馀姚县治。"卷二〇《次韵孔毅父久旱已而甚雨三首》题下注,记苏轼为杨道士二帖,"二帖书在蜀笺,笔画甚精,宿尝以入石云"。同卷《别子由三首兼别迟》题下注:"宿守都梁,得东平康师孟元祐二年三月刻二苏所与九帖于洛阳。"卷二四《次韵钱穆父》题下注:"钦宗在东宫时,所藏东坡帖甚富,多有宸翰签题,即位后出二十轴赐吴少宰元中,元中为曾文清妹婿,以十轴归之,今藏于元孙户部郎乐道槃。宿为馀姚,尝刻石县斋。"卷二五《玉堂栽花周正孺有诗次韵》题下注:"……宿刻此帖(指苏轼与王晋卿都尉一帖)馀姚县斋,汪端明刻此诗成都府治。"卷二七《韩康公挽词三首》题下注:"三诗墨迹精绝,宿尝刻石馀姚县斋。"这些题下注皆有"宿"自称,是为其手笔的铁证。从后面我们论及《年谱》正文时可以看到,施宿熟稔史事,对《国史》别择精严,又精于碑刻,博采传闻稗说,与题下注的全部内容正复相类,充分发挥他的专长。题下注的内容和文风基本一致,冯应榴怀疑"似亦有元之注",也是缺乏根据的。

还应说明,施宿对题下注的撰述,态度十分认真,嘉定二年后,仍在陆续增补。卷二二《任师中挽词》题下注云:任师中(任伋)"曾孙希夷字伯起,图南字伯厚,皆踵世科。伯起今为将作少监、太子侍讲"。按,《中兴东宫官寮题名》(存《永乐大典》卷二三九)"任希夷"条云:"嘉定四年正月,以宗正丞兼舍人。六月,以秘书丞升兼侍讲。六月,除著作郎,仍兼。五年十月,除将作少监,仍兼。六年正月,兼权左司郎官。十月,除秘书少监,仍兼。"(《宋会要辑稿·职官》卷七:"[嘉定]四年正月,宗正寺丞任希夷兼太子舍人。六月,以秘书丞兼侍讲。七年,以中书舍人兼右谕德。"无任将作监、侍讲时间。)任希夷,《宋史》有传,后官至端明殿学士、签书枢密院事兼权参知政事,但施宿仅云"今为将作少监、太子侍讲",不及以后官职,此"今"正施宿撰述之时。这说明迟至嘉定五年十月至六年正月,施宿的题下注仍未定稿,尚在继续订补。

前人对此书题下注评价甚高。张镃端《施注苏诗序》云："又于注题之下，务阐诗旨，引事征诗，因诗存人，使读者得以考见当日之情事，与少陵诗史同条共贯，洵乎有功玉局而度越梅溪也。"邵长蘅《注苏例言》云："《施注》佳处，每于注题之下多所发明，少或数言，多至数百言，或引事以征诗，或因诗以存人，或援此以证彼，务阐诗旨，非取泛澜，间亦可补正史之阙遗，即此一端，迥非诸家所及。"王文诰亦谓"最要是题下注事"，但他把这一成绩记在施元之的名下，未免抹煞施宿之功。

施注本注文分合问题应以郑元庆之说为胜。他是根据传是楼宋刊本（即宋荦本）而作出的判断，阮元、王文诰两人实未亲见宋刊本，故而推断失误。但郑说对顾禧的作用只字未提。今宋刊本句中注内仍有数处标明"顾禧注"。如卷二〇《橄榄》"已输崖蜜十分甜"句："（［施注］)《本草》：崖蜜，又名石蜜，别有土蜜、木蜜。……［顾禧注云］记得小说：南人夸橄榄于河东人云：此有回味。东人云：不若我枣。比至你回味，我已甜久矣。枣，一作柿。……"又如卷三四《立春日小集戏李端叔》"须烦李居士，重说后三三"句："（［施注］)延一《广清凉传》：无著禅师游五台山，见一寺，有童子延入。无著问一僧云：此处众有几何？答曰：前三三，后三三。无著无对。僧曰：既不解，速须引去。［顾禧云］此诗方叙燕游，而遽用后三三语，读者往往不知所谓，盖端叔在定武幕中，特悦营妓董九者，故用九数以为戏尔。闻其说于强行父云。"这说明当顾禧对施元之注有异议或重要补充时，才标出姓氏，其他就不作明显分别。

总上所述，施注本分注体例应该是：句中注系施元之、顾禧"共为之"，题下注为施宿手笔。鉴于题下注的重要性，应该充分肯定施宿对此书的贡献。

（三）施注本刊刻年代——所谓"嘉泰本"。宋荦在《施注苏诗序》中，称其所得原刊本为"宋嘉泰间镂板行世"之本，邵长蘅《题旧本施注苏诗》亦谓"镂板于宋嘉泰间"。以后不少学者皆因陆游于嘉泰二年为该书作序，遂定为刊刻之年。翁方纲《苏诗补注》卷八引桂馥语云："陆放翁序在嘉泰二年，此注本当刻于嘉泰初。"伍崇曜《苏诗补注跋》亦称"先生（翁方纲）旧藏苏集（即宋荦本），为宋嘉泰椠本"。此本现存台湾"中央图书馆"，其《善本书目》径以"宋嘉泰二年淮东仓司刊本"著录。近人亦多从此说。其实是不正确的。

如上所述，施宿序文作于嘉定二年，嘉定五六年尚在对题下注进行补益，而新见到的施宿跋文更作于"嘉定六年中秋日"，距陆游作序时达十一年。这都说明嘉泰时尚未刻印。刊刻的地点确在淮东仓司。郑羽在景定三年时曾取施注旧板，修补"重梓"，其跋云"坡诗多本，独淮东仓司所刊，明净端楷，为有识所赏。羽承乏于兹，暇日偶取观，汰其字之漫者大小七万一千五百七十七，计一百七十九板，命工重梓"，明言"淮东仓司所刊"。而嘉泰时施宿尚官绍兴通判。他何时任提举淮东常平司，不可确考（陈乃乾先生定于嘉定五年至七年，不知其据）。但嘉定六年他确在淮东仓司任上。是年他曾刻王顺伯《石鼓诅楚音》，并跋云："宿乘传海滨，宾朋罕至，时寻翰墨，拂洗吏尘。"末署"嘉定六年重五日吴兴施宿书"。文中"海滨"即指淮东仓司所在地泰州。章樵《石鼓文集注》云："周宣王狩于岐阳，所刻《石鼓文》十篇，近世薛尚功、郑樵各为之音释，王厚之考正而集录之，施宿又参以诸家之本，订以《石鼓》籀文真刻，寿梓于淮东仓司，其辨证训释，盖亦详备。"淮东之于施宿，正如衢州之于施元之，是他致力于刊刻文籍之地，允有注苏诗之刻。（施宿序末署"嘉定二年中秋日吴兴施宿书"，跋文末署"嘉定六年中秋日吴兴施宿书"，与《石鼓诅楚音》跋所署，格式完全一致。）另据《扬州府志》："绍兴辛巳，完颜亮寇州。（泰州）城废。开禧丙寅权守赵逢始修筑，守翁潾、何郯继之。六七年间，才甓二里馀。朝（廷）以委提举茶盐事施宿。工竣，视旧增五之一。"从开禧二年丙寅（1206），中经"六七年"，正是嘉定五、六年，足证其时施宿在任。又，据余嘉锡考证，施宿"实死于嘉定六年之冬"（《四库提要辨证》卷七,详下),即死于淮东仓司任上,施注本的刊刻当不能晚于其后。而施跋作于是年中秋,则施注本亦不能于此前刻成。据此,宋刊原本拟定名为"宋嘉定六年淮东仓司刊本"。

（四）施注本流传不广的原因。《宋会要辑稿·职官》卷七五:嘉定七年正月"二十一日,直秘阁施宿罢职与祠禄,以中书舍人范之柔言其昨任淮东运判,刻剥亭户,规图出剩,以济其私。"同书《职官》卷七六又云:嘉定"十五年十月十九日诏,施宿特与改正,追复朝请大夫,以其女(原脱)安人姜施氏自陈,故父宿昨任淮东提举日,但知尽忠报国,讨究弊源,撙节浮费,不顾怨仇,悉皆痛革,是以取怨于僚属,有忤于交承,不幸身死,谤议起于仇人,诬合倾挤。死及百日,忽(原误作勿)致臣僚论父盐政及修城事。于父死一年之后,行下抄籍,一家骨肉星散,狼狈暴露,故父灵柩,亦皆封闭,寡妻弱子无所赴愬。……去年八月内明堂赦恩,及今年正月内受宝大赦,念妾等存没衔冤,迄今九载。"根据这两条材料,参考余嘉锡的考证,排比施宿晚年及死后有关事项,作时间表如下:

嘉定六年中秋　《注东坡先生诗》开雕(据施《跋》)

六年十月间　施宿卒(据"死及百日"被劾上推)

七年正月二十一日　施宿被臣僚弹劾(据《宋会要辑稿》;与该书另一条言"身死"后被诬亦相符)

七年冬　施宿家被抄籍(据"父死一年之后,行下抄籍"推算)

十五年十月十九日　施宿改正、追复(据《宋会要辑稿》。上距七年冬,正好首尾"九载")

这说明施注本的刻印离施宿之死相距甚近,仅二三个月,施宿生前恐未必亲见此书;此书甫即竣工而全家即遭抄籍,连"灵柩亦皆封闭",刻成之书亦不免受损。而且,在施宿的罪状中,除了贪污盐款和修城款外,还直接涉及本书。周密《癸辛杂识·别集上》"施武子被劾"条云:

> 宿晚为淮东仓曹,时有故旧在言路,因书遗以番葡萄。归院相会,出以荐酒。有问知所自,憾其不已致也。劾之,无以蔽罪。宿尝以其父所注坡诗刻之仓司,有所识傅穉,字汉孺(原注:湖州人),穷乏相投,善欧书,遂俾书之,锓板,以赒其归。因摭此事,坐以赃私。

傅穉是施宿的同乡,施宿等于嘉泰二年修《嘉泰会稽志》时,傅于浙东安抚使司校正书籍,参与其事(见《嘉泰会稽志》跋末)。至此"穷乏相投"而写施注上板,施宿却因此而被弹劾治罪,施注本的厄运当亦意料中事。《四库全书总目提要》卷一五四云:"嘉泰中,宿官馀姚,尝以是书(指施注苏诗)刊版,缘是遭论罢,故传本颇稀。"指出"传本颇稀"是由于"遭论罢",是正确的,惜语焉不详,且时间和地点皆误。(施宿任馀姚知县在庆元初,见孙应时《馀姚县义役记》,嘉泰时宿任绍兴通判。)宋荦本(尚存十九卷)确是鲁殿灵光,吉光片羽,今存台湾,怀想不已[①]。

二、施《谱》正文的特点和价值

施宿《年谱》的重现,使现存宋人所作苏轼年谱增至三种。王宗稷《东坡先生年谱》,今首见于《东坡七集》本;傅藻《东坡纪年录》,首

---

① 施注嘉定原刊本,另尚存两部残本,但卷帙不多(一仅四卷,中有残缺,一仅两卷),今藏北京图书馆。按:1993 年 4 月,我有幸访问台北"中央图书馆",终于得见此"馆藏最风雅的书",十多年前之"怀想",一旦实现,忭喜何似!且已标明为"宋嘉定六年淮东仓司刊本",改正其"嘉泰本"旧说。

见于《百家注分类东坡先生诗》。王宗稷,五羊人,字伯言,绍兴中曾至黄州;傅藻,仙溪人,字荐可。其他所知皆甚少。王《谱》无序、跋,傅《录》有跋,自称其书是在段仲谋《行纪》、黄德粹《系谱》两书基础上编撰而成。施《谱》有序有跋。王宗稷虽较傅、施年长,三谱却都未互相提及,看来是各自成书的。

邵长蘅云:"五羊王氏《年谱》综其大端;仙溪傅氏《纪年》核于月日,要亦互有得失。"(《施注苏诗》卷首《年谱·跋》)施《谱》比之王《谱》、傅《录》,篇幅加多,更较详备。而其主要特点是增设"时事"一栏。施宿在序跋中两次提到"采之《国史》以谱其年",即此。此栏字数甚至与"出处"栏即记叙苏轼一生行实者,相差无几。这与他对谱主的总的认识有关。其《序》中详述苏轼在"熙宁变法之初"及至"既谪黄冈"、"元祐来归"、"绍述事起"这三个阶段的遭遇和表现,最后说:"盖先生之出处进退,天也。神宗皇帝知之而不及用,宣仁圣后用之而不能尽,与夫一时用事者能挤之死地而不能使之必死,能夺其官爵、困厄僇辱其身而不能使其言语文字不传于世,岂非天哉!"这段文字,吸取苏轼《潮州韩文公庙碑》的笔调,表达他对苏轼的总认识,也是他写作《年谱》的总纲。也就是说,他不仅为文学家苏轼谱年,更重要的是为政治家苏轼立传。因此,他主要根据王安石变法的发生、发展和失败的全过程以及新旧两党在政治舞台上的消长变化这两条线索,从《国史》中采录和组织材料,其他"时事"就略而不叙。他记叙了王安石受命变法的情况,也记叙他两次罢相的过程;记叙了各项新法始行及罢废的情况,也记叙围绕各项新法行废的斗争。尤其值得注意的,是他所加的一些案语。如熙宁三年条,在叙述各项新法始行情况后说:"按,新法之行青苗始于陕西,助役始于京东、两浙,常平则自陕西、河东始,保马保甲则自府界畿县始,市易则自秦凤始。盖自古变法者,其始皆有所疑惧不安,故试之一方一所,以验其法之可行与否也,及其主之既力而小人迎合皆以为便,始推而达之天下矣。"在王安石受到普遍谴责的南宋时代,施宿能指出新法是通过试验而渐次实施,既是从史实中得出的正确结论,也表现出可贵的史德。又如元祐四年条,在总结"元祐更化时期"的政局变动时说:"按,元祐诸贤欲革弊而不思所以自善其法,欲去小人而不免于各自为党,愤嫉太深而无和平之忞(即"气"字),攻讦已甚而乖调复之方,同异生于爱憎,可否成于好恶。朝廷之上,议论不一,差役科场,久而不定,更易烦扰,中外厌之。……故当其时,潜怀窥伺,阴谋动摇者已伏其间,而诸贤轻患忽祸,自以无它,方更相攻击不已,卒使小人藉之以为资,起而乘之,驯至大变,岂专王、吕、章、蔡之罪哉!"这段话亦颇有见地,代表当时的另一种议论。陆九渊也说:"熙宁排公(指王安石)者,大抵极诋訾之言而不折之以至理,平者未一二而激者居八九,上不足以取信于裕陵,下不足以解公之蔽,反以固其意,成其事。新法之罪,诸君子固分之矣。元祐大臣,一切更张,岂所谓无偏无党者哉?"(《象山先生全集》卷一九《荆国王文公祠堂记》)虽称新法有"罪",但新旧两党各负其咎,这在王安石被目为祸国奸佞的舆论浪潮中,不失为持平之论。这两段按语,后段与苏轼批评元祐初"专欲变熙宁之法,不复校量利害,参用所长"(《辩试馆职策问札子二首》之二)的看法,基本一致;前段却与苏轼所见不同,苏轼正是着力攻击新法为骤变、突变的。在《上神宗皇帝书》中,他指责王安石"招来新进勇锐之人,以图一切速成之效","造端宏大,民实惊疑",而主张"自可徐徐,十年之后,何事不立"。施宿对苏轼怀有深深的敬意,但并不阿私附和,以他的是非为是非,而能坚持自己独立的见解,这也是其书高出王《谱》、傅《录》之处。

施宿所采录的《国史》材料,不仅描绘出谱主活动时代的政治面貌,而且为谱主的遭遇和行为提供理解和评价的根据。正因为如此,"时事"栏的记叙虽然偏详,似不合一般年谱体例,但对谱主的认识却更有帮助。不少记叙与"出处"栏上下呼应,相得益彰。如嘉祐六年条,九月御试,详列考官姓氏,即为了更好说明苏轼是年中制举。熙宁二年至四年,详叙新法始行及其斗争过程,与苏轼其时经历紧密绾合,互为补充。其后苏轼外任,"时事"栏即相对减略,只记与苏轼有关"时事",如熙宁五年,仅记卢秉为两浙提刑,专提举盐事,因与苏轼在杭开运盐河、去湖州有关。至元丰八年,哲宗即位,政局反复,始又详记"时事",为苏轼从黄州返回的一系列"起复"、提升提供背景。尤如元祐元年的差法之争,上下两栏,互为表里,各有侧重,于勾画谱主其时行实更为明晰。绍圣元年,又详叙李清臣、邓温伯"首建绍述"之说,政局又变,于是又有苏轼的知定州、贬岭南。凡此都可看出施宿对史料别择精严、一切服从于突出谱主的"笔法"。另有不少记叙起了补充"出处"栏的作用。如熙宁七年条,苏轼知密州时,"五月,天章阁侍制李师中言:'乞召方正有道之士如司马光、苏轼、辙辈复置左右,以辅圣德。'以大言求用,责散官安置"。此条虽列"出处"栏,但说明苏轼虽处外任,仍与朝廷中的党争息息相关。

当然,《年谱》一类著作的基本要求是对谱主的家世、生平、交游、创作等作出全面而正确的介绍。施《谱》的重点不能不在"出处"栏。比之王《谱》、傅《录》确有更正确、更详明的特点。今依年序,对勘三书,先举其可供纠误之例。

(一)熙宁初年的活动。熙宁二年苏轼服父表后返京,时值王安石议行新法,苏轼卷入新旧两党之争。对这段史实的具体记载,出入很大。一是从苏辙《东坡先生墓志铭》、《宋史·苏轼传》、苏轼本集以及从王《谱》、傅《录》直至清人王文诰《苏诗总案》、近人曹树铭《东坡年表》等,都把苏轼以多篇奏疏形式开始反对王安石新法的时间,定为熙宁四年;一是李焘《续资治通鉴长编》、杨仲良《通鉴长编纪事本末》、清人谭锺麟所刊《续资治通鉴长编拾补》等及其他史书,则定为熙宁二年。黄任轲先生《苏轼论新法文字六篇年月考辨》一文(见《苏轼研究专集》、《四川大学学报丛刊》第六辑),根据史料及苏轼奏议内容,力驳"熙宁四年"之误,论据充分,似可定论。施《谱》对此所载颇详,与黄说基本一致,不仅可以助成黄说,而且有所补充和纠正。这段经历对评价苏轼关系甚大,历来年谱又都失误,故分条详列施《谱》主要内容和事件如下:

(1)熙宁二年,"春,至京师,除判官告院兼判尚书祠部。时王安石方用事,议改法度,以变风俗,知先生素不同己,故置之是官"。

按,此条向无甚大疑异。

(2)"五月,以论贡举法不当轻改召对,又为安石所不乐。"

按,此即苏轼《议学校贡举状》。《墓志铭》系统作熙宁四年,如本集作"熙宁四年正月",误。《长编》系统作二年,如《通鉴长编纪事本末》卷六二"苏轼诗狱"条云"熙宁二年五月,群臣准诏议学校贡举,力欲变改旧法,独殿中丞直史馆判官告院苏轼奏云云",是。此条及以下第七、八、九各条的具体辨证,可参见黄任轲先生文。

(3)"未几,上欲用先生修《中书条例》,安石沮之。"

按,此条诸年谱皆失载。《通鉴长编纪事本末》同上卷云:"上(神宗)曰:'欲用轼修《中书条例》。'安石曰:'轼与臣所学及议论皆异,别试以事可也。'又曰:'陛下欲修《中书条例》,大臣所不欲,小臣又不欲,今轼非肯违众以济此事者也。恐却欲为异论,沮坏此事。兼陛下用人,须是再三考察,实可用乃用之,今陛下但见轼之言,其言又未见可用,恐不宜轻用也。'亦可补诸谱之失。"

(4)"秋,为国子监考试官,以发策为安石所怒。"

按,此即苏轼《国学秋试策问》。《宋史·苏轼传》叙此事于《上皇帝书》后,则在熙宁四年;本集未列年月。黄文考定为二年八月,是。馀详下。

(5)"冬,上欲用先生修《起居注》,安石又言不可。且诬先生遭丧贩苏木入川事,遂罢不用。"

按,修《起居注》事诸年谱皆失载。《通鉴长编纪事本末》同上卷云：熙宁二年"十一月己巳，司封员外郎直史馆蔡延庆、右正言直集贤院孙觉，并同修《起居注》。上初欲用苏轼及孙觉，王安石曰：'轼岂是可奖之人？……遭父丧，韩琦等送金帛不受，却贩数船苏木入川，此事人所共知。……但方是通判资序，岂可便令修《注》？'上乃罢轼不用。"亦可补诸谱之失。

（6）"（冬），安石欲以吏事困先生，使权开封府判官。先生决断精敏，声问益振。"

按，苏轼任开封府判官时间，《墓志铭》系统均列于熙宁四年，误。黄文认为"至少（熙宁二年）八月之前"，亦与施《谱》所说"冬"季不同。黄文主要根据是《国学秋试策问》一文，此文确作于二年八月。司马光《温公日录》云此文系"轼为开封府试官"时所作，黄文因谓"当时苏轼必已担任'权开封府推官'，显然是以这个身分出来兼任'开封府试官'的"。似可商榷。"秋试"是省试以前的地区性考试，以确定参加省试的资格，亦称"发解"。熙宁二年的国子监和开封府的考试是分别举行的，直至熙宁八年以后才予合并（见《宋会要辑稿·选举》卷一五、《续通鉴长编》卷二六六、《文献通考》卷三一《选举四》等），因此苏轼这道策问，是"国学秋试"还是"开封府秋试"，两者必有一误。查《宋会要辑稿·选举》卷一九"试官"条，开封府和国子监的秋试试官皆由朝廷直接任命，大都为三馆秘阁之臣，并非开封府或国子监的现任官。尤为重要的，其熙宁二年八月十四日条又云：

> 以秘阁校理同修起居注陈襄，集贤校理王权，秘阁校理王介，安焘、李常，馆阁校勘刘攽考试开封府举人，虞部郎中陈俦监门；监察御史里行张戬，直史馆苏轼，集贤校理王汾、胡宗愈，馆阁校勘顾临考试国子监举人，比部郎中张吉监门……

这里明确指出，苏轼时以"直史馆"被任为国子监试官，并非开封府试官；当时他也未任"开封府推官"。此其一。《国学秋试策问》为《东坡七集》本《前集》原题，而《前集》据胡仔所云"乃东坡手自编者"（《苕溪渔隐丛话·后集》卷二八），若无确凿证据未可轻易怀疑。此其二。再看《长编》系统的记载。《通鉴长编纪事本末》同上卷云："初，轼为国子监考试官，时二年八月也。"时、事皆合。同卷记苏轼五月上《议学校贡举状》、神宗即日召对后，王安石与神宗的一次谈话。神宗"又言轼宜以小事试之如何？"王安石提出："轼亦非久，当作府推。"神宗则"欲用轼修《中书条例》"，却为王安石所阻，连"府推"事亦不了了之，这是五月之事。其后，十一月己巳任命蔡延庆、孙觉同修《起居注》，神宗"初欲用苏轼及孙觉"，王安石又阻之，提出："若省府推判官有阙，亦宜用。但方是通判资序，岂可便令修《注》。"结果修《注》一事固然罢用，"省府推判官"亦未落实，说明迟至十一月（或稍前）苏轼尚未接任此职。直至十二月记苏轼上《谏买浙灯状》时，其官衔上才出现"权推官"字样。这些记述前后连贯，顺理成章，毫无破绽，颇可据信。此其三。因此，施《谱》定苏轼任开封推官在熙宁二年"冬"，当属可信。《温公日录》"开封府试官"云云，不足为据；即便是实，亦不足证明时在开封府任职。

（7）"（冬），上疏论买灯事，上嘉纳之。"

按，此即苏轼《谏买浙灯状》。《墓志铭》系统作熙宁四年，如本集作"熙宁四年正月"，误。《通鉴长编纪事本末》同上卷云：熙宁二年"十二月，有中旨下开封府减价买浙灯四千馀枝，权推官殿中丞直史馆苏轼言……"施《谱》定为熙宁二年"冬"，相合。

（8）"（冬），又上疏论事，慷慨不屈。"

按，此即苏轼《上皇帝书》。《墓志铭》系统作熙宁四年，如本集作"熙宁四年正月"，误。《通鉴长编纪事本末》同上卷云："十二月……上纳其言（指《谏买浙灯状》），轼因奏书献上言曰'愿陛下结人心，厚风俗，存纪纲'。书凡七千馀言。"施《谱》定为熙宁二年"冬"，亦相合。

（9）熙宁三年"春，差充殿试编排官。时御试始用策。上议差先生为考官，安石言先生所学乖异，不可考策，乃以为编排官。先生拟对以奏"。

按，"拟对以奏"即苏轼《拟进士对御试策》。《墓志铭》叙此事于熙宁四年，本集无年月。《通鉴长编纪事本末》同上卷云："（熙宁）三年三月壬子，上御集英（殿）赐进士第，叶祖洽以阿时置第一，轼奏欲别定等第，上不许"，"又作《拟进士对御试策》"。此即苏轼写作此文的背景。施《谱》定为熙宁三年"春"，亦合。苏轼于二月另有《再上皇帝书》，施《谱》失载。此书《墓志铭》系统亦误，如本集作"熙宁四年三月"。见黄文所考。

《墓志铭》系统记载失误之由，清人张大昌曾有合理的推测，问题即出在苏辙《东坡先生墓志铭》。《墓志铭》云："服除，时熙宁二年也。王介甫用事，多所建立，公与介甫议论素异，既还朝，置之官告院。四年，介甫欲变更科举，上疑焉，使两制三馆议之，公议上……"张大昌说："若'四年'二字作'是年'，则诸书所载事迹日月无不吻合，集中于《议贡举状》以下诸奏均不作四年，恐系浅人又据《年谱》臆改之，不得其月，乃以臆断为正月也。"（《续资治通鉴长编拾补》卷四按语）"四"、"是"一字之差，遂影响到《宋史·苏轼传》、诸种《年谱》乃至本集。这个推断似可信。至于施《谱》记叙正确，则得益于他所据以采录之《国史》。据《容斋三笔》卷四"九朝国史"条，当时《国史》包括三书，一为《三朝国史》（太祖、太宗、真宗），二为《两朝国史》（仁宗、英宗），三为《四朝国史》（神宗、哲宗、徽宗、钦宗）。又据同书卷一三"四朝史志"条，记神宗等《四朝国史》，其《纪》、《传》为洪迈所作，《志》则"多出李焘之手"①。《国史》今佚，但参与其事的李焘有名著《续资治通鉴长

---

① 《国史》一书为南宋人所重。如王栐《燕翼诒谋录》，即"考之《国史》、《实录》、《宝训》、《圣政》等书"而成（见《自序》），李心传《旧闻证误》亦多据《国史》纠正其他史书之误。

编》,其熙宁初年部分虽亦残佚,但幸存于南宋人杨仲良《通鉴长编纪事本末》之中。杨书不经见,故作苏轼年谱者未采用其中材料。前面我们多引杨书比照施《谱》,若合符节,即证同出一源。《国史》系根据官方纪录编修而成,于时于事自较可靠。

弄清苏轼在熙宁初年的活动和经历,才能正确评价他对新法的态度。自宋以后的各种苏轼年谱对此所记皆误,独施《谱》记叙正确,条理详明,确实难能可贵。

(二)倅杭时赴湖问题。赵彦材(次公)注《莘老葺天庆观小园,有亭北向,道士山宗说乞名与诗》"扁舟去后花絮乱"句云:"先生自杭倅以开运盐河故至湖州,若去,乃三月矣,故曰'去后花絮乱'。"(《集注分类东坡诗》卷九)又注《赠孙莘老七绝》之二"闲送苕溪入太湖"句亦云:"先生倅杭,以开运盐河至湖。"(同上卷一五)

按,苏轼于熙宁五年十月左右开运盐河,有《汤村开运盐河雨中督役》《是日宿水陆寺寄北山清顺僧二首》等诗可证;去湖州在是年十二月,乃是为了"相度堤岸利害"。(见《东坡乌台诗案》"与湖州知州孙觉诗"条。《墨妙亭记》亦云:"是岁(五年)十二月,余以事至湖。")缘由是湖州知州孙觉因"松江隄为民患,觉易以石,高一寻有奇,长百馀里,隄下悉为良田"(《东都事略·孙觉传》)。苏轼前去视察,这与杭州附近之开运盐河无关。赵彦材以苏轼在湖留至三月,亦误,苏轼是年回杭度岁。"扁舟"句实乃预测离别后湖州之景,故下句接云"五马来时宾从非",又云"惟有道人应不忘,抱琴无语立斜晖",皆是想象日后重来时之情事。但赵注何以致误? 施《谱》提供了答案。其熙宁五年条云:"以转运司檄监视开运盐河,之湖州相度捍堤利害,又自湖之秀,盖皆用卢秉(时任两浙提刑)之说云。"原来开河、度堤虽为两件差使,却同出运司之命。赵注未加细考,遂混为一事。或据赵注,谓苏轼通判杭州时曾两次去湖,亦未确。

(三)居住雪堂问题。王宗稷《年谱》在元丰五年条云:"《后赤壁

265

赋》云：'十月既望，苏子步自雪堂，将归于临皋。'则壬戌（元丰五年）之冬未迁。而先生以甲子六月过汝，则居雪堂止年馀，由是推之，先生自临皋迁雪堂，必在壬戌之后明矣。"

按，苏轼于元丰三年二月初至黄州，居定惠院；五月，迁临皋；四年，营东坡；五年春于东坡筑雪堂。苏轼《江城子》（梦中了了醉中醒）词序云："元丰壬戌之春，余躬耕于东坡，筑雪堂居之。"既明言"居之"，何谓是年之冬"未迁"？今人或谓"其时雪堂尚未造好，故夜归临皋住宿"（《唐宋词选释》第105页），但雪堂早在是年之春落成，何谓"尚未造好"？王文诰则言苏轼"并未迁居雪堂"（《苏诗总案》卷二二），但苏轼《满庭芳》（归去来兮）词序云："元丰七年四月一日，余将去黄移汝，留别雪堂邻里二三君子。"则"邻里"二字又作何解释？施《谱》元丰四年条云："盖先生初寓居定惠院，未几迁临皋亭。后复营东坡雪堂，而处其孥于临皋。"原来雪堂作为苏轼游憩、居住或留客暂住（如巢谷、参寥等人）之所，其家眷仍住临皋。故苏轼常来往于两处，其作品中时有反映。《临江仙·夜归临皋》亦写从"夜饮东坡"而醉归临皋，与《后赤壁赋》为同一路径。其《黄泥坂词》云："出临皋而东骛兮，并丛祠而北转，走雪堂之陂陀兮，历黄泥之长坂。""余旦往而夕还兮，步徙倚而盘桓。""朝嬉黄泥之白云兮，暮宿雪堂之青烟。"则苏轼有时亦夜宿雪堂。王文诰"并未迁居"之说，亦嫌不够确切。

明乎此，有助于解决一些作品的疑异问题。如《浣溪沙》（覆块青青麦未苏）一词，傅《录》系于元丰四年，而傅幹《注坡词》残本谓词序后原有"时元丰五年也"一句。但朱彊村《东坡乐府》仍从傅《录》，不敢采用傅幹之说编年。原因大概是此词词序有云："十二月二日雨后微雪，太守徐君猷携酒见过。"而词中又有"临皋烟景世间无"句，是此词作于临皋。而一般认为苏轼于元丰五年春从临皋迁居雪堂，故定此词作于元丰四年十二月二日。其实，依据上述苏轼来往两处的情况，亦可作于元丰五年十二月二日临皋寓所。是日"雨后微雪"，道路不便,苏轼未去雪堂。傅幹,南宋人,其言当有所据,似可从。

(四)元丰八年,苏轼自登州召还,"九月,除尚书礼部郎中"。此条王《谱》失载,傅《录》却作"召为礼部员外郎"。

按,《续资治通鉴长编》卷三五七,是年六月,司马光荐苏轼;卷三五九,九月己酉"朝奉郎苏轼为礼部郎中"。苏轼于是年十二月所作《论给田募役状》自署官衔亦为"朝奉郎礼部郎中"。《东坡先生墓志铭》、《宋史·苏轼传》俱作"礼部郎中"。故知傅《录》误。

(五)元祐元年,苏轼在京,"九月,除翰林学士"。王《谱》不记月份,傅《录》却作"十月十二日"。

按,翁方纲《苏诗补注》卷七云:"《宋史·哲宗本纪》:九月丁卯,试中书舍人苏轼为翰林学士知制诰。是月丙辰朔,丁卯是九月十二日。查氏(慎行)《年表》及本卷注,皆以为十月十二日,讹。"《续资治通鉴长编》卷三八七亦作九月丁卯。查氏盖沿傅《录》之误,施《谱》不误。(但王文诰《苏诗总案》卷二七以苏轼于九月六日作《明堂赦文》,应在翰林学士任,则除命当在此以前,因列于八月条下,录以备考。)

(六)元祐二年,"八月,兼侍读"。王《谱》不记月份,傅《录》失载。

按,苏轼《辞免侍读状》:"右臣今月二十六日,准阁门告报,蒙恩除臣兼侍读者。"八月进《谢除侍读表》:"臣轼言:今月一日,蒙恩除臣兼侍读者。"是初次除命在七月二十六日,正式任命则在八月一日。施《谱》是。

(七)元祐七年,苏轼于"正月,(自颍州)移知郓州,寻改扬州"。王《谱》在正月之后记云:"已而改知扬州。"傅《录》则明云:"是月(二月)移知扬州。"翁方纲《苏诗补注》卷七云:"任天社《后山诗注》云:按《实录》,元祐七年正月辛亥,东坡自颍除知扬州。查氏《年表》据《纪年录》以为二月者非(原注:辛亥是正月二十八日)。"

按,据《续资治通鉴长编》卷四六九:是年正月,"丁未,知郓州观

267

文殿学士刘挚知大名府,知大名府资政殿学士张璪知扬州,知颍州龙图阁学士苏轼知郓州。"后因郑雍、杨畏、吴立礼言,"璪与挚皆不迁,苏轼亦改扬州(原注:轼改扬州在二十八日,今并书)。"故知苏轼自颍移扬,中经知郓一番波折。施《谱》所记,亦较王《谱》、傅《录》翔实。

(八)元祐八年,政局将变,苏轼出知定州。施《谱》记此事亦颇详且确:"是夏,御史黄庆基、董敦逸连疏论川党太盛……先生寻亦乞越州;六月,以端明翰林侍读二学士除知定州。七月,再乞越,不允。按,先生虽补外,自此至九月尚留京师,行礼部事……冬十月,到定州。"王《谱》却认为"定州之除,必在九月内矣"。傅《录》云:"是月(八月)以二学士知定州","十二月二十三日到定州"。

按,据《续资治通鉴长编》卷四八四,谓定州之除在六月:"(六月)壬申,礼部尚书端明殿学士、翰林侍读学士、左朝散郎苏轼知定州。"原注:"按,苏轼奏议八月十九日以端明侍读礼书论读汉唐正史,则六月二十六日不应已除定。又《实录》于九月十三日再书除定州,恐六月二十六日所书或误。不然,六月二十六日初除州,不行,故九月十三日再除,而《实录》不能详记所以也。当考六月八日轼乞越州,不允;七月二十四日轼又以新知定州乞改越州,诏不允。《政目》亦于二十六日书轼知定州。"所考与施《谱》吻合,故知八月、九月之说皆误。又据《朝辞赴定州论事状》,首署"元祐八年九月二十六日端明殿学士兼翰林侍读学士、左朝奉郎新知定州苏轼",又云"臣已于今月二十七日出门",故知离京在九月。苏轼到定州后,曾祭告故定州守韩琦于阅古堂,其《祭韩忠献公文》首云:"维元祐八年岁次癸酉十一月初一日乙亥,端明殿学士兼翰林侍读学士、左朝奉郎定州路安抚使兼马步军都总管知定州军州事、上轻车都尉、赐紫金鱼袋苏轼,谨以清酌庶羞之奠,昭告于魏国忠献公之灵。"故知到达定州必在十月。傅《录》作十二月,亦误。

(九)绍圣四年,"闰二月,再责授琼州别驾、昌化军安置"。王

《谱》却作"五月",傅《录》作"四月"。

按,据《宋史·哲宗本纪》,是年闰二月"甲辰,苏轼责授琼州别驾,移昌化军安置"。同日,范祖禹移宾州安置,刘安世移高州安置。又苏轼《到昌化军谢表》云:"今年四月十七日,奉被告命,责授臣琼州别驾、昌化军安置。臣寻于当月十九日起离惠州,至七月二日已至昌化军讫者。"四月十七日为惠州知州方子容亲携"告身"告知苏轼之时,亦证诏命必在其前。施《谱》作"闰二月",是。

(十)元符元年,"时先生在儋,僦官舍数椽以居止,(董)必遣人逐出;遂买地城南,为屋五间,士人畚土运甓以助之"。《东坡先生墓志铭》云:"(绍圣)四年,复以琼州别驾,安置昌化。……初僦官屋,以庇风雨,有司犹谓不可。则买地筑室,昌化士人畚土运甓以助之,为屋三间。"王《谱》引此,即谓事在绍圣四年,傅《录》同。

按,据《续资治通鉴长编》卷四九五,董必为广南西路察访,在绍圣五年(六月一日改元元符)三月;同书卷五〇八又谓元符二年四月,"诏新除工部员外郎董必送吏都与小处知州",其原因之一,乃是"差察访广西,所为多刻薄"。据此,董必逐苏轼事当在元符元年(绍圣五年)。施《谱》是。苏轼《与郑嘉会书》:"初僦官屋数间居之,即不佳,又不欲与官员相交涉,近买地起屋五间一龟头,在南污地之侧,茂木之下,亦萧然可以杜门面壁少休也。"施《谱》云"五间",亦有依据(诸谱多据《墓志铭》作"三间")。

上举可供纠误者十例,下举其详明者两例。

(一)熙宁四年,苏轼出任杭州通判。王《谱》、傅《录》皆仅言"以言事议论大不协,乞外任,除通判杭州"。施《谱》则云:"是年六月,先生乞补外,上批出与知州差遣,中书不可,拟通判颍州;上又批出改通判杭州。参知政事冯京荐先生直舍人院,上不答。"反映出神宗对苏轼的信用,并照顾其离京外任的要求,这对了解他们君臣之间的微妙关系和当时党争情况,有一定帮助。

按，据《续资治通鉴长编》卷二一四，神宗批出改通判杭州，在熙宁三年八月条；同书卷二二〇，冯京荐苏轼在熙宁四年二月条。四年六月，苏轼始赴杭。施宿将此二事补载于此。但首云"是年六月"，叙述不够严密。

（二）元丰二年，关于"乌台诗案"的记叙，施《谱》采用了《东坡乌台诗案》的大量材料，以突出此事对苏轼一生思想、创作的重要影响。还特别补充当时二位宰相对此案的不同态度："时二相吴充、王珪，充尝为先生致言于上，珪则挤之云。"

按，吴充说情，见《续资治通鉴长编》卷三〇一引《吕本中杂说》：吴充对神宗说："魏武猜忌如此，犹能容祢衡；陛下以尧舜为法，而不能容一苏轼何也？"上惊曰："朕无他意，止欲召他对狱，考核是非尔！行将放出也。"王珪挤之，见同书卷三四二："元丰中，轼系御史狱。上本无意深罪之，宰臣王珪进呈，忽言'苏轼于陛下有不臣意'。"即举其咏桧诗"根到九泉无曲处，世间唯有蛰龙知"句以陷之。（又见《石林诗话》卷上。但王巩《闻见近录》等谓此事在苏轼贬黄州之后。）

当然，施《谱》也有失误之处，如嘉祐四年条"岁除，至长安"，实在江陵度岁；熙宁四年条"十一月，到杭。时杭守沈遘"，实为沈立；元丰二年条"十二月二十六日诏责授检校尚书水部员外郎、黄州团练副使、本州安置"，实为十二月二十八日；元丰七年条"到泗，上表乞常州居住，邸吏拘微文不肯进，乃于鼓院投之"，实为到扬州之事；元符三年条"二月，先生以登极恩移廉州安置"，实为四月；同条"四月，先生以生皇子恩诏授舒州团练副使、永州居住"，实为七月，等等。这在评价施《谱》时也是需要注意的。

施《谱》的诗歌系年，也是它的重要部分。施《跋》即专就此问题而作。他说："……岁月既久，始合诸家之传以成一集，于先后有不暇深考者。今所刊本篇目次第，盖仍其旧，《年谱》虽稍加厘正，而各有所据，其间亦不能与之无异，览者当自得之。"说明其系年与一般刊本乃至《施注苏诗》有异。

冯应榴《苏诗合注》卷首《凡例》云："编年胜于分类,查本似更密于施顾本。但《后集》五家注本编年犁然不紊,施顾本每卷排次亦撮举大纲,最为得当,邵长蘅《例言》中已言之。查本细分年月,转欠审确。"这个评价是公允的。施顾本作为今存最早的完整编年诗注本,功不可灭。施《谱》诗歌编年,经与《施注苏诗》对勘,有很多不同,但大都似不正确,并非"厘正",惜不知其"所据",殊难理解,留待以后研究。

其个别诗篇系年,却较精确,但又大都与《施注苏诗》相同。如凤翔时所作《十二月十四日夜微雪,明日早往南溪小酌至晚》、《九月中曾题二小诗于南溪竹上,既而忘之,昨日再游,见而录之》两诗,查慎行、冯应榴均系于治平元年,施《谱》系于嘉祐八年,提前一年,是。因苏轼于治平元年十二月十七八日罢凤翔签判任离去(见其《与杨济甫书》:"某只十二月十七八间离岐下也。"),不大可能于十五日整日盘桓南溪,又于十六日过录《题南溪竹上》诗,且诗中对离任事一无反映。又如《司竹监烧苇园,因召都巡检柴贻勖左藏以其徒会猎园下》诗,施《谱》亦系于嘉祐八年,是。因苏辙和诗,在《栾城集》中亦编于《十二月十四日夜微雪……》和诗即《次韵子瞻南溪微雪》之次,《栾城集》为苏辙手编,当可信,但诸家注本皆误系于治平元年。又元丰三年苏轼赴黄州诗,列有"至关山《梅花》、《朱陈嫁娶图》、《宿禅智寺》、《初到黄州》"等诗。按《陈季常所蓄朱陈村嫁娶图》、《宿禅智寺》两诗,查慎行、冯应榴均系于到黄州后,施《谱》列于到黄州前,甚是。前首作于岐亭(今湖北麻城)陈慥家中,正是苏轼赴黄途中。其《岐亭五首·序》云:"元丰三年正月,余始谪黄州,至岐亭北二十五里,山上有白马青盖来迎者,则余故人陈慥季常也。为留五日。"诗即作于此时。又据《弘治黄州府志》,黄州城内无禅智寺,而岐亭至黄州间则有禅积寺,疑即禅智寺,音近而误,当为苏轼离岐亭后途中所宿,并作后一首诗。故施《谱》编年可从。又如通判杭州时所作"游孤山唱和"诸作，王《谱》根据《东坡乌台诗案》编在熙宁五年。(《东坡乌台诗案》"同李杞因猎出游孤山作诗四首"条云："熙宁五年，轼任通判杭州，于十二月内，与发运司勾当公事大理寺丞杞，因猎出游孤山，作诗四首。")施《谱》编在四年刚到杭州时。按，这四首诗即《腊日游孤山访惠勤惠思二僧》、《李杞寺丞见和前篇复用元韵答之》、《再和》、《游灵隐寺得来诗，复用前韵》。据《东坡题跋》卷三《跋文忠公送惠勤诗后》："熙宁辛亥(四年)，余出倅钱塘，过汝阴见公(欧阳修)，屡属余致谢勤。到官不及月，(其《六一泉铭·叙》云："予到官三日，访勤于孤山之下。")以腊日见勤于孤山下，则余诗所谓'孤山孤绝谁肯庐，道人有道山不孤'者也。"故施《谱》是。但在熙宁五年末，又列入《游孤山访惠勤惠思》一诗，当系误羼。

有的诗歌编年比较审慎，如查慎行《补注东坡先生编年诗》卷首《例略》中，指责施顾注本"排纂尚有舛错"时所举二例："《客位假寐》一首，凤翔所作，而入倅杭时；《次韵曹九章》一首，黄州所作，而入守湖州时。"此二诗施《谱》编年即付阙如，没有勉强硬置。因此，编年部分仍可供参考和进一步研究，但其价值不如"时事"、"出处"两栏，似可断言。

1981 年 5 月

(原载《中华文史论丛》1983 年第 3 辑)

记蓬左文库旧钞本《东坡先生年谱(外一种)》

日本名古屋市蓬左文库藏有旧钞本施宿《东坡先生年谱》等一册。此书由五个部分构成：

（一）施宿《东坡先生年谱》（全帙，并附陆游序、施宿序、跋等三文）；

（二）何抡《眉阳三苏先生年谱》（残本）；

（三）王宗稷《东坡先生年谱》（十条左右，散见各处）；

（四）傅藻（应作"藻"）《东坡纪年录》的序传部分（约七百多字）；

（五）苏轼简明年表五页，当系《四河入海》末尾所附《纪行之图》的节本。

王谱、傅录今存（前者见《东坡七集》本，后者见《百家注分类东坡先生诗》），为通常流行之本，并不罕见。施谱久佚，公元1963年仓田淳之助先生始在京都旧书肆发现，即予购藏，并在1965年影印于《苏诗佚注》，始得公之于世，引起不少研究者的重视。但《佚注》本施谱有缺页和缺字数处，而蓬左本却完整无损；何抡《年谱》虽屡见著录和称引，却已早佚，而于蓬左本中首次发现，虽非足本，仍颇珍贵。要之，这一钞本以施《谱》为主体，何《谱》亦甚重要，故拟定名为《东坡先生年谱附眉阳三苏先生年谱》，简称为《东坡先生年谱（外一种）》。

但这一重要钞本，因封面题为《东坡纪年录》，故以傅藻《东坡纪年录》著录于有的图书目录；又因施宿《东坡先生年谱》前，冠有"大全集年谱五羊王宗稷编"十一字,有的目录书籍又误认施《谱》为王宗稷所撰。这个钞本遂未被人们注意,长期沉晦不闻。

1984 年 11 月,我在东京大学伊藤漱平教授的热情帮助和陪同下,并得到其他日本朋友的提示,又蒙蓬左文库的接待,得见这一钞本。既喜施《谱》可睹全璧,复惊何《谱》重见于世,特将这一钞本的概况,钞者及其年代、钞本的构成、价值等作一记述和考辨。

一、钞本的概况、钞者及其年代

这一钞本系"骏河御让本",有"御本"图印。江户时代德川幕府第一代将军德川家康在骏府(今静冈市)设有藏书库,称为骏河文库。他于元和二年(1616)去世时,遗命将藏书分让给在尾张等地的三个儿子,尾张的德川义直得到一百七十七部,建立尾张文库。今蓬左文库就是尾张文库的后身。这些图书即称为"骏河御让本",属于蓬左文库的贵重书。

此本为线装,共 127 页,高 26.8 厘米,宽 18.1 厘米,以茶色纸为裱褙纸,装订完好。钞本最后有题款云:"应永二十七年岁次庚子春三月于龙阜之万秀山下书了。"后人在其旁又有批注:于"应永二十七年"处,批注云"离庆长七年一百八十二年";于"龙阜"处,批注云"南禅寺"。按,应永二十七年,为 1420 年;庆长七年,为 1602 年,相隔正好 182 年。故知钞本年代为 1420 年,相当于中国明永乐十八年,而为日本室町时代足利四代将军义持当政之时。

《佚注》本施《谱》和蓬左本的关系如何,钞者的情况怎样? 这对弄清施、何两谱的面貌有很大的帮助。试将《佚注》本和蓬左本对勘,从内容上看,发现两本原来同出一源,所据乃同一祖本;从笔迹上看,竟是同一钞手。

先从内容上看。大致有三种情况:

（一）《佚注》本脱误、笔误之处，蓬左本亦然。如卷首陆游序，据《渭南文集》卷十五，应作"然概不为识者所取"，"取"字两本皆误作"进"；"故云'新扫旧巢痕'"，"至如'车中有布乎'"，皆夺"旧"、"中"两字。施宿序"元祐来归，所挟益大"，两本皆无"所"字，而据施宿序文的另外两个钞件(均见宫内厅书陵部所藏《王状元集百家注分类东坡先生诗》两种的书批，一在卷九之前，一在卷十之前)，应有"所"字，文句遂通顺。施序又有"宣仁圣后用之而不能尽"句，两本皆无"不"字，而据同上宫内厅之钞件，应有"不"字，才使上下文意衔接。年谱部分嘉祐六年条，其时考官为杨畋，两本皆误作"孙畋"。元丰二年条，苏轼的诗句应为"赢得儿童语音好"，两本皆误"赢"为"嬴"。同年，"差权发遣三司度支副度陈睦录问"，"遣"应作"运"，两本皆误。元丰四年条，"诏熙河、鄜延、环庆、泾原、河东五路进兵大讨西夏"，两本皆缺"熙河"，则与下文"五路"抵牾。元祐四年条，"近日台官论奏臣罪状甚多"，两本"罪状"皆误作"罪伏"。元祐五年条诗题《次韵关景仁送红梅栽》，两本皆误作"江梅"。绍圣元年条诗题《二十五日寄馏合刷瓶与子由》，两本皆误作"镏合"。元符三年条诗题《晦夫惠琴枕接䍦》，两本皆误作"接篱"；《游南城谢氏废园用使都经钱溪韵》，两本皆误作"游北城"。最后施宿跋文云"观先生与刘沔书"，两本皆作"刘沔"，而七集本《东坡后集》卷十四却是"答刘沔都曹书"，作"沔"非是。这类事例还有很多，说明《佚注》本和蓬左本实同出一源。

此外，还有一些情况可以助证此点。

（1）是缺笔。如两本皆以"惇"字缺末笔(各十多处)。

（2）是补改。如元祐七年条在"诗"栏上面补写《滕达道挽词》一题，当系钞者发现脱漏而自己补写的。而此题正是《佚注》本所原有，补写以后，两本才能一致。

（3）是都用同一假借字。钞者喜用假借字，不少字写法相同。如元祐二年条"赐筵并赐御书"，前一"赐"字皆作"锡"，后一"赐"字却同作"赐"。熙宁四年条"始颁募役法",两本皆作"始敆",等等。

从两本误异情况的惊人相同来看,只能说明它们为同一祖本所出。

(二)《佚注》本不误,蓬左本讹误者。这种情况甚为严重,比比皆是。

(1)是错字。如卷首陆游序"韩、曾二相",误作"韩、鲁"。施宿序"可以油然",误作"不以"。年谱部分熙宁元年条,"劝上以更法度",误成"勤上"。熙宁二年条,"安石又言不可,且诬先生遭丧贩苏木入川事,遂罢不用"句,不仅误"贩"为"败",而且重出"不可且诬"以下等十五字,熙宁三年条"仍旧职",误作"仍旧赋","未几"误作"未成","昭文相"误作"照文相",也重出"十月翰林学士使之"等八字。熙宁四年条,"又增定之",误"之"为"日","试为四场",误"试"为"诚"。

(2)是脱字。如陆游序脱去"尝"、"之"、"能"三字。施宿序"始请待制陆公为之序。而序文所载……",脱去"而序"两字。嘉祐三年条出处栏,脱去"先生居忧"四字。嘉祐六年条,不仅脱去"六年辛丑"四字的纪年,而且漏掉《郑州西门外别子由》等四首诗的系年。

(3)是错简。如元祐三年条,宣仁太后与苏轼对话一段,应在"出处"栏,却羼入"时事"栏;而《夜直玉堂读李之仪诗卷》等诗题,又钞在"出处"栏。元祐五年条,"先生在杭州,浚西湖"云云,应是五年之事,却错置于四年之末;《上元次韵刘景文路分》等三首诗应是元祐六年时所作,却又错置于五年之末。绍圣二年所作《同正辅戏作》等九首诗,亦误钞入三年之初。这些错简之处,在《佚注》本中皆不误。

(4)是涂改。熙宁八年"诗"栏,《孔长源挽辞》抄写两遍,自行抹去其一,元丰元年《次韵王巩留别》也是如此。元丰二年条,"且去",

自改正为"且云";"贫昏",自改正为"贫民"。元丰三年条,《游子由古律》,自改正为《迎子由古律》。元丰五年条,《送酒歌》,自改正为《蜜酒歌》等。

以上四类情况,《佚注》本中是罕见的,而蓬左本却是大量、普遍的。这说明蓬左本书写比较草率,《佚注》本则是认真书写的正式钞本。因此,我们在整理施宿《东坡先生年谱》时,应选择《佚注》本为底本,较为恰当。

(三)《佚注》本或误或脱,而蓬左本不误不脱者。这为整理一本完整的施《谱》提供了重要的珍贵材料,我将在下文详细论及。

再从笔迹上看。蓬左本为草本、《佚注》本为正式钞本的情况,在两本的墨迹上也充分表现出来:前者字迹潦草,后者工整端方。但是,细审笔画意趣,竟出同一钞者之手。试以陆游、施宿两序为例,进行对照如下:

蓬左本	佚註本	蓬左本	佚註本	蓬左本	佚註本	蓬左本	佚註本	蓬左本	佚註本
建中	建中	凶致書諸生	已致書諸生	足下當作一書發明東坡之意	足下當作一書發明東坡之意	頗極詳贍	頗稱詳贍	真述高戒作歌	真述高戒作歌
恐不過如此	恐不過如此	收用	收用			閎博指趣深遠	閎博指趣深遠	釋漢以	釋漢以
								讀者而進	識者而進

《东坡先生年谱》蓬左本、《佚注》本笔迹对照

两两对勘，笔意全同。这类笔意相同的例子，在年谱正文部分也是容易取证的，特别是一些具有个人特点的手写体，更能证明。限于篇幅，不再列举。

由此可知，两本乃同一钞手，因而前述两本同出一源的情况，也就不难理解了。我们已知蓬左本在应永二十七年钞于南禅寺，《佚注》本殆亦同时同地（即使不钞于同一年，也不会相去太远）。小川环树先生在《苏诗佚注·凡例》中曾说，仓田先生所得之施《谱》，"审其字体书法，当是四五百年外物，则无可疑矣"。从1420年至1963年，相距逾五百年，所论极为允当。

《佚注》本施《谱》后有京都东福寺大机院住持未云叟的跋文，谓此钞本乃"善惠轩常住物也"。善惠轩常住指彭叔守仙（1490—

278

1555），他创建善惠轩于东福寺。那么，两部施《谱》同钞于南禅寺，《佚注》本因何流传到东福寺呢？上村观光所编《五山诗僧传·彭叔守仙》中云：

> 天文七年五月廿一日东福寺に视篆し、住すること十年、天文十六年五月七日帖き赐ふて南禅寺に升住す。后に东福の山内に善慧轩を创して第一世となり、……（译文：天文七年五月廿一日"视篆"［担任住持之意］东福寺，修行十年。天文十六年五月七日奉命升任为南禅寺住持。后在东福山中创立善慧轩，为开山祖师。……）

彭叔守仙曾于天文七年（1538）五月二十一日起为东福寺住持十年，又于天文十六年（1547）五月七日升任南禅寺住持，后又返东福寺创建善慧（同"惠"）轩为第一世。据此，我们不妨暂作如下的推测：《佚注》本施《谱》可能是由彭叔守仙从南禅寺携至东福寺善惠轩的。

二、钞 本 的 构 成

前已提及，这个钞本由五部分构成：傅藻《东坡纪年录》的序传部分、苏轼纪行的年表在前，都独立成篇；施、何、王三谱在后，却错综并出，互相混杂。书写方式大致是：陆序、施序之后，先列《眉阳三苏先生年谱》，顶格钞写，低两格署"左朝请大夫权发遣成都府路提点刑狱公事何抡编"，次行以"真宗皇帝大中祥符二年己酉"列目，即从老苏生年开始记叙其生平事迹，但至景祐三年、施《谱》开始（苏轼生是年）以后，何《谱》文字，一部分钞在书眉（书眉中又有部分王《谱》文字），一部分混入施《谱》的"纪年"、"时事"、"出处"、"诗"四栏，直至建中靖国元年苏轼死、施《谱》毕。再列以"崇宁元年壬午"之目，记载苏辙事迹，直至政和八年苏辙病卒。后有何抡对苏辙的评赞及跋文。最后以施宿跋文结束全书。

鉴于何抡《年谱》已佚，我认为应从这个钞本中辑出何《谱》文字。景祐三年以前、建中靖国元年以后的这两部分文字，属于何《谱》，显而易见；书写在施《谱》眉端的文字，除去属于王《谱》者外（这较易辨认），也应是何《谱》的内容，这都不成问题。问题在于混入施《谱》四栏的文字，如何辨识何者为施《谱》、何者为何《谱》呢？

第一，凡是与《佚注》本相同的文字，应是施《谱》的内容。这是最简单也是最可靠的证据。但也有个别例外（见后）。

第二，何《谱》有特殊的行文格式，即大都在叙事以后加"按"或"见"，说明出处；施《谱》有时也加"按"，却大都发表施宿本人的见解。如何《谱》第一条大中祥符二年下云："老苏先生生于是年。按，欧阳文忠公作公'墓志'云：'以病卒，实治平三年，享年五十有八。'今以年数考之，则知公为己酉生也。"而施《谱》的"按"语，如熙宁三年、元祐四年等条，都是议论性文字。根据这一标准，如庆历二年"出处"栏有云："先生七岁已知读书。按，公上韩魏公及梅直讲书云：'自七八岁时知读书。'"皇祐四年云："先生十七，与刘仲达往来于眉山，见《满庭芳词序》。"这两条不见《佚注》本，其行文格式又不类施《谱》，故知为何《谱》混入施《谱》者。

第三，何《谱》逐年记载谱主年岁，《佚注》、蓬左两本施《谱》不载。蓬左本治平三年条，突然在"纪年"栏旁注"三十一岁"字样，足证施《谱》本文必无。《佚注》本绍圣元年条，在"先生在惠州"之下，别有小字注云"六十一岁"；元符元年条，在"先生在儋"之下，也有小字注"公年六十四"。既用小字，可知非施《谱》本文，乃钞者临时所加。由此可以推知，《佚注》本最后（建中靖国元年）"出处"栏正文有"公年六十六"的字样，但蓬左本恰恰没有这五个字，说明这也是钞者所加。这是在整理施《谱》时应加注意的。（但《四河入海》在引述施《谱》时，在

"纪年"之下必有"先生×××(岁)"之语,故我们整理施《谱》时也可考虑加入;《佚注》、蓬左两本加于其他地方的"年岁",则都应删去。)要之,蓬左本中凡遇加年岁之文,一般均属何《谱》。

第四,蓬左本施《谱》"出处"栏出现不少有关苏辙事迹的文字,这些文字又是《佚注》本所没有的,也可认定为何《谱》内容。如熙宁十年条云:"子由年三十九。改著作佐郎,复从张文定签书南京判官,秋末到任。按,公《逍遥堂会宿序》:'熙宁十年二月,与子瞻会于澶濮之间,相从来徐,留百馀日。'以初秋自徐赴南京,至秋末始到任。"这里称苏辙为"公",显非施《谱》文字。(《四河入海》卷一之二、卷一六之四、卷一八之一共三处亦引此段,明云出于何抡《三苏年谱》,更可证实。)又如元祐七年"出处"栏云:"颍滨年五十四,除门下侍郎,复蒙郊恩特加护军追封开国伯,食邑五百户、实封二百户。"而"时事"栏也加有与此大致相同的文字,说明两段文字都非施《谱》之文,应属何《谱》。

依照上述四条标准,就可把混入施《谱》中的何《谱》文字爬梳钩稽出来。我已从蓬左本中辑得何《谱》四五千字左右。

三、钞本的价值之一 ——施《谱》的完善

这一旧钞本首先为整理一部完整的施宿《东坡先生年谱》提供了宝贵的资料。《佚注》本施《谱》发现以来,不少研究者指出,它比之南宋时另外两种现存的苏谱,即王《谱》、傅《录》,价值为高。近来又有学者致力于宋刊《施顾注东坡先生诗》一书的复原工作(今存四部残本),而施《谱》又是这部早期重要苏诗注本的组成部分(见《直斋书录解题》卷二〇),因此,施顾注本的完全复原也有赖于一部完整无缺的施《谱》。但《佚注》本施《谱》不全,蓬左本正具有补缺、勘误之功。

(一)补全缺页。《佚注》本在熙宁六、七年之间缺四页,又在绍圣元、二年之间缺两页。具体说来,熙宁六年缺"时事"栏后半部分

126 字,"诗"栏 44 首诗题;熙宁七年缺"纪年"栏四字,以及"时事"、"出处"两栏前半部分 22 字,"诗"栏两首诗题;绍圣元年缺"时事"栏后半部分 65 字,"诗"栏 24 首诗题;绍圣二年缺"纪年"栏四字以及"时事"、"出处"两栏前半部分 34 字,"诗"栏三首诗题。总计共补字 254 字,补诗歌系年 73 首,这对恢复施《谱》面貌起了决定性的作用。

（二）补全缺字。《佚注》本有不少缺字,有的可据史书、别集等其他文献补出,有的则无他法。如施宿序有句云:"而皓首烟瘴,岿然独存,为时□人",或臆补为"伟人",今据蓬左本乃知为"天人";同序文云:"□新法罢行之目,列于其上,而系以诗之先后,庶几□者知先生自始出仕……"前一缺字,《佚注》本仅存半边,今据蓬左本知为"取"字,后一缺字知为"观"字,此句才得读通。年谱部分元丰五年"出处"栏云:"客有李委者□吹笛",元祐三年"出处"栏云:"先生知不见容□求去",今知各为"善"和"益"字。

（三）校正误字。此例甚多,姑举十例列表如下,以见一斑:

	《佚 注》本	蓬 左 本
陆游序	后二十五年,游告老居山阴泽中。	后二十五六年,游告老居山阴泽中。
施宿序	宿佐郡会乩	宿佐郡会稽
嘉祐八年	《记吴道开元寺子画》	《记吴道子开元寺画》
熙宁五年	卢策为两浙提刑	卢秉为两浙提刑
熙宁五年	《次韵子由柳湖久涸有水、开元山茶盛开》	《次韵子由柳湖久涸有水、开元寺山茶盛开》
熙宁五年	《天庆观北向寺》	《天庆观北向亭》
元丰五年	《访陈季常再和"汁"字韵》	《访陈季常再和"汗"字韵》

续　表

	《佚　注》　本	蓬　左　本
元丰八年	《遗直堂》	《遗直坊》
元祐元年	不支依青苗钱	不支佽青苗钱
绍圣四年	李清臣罢,以姑之子由嗣宗指斥伏诛故也。	李清臣罢,以姑之子曰嗣宗指斥伏诛故也。

　　(四)补充内容。蓬左本有个别地方比《佚注》本文字稍详。如元丰三年"出处"栏,"二月,至黄州"下多出"寓定惠院"四字;元丰四年条"先生在黄州"下多出"寓临皋亭"四字。这就跟下文施宿所云"盖先生初寓居定惠院,未几迁临皋亭",文气一贯,应是施《谱》原文所有。《佚注》本元丰三年条还引苏轼《上文潞公书》的"事定重复寻理"句,蓬左本作"比事定,重复寻理",检之《上文潞公书》(七集本《东坡前集》卷二九),正有"比"字。又如元祐三年条引苏轼与宣仁太后的对话:太后问他因何近年升官,"先生曰:'遭遇陛下。'"蓬左本多出"与官家"三字。当时皇帝哲宗在场,下文"太皇太后与上、左右皆泣"可证,苏轼答话理应提到"官家"。《宋史》卷三三八、《东都事略》卷九三上的《苏轼传》均作"遭遇太皇太后、皇帝陛下",《续资治通鉴长编》卷四〇九先云"遭遇陛下",但太后回答"不关老身事"后,苏轼又补上"必是出自官家",故知蓬左本作"遭遇陛下与官家",甚是。另外,蓬左本于嘉祐时自荆州赴京途中诗,补《阮籍啸台》,元祐元年条补《次韵李修孺留别》等诗的系年,所补也是正确的。

　　总之,由于蓬左本所提供的新材料,再参考其他资料(《四河入海》提及施《谱》达二百处左右,可供参酌;施宿序文,可参校宫内厅书陵部《集百家分类注苏诗》本的两种书批等),我们已具备足够的条件,整理出完整的施宿《东坡先生年谱》,使这一元明清以来久佚的重要年谱得以本来面目重见于世。

四、钞本的价值之二——何《谱》的辑佚

蓬左本的另一重要价值在于何抡《眉阳三苏先生年谱》的发现。何抡,《宋史》无传。陈骙《南宋馆阁录》卷七,在秘书省"少监"条云:"何抡,字抡仲,青城人。何涣榜上舍及第。(绍兴)八年八月自著作郎除。是月知邛州。"蓬左本何抡跋文自署"永康□何抡"。按,此处缺字补全应为"永康军",宋置,在今四川灌县;陈骙说他是青城人,也在今灌县,故知为同一个人。又据《宋历科状元录》,何涣为宣和三年进士第一,则知何抡亦同年中进士。又据胡寅《斐然集》卷一三所作何抡除著作佐郎制《何抡著作》,有云:"以尔殚见洽闻,词藻清丽,召自西蜀,入直东观。"而蓬左本卷首又有"左朝请大夫权发遣成都府路提点刑狱公事何抡"的署名,可知他是由成都府路提点刑狱调任为著作佐郎,进而为秘书省少监,又出为邛州知州的。

在蓬左本中,有何抡跋文说:

> 苏氏父子俱以文章显,其集("集"字原残)虽盛行而年谱不传,使士大夫无以考信其事业之出处,良可叹惜。余顷官成都,行部至眉,访诸故老,得其家传,三复玩味,喜其所载事迹,皆有岁月可知,乃类而编之,为《三苏年谱》。凡所记事,必广援引以为之证,非惟有益于其文,至于忠义慷慨之节,终始出处之致,历历可见,如以灯取影,以镜求形,有不容遁匿者。

这段话说明:

(一)何抡自认为是第一个为苏氏父子作年谱的人。这点大致可信。从上述简单生平来看,他作此谱在成都府路提点刑狱任上,早在绍兴八年八月任秘书省少监之前。今存苏轼年谱的宋代作者大都

生平不能详知,但年代似都比何抡要晚。王宗稷绍兴中曾至黄州,施宿更是孝宗、宁宗时人。另一《三苏年表》的作者孙汝听(今仅存《苏颍滨年表》一卷),据《直斋书录解题》卷一七云,曾任"奉议郎","当是蜀人,叙蜀甚详"。何抡亦蜀产而不提及孙,孙殆亦晚于何。

(二) 他的年谱得力于苏氏"家传",材料应较可靠。

(三) 他的编撰原则是"凡所记事,必广援引以为之证",重视实证的方法。验之谱文,大都如此(加"按"、"见"等说明材料出处)。

最早著录何氏此谱的是《郡斋读书志·附志》。其中说:"《三苏先生年谱》一卷,左朝请大夫权发遣成都府路提点刑狱公事何棆编。"与蓬左本所署一致。但"棆"应作"抡"。(《四河入海》大都称何棆,惟卷三之四《登州孙氏松堂》诗下称"永康何抡《三苏年谱》",卷五之一《答径山长老》下亦称"何抡《三苏年谱》"。)

南宋郎晔于光宗时所编注的《经进东坡文集事略》,也引述何《谱》。卷一《后杞菊赋序》注云:"何抡《年谱》云:东坡年四十,在密州任。按,公《后杞菊赋序》云:'余仕宦十有九年,家日益贫,移守胶西。'公以丁酉年登第,至乙卯恰十九年矣。"此条蓬左本失载。郎晔此书另又提到《年谱》四处:一为卷五六《江行唱和集叙》,他在驳《邵氏闻见后录》时说:"以《年谱》考之,嘉祐四年己亥,老泉年五十一,舟行适楚,二子皆侍行……"此虽非正式引用谱文,但"舟行适楚,二子皆侍行"恰为蓬左本所有,一字不爽。二为卷二六《杭州谢表》注引:"《年谱》云:'元祐四年,东坡年五十四,任翰林学士,言事忤时宰意,奏乞外补,遂有杭州之命。'"除"遂有杭州之命"一句外,其他文字也与蓬左本一致(蓬左本末句作"奏补乞外")。三为卷三四《乞开西湖状》注,四为卷二六《扬州谢表》注,皆系撮述《年谱》大意,但所述大都为蓬左本所有。从郎晔所引五条来看:

(一) 是证明蓬左本确为何抡《年谱》。

(二) 是说明蓬左本只保留了部分何《谱》,并非全帙。

更能直接证明这两点的是日本室町时代成书的《四河入海》。它提到何抡《三苏年谱》达五十多处,与蓬左本相同者二十条左右,可补其缺者三十条左右。《四河入海》卷首有《眉山先生纪年之歌》一首,七言六十四句,共四百四十八字,综述苏轼一生行迹,简明扼要。此歌系五山诗僧天章澄彧(号呆庵)(1377—?)所作。《天下白》的编者万里集九(1428—?)曾为之逐句作注,则见于《四河入海》之末。万里集九并指出:"此纪年歌以何抡《三苏年谱》为起本",即是依据何《谱》为蓝本而作,可以看出何《谱》在五山诗僧们心目中的地位。

从蓬左本、郎晔《经进东坡文集事略》、《四河入海》中可以辑得何谱七八千字。但离全帙仍相差尚多,因此我们还不能对它作出全面的评价。但从已经辑录的内容来看,仍有不少值得重视之处。特别是它跟王、傅、施诸谱颇多异同,有助于对苏氏父子的行实,进行更深入的研究,作出更确切的结论。现举相异之例十二条如下:

	事 项	何 谱	王 谱	傅 录	施 谱
一	苏轼赴凤翔任	嘉祐六年辛丑冬十二月先生赴凤翔任	十二月赴凤翔任	冬赴凤翔任,十一月十九日与子由别于郑西门之外,作诗	冬十一月,先生之官凤翔
二	苏轼凤翔罢还	治平二年乙巳在凤翔任,罢还	二年自凤翔罢任	治平元年冬,任满还京	治平元年十二月,先生自凤翔代还。二年二月,至京师
三	苏洵下葬	治平四年以十月壬申葬老苏于彭山之安镇乡可龙里	以八月壬辰葬老苏于眉州	不记此事	不记此事

	事　项	何　谱	王　谱	傅　录	施　谱
四	苏轼赴徐州任	熙宁十年在密州任,就差知河中府,未到,改知徐州。四月,赴徐州任	四月赴徐州任	熙宁九年十二月移知徐州。次年五月到徐州	熙宁九年九月,诏移知河中府。十一月发高密。熙宁十年五月,到徐
五	苏轼到湖州任	元丰二年四月二十一日	四月二十九日到湖州任	四月二十日到湖州	四月至湖
六	苏轼得旨责授黄州	元丰二年十二月二十九日	十二月二十九日	十二月二十四日得旨责检校尚书水部员外郎、黄州团练副使、本州安置。二十九日受敕	元丰二年十二月二十六日诏责授检校尚书水部员外郎、黄州团练副使、本州安置
七	苏轼得旨自黄移汝	元丰七年,先生年四十九,三月量移汝州	四月乃有量移汝州之命	正月二十五日特授汝州团练副使、本州安置	元丰七年正月,可移汝州团练副使、本州安置。四月发黄州
八	苏轼以七品服入侍延和,即改赐银绯	元祐元年丙寅	元祐元年丙寅	元丰八年十二月	不记此事
九	苏轼赴定州	按公(元祐八年)九月十四雨中示子由诗云:"去年秋雨时,我自庐山归;今年中山去,白首归无期。"以此推之,则公之出守定州,必是九月	盖定州之除,必在九月内矣	八月以二学士知定州	元祐八年六月,以端明殿翰林侍读二学士除知定州。九月尚留京师,行礼部事。冬十月,到定州

续　表

	事　项	何　谱	王　谱	傅　录	施　谱
十	苏轼到惠州	（绍圣元年）十月三日至惠州	以十月三日到惠州	十月二日到惠州	冬十月，到惠州
十一	苏轼责授琼州别驾、昌化军安置	（绍圣四年）五月再责琼州别驾、昌化军安置	五月先生责授琼州别驾、昌化军安置	四月被命	闰二月，再责授琼州别驾、昌化军安置
十二	苏辙卒年	政和八年戊戌，年八十，以病卒于颍川	王、傅、施三谱皆不记此事		

以上十二例中，有四种情况：

（一）何《谱》是、他谱误者。

如第二条，据苏轼《与杨济甫书》（七集本《东坡续集》卷四），他于治平元年十二月十七八日离凤翔，又据苏辙为苏轼所作《墓志铭》，应于治平二年始还京，何、王、施三谱是，傅录误。

又如第三条关于苏洵葬时，王谱定为治平四年八月壬辰，大概依据张方平《文安先生墓表》："明年（治平四年）八月壬辰葬于眉州彭山县安镇乡可龙里。"何《谱》定为十月壬申，大概依据欧阳修《故霸州文安县主簿苏君（洵）墓志铭》："治平四年十月壬申葬于彭山之安镇乡可龙里。"（孙汝听《苏颍滨年表》亦主此说）查治平四年八月丁未朔，无"壬辰"，故应以何《谱》所记为是。十月壬申为十月二十七日。

又第四条，据《乌台诗案》，苏轼于熙宁十年四月二十一日到徐州任，故傅、施五月之说误。

又第五条，据《乌台诗案》云："移知湖州，元丰二年四月二十一日到任。"何《谱》是。《湖州谢上表》(七集本《东坡前集》卷二五)作二十日,即傅《录》所据。王《谱》作四月二十九日,误。

又第六条,据《到黄州谢表》(七集本《东坡前集》卷二十五)"准敕"责授黄州之日为十二月二十九日;又据《续资治通鉴长编》卷三〇一,"奉旨"之日为十二月庚申(二十六)。何、王、施三谱皆是,傅《录》谓十二月二十四日"得旨",误。

又第八条,入侍延和殿事,《墓志铭》明载于元祐元年,又在二月之前,当为正月之事。傅《录》系于上年十二月,误。

又第九条,据《续资治通鉴长编》卷四八四,定州之除在六月;据《朝辞赴定州论事状》(七集本《奏议集》卷一四),离京在九月;据《祭韩忠献文》(七集本《东坡后集》卷一六),到达定州在十月。何、施两谱是。

(二) 何《谱》误、他谱是者。

如第一条,据苏轼《辛丑十一月十九日既与子由别于郑州西门之外、马上赋诗一篇寄之》诗题,当是十一月赴凤翔任;又据《凤翔到任谢执政启》(七集本《东坡前集》卷二六)、《与杨济甫书》(七集本《东坡续集》卷四),应是十二月十四日到达凤翔任所。何《谱》误到任之日为赴任之时。

又第十一条,据《宋史·哲宗纪》诏令苏轼责授琼州别驾、昌化军安置之时,应在绍圣四年闰二月二十日;据《昌化军谢表》(七集本《东坡后集》卷一三),四月十七日闻命,十九日离惠州,七月二日到达。何、王五月之说并误。

(三) 何《谱》和他谱各有所据者。

如第七条,据《续资治通鉴长编》卷三四二、《谢量移汝州表》(七集本《东坡前集》卷二五),当是元丰七年正月诏移汝州,三月闻命(《赠别王文甫》,见清三苏祠版《东坡全集》卷六八),四月离黄(《满庭芳词叙》),诸谱所记均无大错,然以施《谱》为优。

如第十条,据《到惠州谢表》(七集本《东坡后集》卷一三)及《十月二日初到惠州》诗,到惠时间应为十月二日,但苏轼《题嘉祐寺壁》一文(明陈继儒订《苏东坡全集》卷一)却作十月三日,故有两说。

(四)何《谱》之异说,尚待研究者。

如第十二条关于苏辙的卒年。孙汝听《苏颍滨年表》云:政和二年"十月三日辙卒,年七十四"。《东都事略》、《宋史》、《宋史新编》之苏辙传皆同。另据《栾城集》所附淳熙三年的《苏文定公谥议》所说苏辙已死"六十有五年"推算,也为政和二年。此已为一般学界所采用,但何抡却提出政和八年的异说。《四河入海》卷二一之一《和子由送将官梁左藏仲通》诗下,万里集九云"某谓何楒《三苏年谱》云:'……徽宗政和八年戊戌卒,年八十。'《东都事略》云:'卒年七十四。'《言行录》不记卒年。何楒之说为长。王称之《东都事略》往往有不可取之事。"万里集九是研究苏氏年谱的专家,他的意见值得斟酌。今存苏辙《坟院记》一文,末署"政和二年壬辰九月丁卯朔六日庚申",以后活动无考,是否写此文后不到一月之内逝世,也尚可研究。

从上所述,在十二例中,何《谱》记载正确或别有所据、可备一说者占十条,失误者仅两条,也从一个侧面反映出何《谱》的可靠性。

这里附带论及苏洵是否号老泉的问题。何《谱》只称苏洵为"老苏",不提"老泉",颇堪注意。

南宋以来,多称苏洵号老泉,实不确。叶梦得《石林燕语》卷一〇云:"苏子瞻谪黄州,号东坡居士,东坡其所居地也。晚又号老泉山人,以眉山先茔有老翁泉,故云。"明郎瑛《七修类稿》卷一九"辩证类","老泉为子瞻号"条云:"老苏号老泉,长公号东坡,人所共称也。而叶少蕴《燕语》云:'苏子瞻谪黄州,号东坡居士,其所居之地也。晚又号老泉山人,以眉山先茔有老翁泉,故云。'又梅圣俞有老人泉诗,东坡自注云:家有老人泉,公作此诗。又尝闻有东坡居士、老泉山人八字共一印。而吾友詹二有东坡画竹,下用老泉居士朱文印章。据

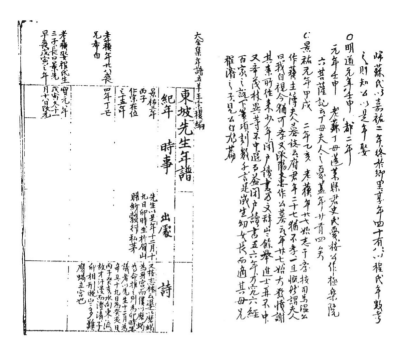

蓬左文库所藏旧钞本

此,则老泉又是子瞻号矣。然岂有子犯父号之理。而欧阳公作老苏墓志,但言人号老苏,而不言其所自号,亦可疑者。岂此号涉一老字而后人遂加其父耶?叶、苏同时,当不谬也。"明焦竑《焦氏笔乘·续集》卷二"老泉"条、张燧《千百年眼》卷一〇"老泉是子瞻号"条所述与郎瑛大致相同,但"又尝闻有东坡居士……朱文印章"一段,作"坡尝有东坡居士、老泉山人八字共一印,见于卷册间,其所画竹,或用老泉居士朱文印章",后吴景旭《历代诗话》卷五八、丁传靖《宋人轶事汇编》卷一二等均把此段引作《石林燕语》语,殆误。又师亮采拓《秦邮帖》卷一,收苏轼所书《挑耳图后》正用老泉之印。明黄灿、黄炜《重编嘉祐集纪事》亦谓亲见苏轼《阳羡帖》有东坡居士、老泉山人之图记。戚牧《牧牛庵笔记》亦谓"原版《晚香堂帖》尾有'东坡、老泉'之印,钤苏轼名下,此其明证"。此外,阮葵生《茶馀客话》卷一二"老泉非苏洵号"条云:"东坡得钟山泉公书,寄诗云:'宝公骨冷唤不闻,却有老泉来唤人。'(按,见《六月七日泊金陵阻风,得钟山泉公书,寄诗为谢》一诗)果老苏号老泉,敢作尔语乎?惜不令焦文端(焦竑)闻之也。"则又为叶氏等说补一论据。杭世骏《订讹类编续补》卷下"苏老泉"条亦云:"老泉者,眉山苏氏茔有老人泉,子瞻取以自号,故子由祭子瞻文云:'老泉之山,归骨其旁。'而今人多指为其父明允之称,盖误于梅都官有'老泉诗'故也。"不仅助成叶说,且对致误之由作了探索。以上辩论,可以据信。日本大阪市立美术馆所藏苏轼《李白仙诗卷》墨迹,后有高衎(金世宗时吏部尚书)于正隆己卯(四年,即宋高宗绍兴二十九年,1159)的题跋云"太白清奇出尘之诗,老泉飘逸绝伦之字",说明早在南宋初年已称苏轼为老泉。何抡的《年谱》开卷即云:"真宗皇帝大中祥符二年己酉,老苏先生生于是年。""公讳洵,字明允。"一字不提号老泉之事,也为这个问题提供了重要的佐证。

1985 年 2 月于东京大学

(原载《伊藤漱平教授退官纪念中国学论集》,日本汲古书院

1986 年 3 月出版。又见《中华文史论丛》1986 年第 2 辑)

附　　录

"宋刊孤本三苏、温公、山谷集六种提要"之《东坡集》提要、《东坡先生和陶诗》提要

一、《东坡集》提要

　　本书影印的《东坡集》，与《类编增广老苏先生大全文集》、《类编增广颍滨先生文集》一样，均为宋刻孤本，具有重要的版本价值，是深入研究三苏的珍贵文献资料。

　　苏轼是中国文化史中罕见的文学全才。从他登上文坛之时始，其作品就获得众多读者的青睐，"落笔辄为人所传诵"（《风月堂诗话》），并以钞本或刻本（如《钱塘集》、《超然集》、《黄楼集》等）的形式广为传播。苏辙《亡兄子瞻端明墓志铭》中记载："有《东坡集》四十卷，《后集》二十卷，《奏议》十五卷，《内制》十卷，《外制》三卷。"又云："公诗本似李、杜，晚喜陶渊明，追和者几遍，凡四卷。"此即《和陶诗》。这说明在苏轼生前，已按分集编订的体例对作品作过全面的编纂。南宋晁公武《郡斋读书志》卷十九、陈振孙《直斋书录解题》卷十七著录东坡文集时，在此六集外，另有《应诏集》十卷，共七集，这正是以后明成化时苏轼七集本（新编《东坡续集》，《和陶诗》归入之，不单列）的来源。苏轼文集在宋时除此分集编订者外，另有分类合编的"大全集"一系，但元明以后逐渐失传（仅存老苏、小苏之大全集）。因而，分

295

集本成为人们研习大苏集时所使用的最主要的版本。

但宋版《东坡七集》在明初已极稀见,至今则吉光片羽,已无全帙。现存刊刻时间最早、楮墨精良的残本,乃是宋孝宗时所刊大字本《东坡集》(即《前集》)三种,分别庋藏于中日两国,诚属珍本秘籍,为世宝重:

(一)日本内阁文库藏本,十行二十字,存二十三卷:卷一、二,卷七至十,卷十三、十四、十九、二十,卷二十四至二十七,卷三十至三十五,卷三十八至四十。

(二)日本宫内厅书陵部藏本,十行十八字,存三十七卷:卷一至三十三、卷三十七至四十。(《后集》存八卷:卷一至八)

(三)中国国家图书馆藏本,十行十八字,存三十卷:卷一至二十四,卷三十三,卷三十五至三十九。

此三本语涉宋帝则空格,避讳至"慎"字缺笔,当系宋孝宗时所刻。据《直斋书录解题》卷十七称,苏集在南宋时有杭本、蜀本,又有苏峤(苏轼曾孙)所刊建安本等。经中日两国学者共同研究,主要从刻工姓名及所在地区考察,内阁本实属杭本范围,而宫内本和国图本乃同一版本,或说是江西地区官版,或说是建安(福建)刻本,尚无定论。陈振孙称"盖杭本当坡公无恙时已行于世矣",足见内阁本(杭本范围)之珍贵。而宫内本和国图本对内阁本的少许误刻之处,有所纠正,时间当比内阁本稍晚;两种虽每行字数不同(二十八字、十八字),但编次体例和版刻款式大致相同,应属同一版本系统。

此三本皆有残佚,任何两本均不能配成全帙,且又分藏两国三处,不便利用。兹以内阁本二十三卷为基础,配以宫内本十六卷,国图本一卷,竟成全璧。宋椠佳构得以本来面目重现,快何如之!今将三本存佚情况和收入本书卷次情况列表如下(●表示收入本书之卷次,○表示存卷):

附录 "宋刊孤本三苏、温公、山谷集六种提要"之《东坡集》提要、《东坡先生和陶诗》提要

卷次＼版次	内阁本	宫内本	国图本
收入本书卷数	23	37	30
残存卷数	23	16	1
40	●	○	
39	●	○	○
38	●	○	○
37		●	○
36			●
35	●		○
34	●		
33	●	○	○
32	●	○	
31	●	○	
30	●	○	
29		●	
28		●	
27	●	○	
26	●	○	
25	●	○	
24	●	○	○
23		●	○
22		●	○
21		●	○
20	●	○	○
19	●	○	○
18		●	○
17		●	○
16		●	○
15		●	○
14	●	○	○
13	●	○	○
12		●	○
11		●	○
10	●	○	○
9	●	○	○
8	●	○	○
7	●	○	○
6		●	○
5		●	○
4		●	○
3		●	○
2	●	○	○
1	●	○	○

297

这部《东坡集》已是八百年前旧物，素称宋版书中之上品，其文物价值自不待言。在苏集版本中，它还有两点重要意义。一是权威性。苏轼在世时，已自叹"世之蓄轼诗文者多矣，率真伪相半，又多为俗子所改窜，读之使人不平"（《答刘沔都曹书》），可见当年其作品流传过程中舛误之甚，也说明在现今苏轼研究中考校版本的极端重要性。而据宋人所言，这部《东坡集》是苏轼亲自编定的。胡仔《苕溪渔隐丛话》后集卷二十八云："世传《前集》乃东坡手自编者。随其出处，古律诗相间，谬误绝少，如《御史府》诸诗，不欲传之于世，《老人行》、《题申王画马图》非其所作，故皆无之。"此《东坡集》即《前集》，编录苏轼自嘉祐六年（1061）至元祐六年（1091）三十年间的诗文，前十八卷为诗，不分古、律，按年排列，即所谓"随其出处，古律诗相间"，又果然不收"乌台诗案"时所作《予以事系御史台狱，狱吏稍见侵……》等诗，亦不见《老人行》、《题申王画马图》等伪作，与胡仔所言吻合。因此，编入此集的作品均极可靠，别择精严，"最为善本"（胡仔语）。二是校勘价值。此集在苏集版本中的权威地位，决定了它的无可争辩的校勘价值。今日整理、校点苏集，不得不把它作为第一重要版本，它本无夺其席。此本前十八卷诗歌部分，孔凡礼先生本《苏轼诗集》曾予充分利用，取得了丰富的校勘成果，更证明了此本的精审优胜，在此不再举证。至于卷十九以后的苏文部分，也同样保存许多极有价值的异文资料，惜至今尚未被充分利用。现存刊刻较精、时间较早、流行较广的苏文刊本是南宋郎晔编注的《经进东坡文集事略》和明成化《东坡七集》本，以这部宋刊《东坡集》与之对勘，即能显其长处。略举数端以示例：

（一）宋刊《东坡集》卷十九《赤壁赋》："而吾与子之所共食。"郎本"共食"作"共适"。朱熹《朱子语类》卷一百三十谓："尝见东坡手写本"作"共食"。又云："顷问'食'字之义,答之曰:'如食邑之食,犹言享也。'"后元李治、明娄子柔、清刘大櫆等人皆主"食"字。

（二）卷二十一《刑赏忠厚之至论》："时其喜怒,而无失乎仁而已矣。"郎本"时"作"制"。按,"时",伺也,意谓从旁观察"君子"之喜怒,均不失其仁。如作"制",谓控制、掌握,文义稍逊,且与下文"以制赏罚"犯重。郎本"无"作"不",亦不同。

（三）卷二十三《书蒲永升画后》："永升今老矣,画益难得。"郎本、七集本均作"画亦难得","益"字似语意更胜。

（四）卷三十二《放鹤亭记》："山人听然而笑曰",郎本"听然"作"忻然"。按,"听然",笑貌,司马相如《上林赋》:"亡是公听然而笑曰"。

（五）卷三十二《文与可画筼筜谷偃竹记》："苏子辩则辩矣。"郎本此句作"苏子辩矣",不如宋刊本《东坡集》之上下文义畅达。

（六）卷三十五《祭欧阳文忠公文》："奄一去而莫予追。"七集本"追"作"遗",句意难明,殆因下文"天莫之遗"相连而误。

至于其他可以纠正误脱衍倒者,随处皆有。《中国版刻图录》在著录国图本《东坡集》时说:"明成化间刻东坡七集文字多误,可据此本是正",是符合实际的。但国图本所缺十卷,正是苏文部分,且该本现存各卷,时有漫漶,颇有明代抄补者。孔凡礼先生整理《苏轼文集》时,利用过国图本,惜未及见内阁本和宫内本,否则校勘当更见精细,更能接近苏轼作品的原貌。

总之,这部苏轼文集连同其父、弟的两种文集,以其独具的资料价值和版本价值,将对三苏研究发挥重要作用,这是可以预期的。

盛衰之運不然則雕蟲篆刻童子之事耳
鳥足與論一代之文章哉故贈太師諡文
忠蘇軾忠言讜論立朝大節一時廷臣無
出其右負其豪氣志在行其所學故渡嶺
海文不少衰力幹造化元氣淋漓窮理盡
性貫通天人山川風雲草木華實千彙萬
狀可喜可愕有感於中一寓之於文雄視
百代自作一家渾涵光芒至是而大成矣

下之大節非其氣足以高天下者未之能
焉孔子曰臨大節而不可奪君子人歟孟
子曰我善養吾浩然之氣以直養而無害
則塞乎天地之間蓋存之於身謂之氣見
之於事謂之節節也氣也合而言之道也
以是成文剛而無餒故能象天地之化關

...載文集贊 并序

二、《东坡先生和陶诗》提要

苏辙《亡兄子瞻端明墓志铭》在著录苏轼著作时说："有《东坡集》四十卷,《后集》二十卷,《奏议》十五卷,《内制》十卷,《外集》三卷。公诗本似李、杜,晚喜陶渊明,追和之者几遍,凡四卷。"(见《栾城后集》卷二十二)这说明《东坡和陶诗》是苏轼生前所谓"东坡六集"中的一种,且是独自成集而单行的。

今存宋刊单行本《东坡和陶诗》四卷极为罕见,本书是唯一完整的孤本,原本现藏我国台湾,今即据以影印。中国国家图书馆藏有微缩胶卷;又有一九二二年影宋翻刻本,但与原本稍有失真之处。

经有的学者考定,此书刊地为黄州,因与今存黄州刊本的《东坡后集》《东坡奏议》(残本)在行款、版式、字体、刻工、避讳等方面完全一致,显系同地所刻;又据其版心有"庚子重刊"、"乙卯刊"等字样,表明此书已经过"庚子"、"乙卯"两次补版重印。黄州刊本系统避讳极严，从讳字情况来推断，此书当初刊于北宋钦宗（赵桓）朝（1126—1127），后两次补版则在南宋孝宗淳熙庚子（七年，1180）、宁宗庆元乙卯（元年，1195），前后长达七十年。

此书编排颇为独特，以苏轼"和陶诗"各篇写作时间的先后为序，基本编年；而每篇诗则先列陶渊明原唱，继为苏轼和诗，最后为苏辙和《子瞻和陶诗》，这反映出"东坡六集"单行时的原貌，具有版本学和文献学上的特殊意义。

尤为重要的，是此书对陶、大苏、小苏三集均有重要的校勘、辑佚价值。现存陶集，大都为南宋以后刻本，此书却初刊于北宋末，为时最早，保存了丰富的异文，已引起陶集整理者的高度关注。对于苏轼、苏辙集的校理，本书也提供了他本无法提供的珍贵资料，苏辙所作《和陶杂诗十一首》却为《栾城后集》所漏收，可据此书补入，就是著例。

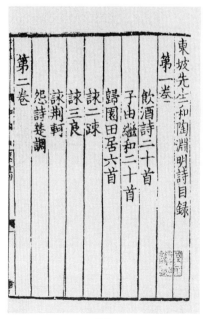

关于此书较详评述,可参看刘尚荣先生《宋刊〈东坡和陶诗〉略说》等文(载《中国苏轼研究》第一辑,学苑出版社,2004 年 7 月)。

(原载《宋刊孤本三苏温公山谷集六种》,
国家图书馆出版社,2012 年版)

论洛蜀党争的性质和意义

历史发展的必然性中往往充满了偶然的巧合。当宋仁宗嘉祐元年（1056）苏洵携二子苏轼、苏辙到达汴京应试时，程珦也与二子程颢、程颐同一年到京。二苏连名中试，二程因先入国子监就学，后国子监解额减半，仅程颢一人登科。及至元祐年间，二苏、程颐又同在京城，各立门户，自树宗派，演成旷日持久的洛蜀党争，成为历史上的一桩公案。

苏轼和程颐及各自门生之间的所谓"洛蜀党议"，严格地说，不是不同政见的论争。那么，正如朱熹早就提出的"东坡与荆公固是争新法，东坡与伊川是争个什么？"（《朱子语类》卷一三〇）这是耐人寻味的问题。苏程之争绝非完全是一场无原则的混战，而是包含着深刻的思想、志趣和性格分歧的。

洛蜀交恶的起因原系细故。《宋史纪事本末》卷四五《洛蜀党议》云：

> 颐在经筵，多用古礼，苏轼谓其不近人情，深嫉之，每加玩侮。方司马光之卒也，百官方有庆礼，事毕欲往吊，颐不可，曰："子于是日哭则不歌。"或曰："不言歌则不哭。"轼曰："此枉死市叔孙通制此礼也"。二人遂成嫌隙。

关于程颐在经筵的"不近人情"，《道山清话》有一则具体记载云：

"哲宗御讲筵所,手折一柏枝玩,程颐为讲官,奏曰:'方春万物发生之时,不可非时毁折。'哲宗亟掷于地,终讲有不乐之色。太后闻之,叹曰:'怪鬼坏事。'吕晦叔亦不乐其言也,云'不须得如此!'"关于司马光的丧事,也有一则细节。《贵耳集》卷上云:"元祐初,司马公薨。东坡欲主丧,为伊川所先,东坡不满意。伊川以古礼敛,用锦囊囊其尸。东坡见而指之曰:'欠一件物事,当写作信物一角:送上阎罗大王。'东坡由是与伊川失欢。"上述事件均发生在元祐元年,时程颐为崇政殿说书,苏轼任翰林学士知制诰兼侍读,无论地位和文名远在程颐之上。这开衅的事件,反映出程、苏二人思想、志趣和性格的歧异:程颐讲求道学行为规范,矫情伪饰,苏轼崇尚真率通脱,企希本真自然。然而以此为发端,更由于各自门人的推波助澜,遂导成水火不容、攻讦不已的洛蜀党争。

把苏程二人思想、志趣的性格的歧异,首先引入政治纷争的是程颐及其门人。同年十一月,苏轼在学士院试馆职时曾撰有一道策题,其中云:"今朝廷欲师仁祖(仁宗)之忠厚,而患百官有司不举其职,或至于偷;欲法神考(神宗)之励精,而恐监司守令不识其意,流入于刻。"(《师仁祖之忠厚,法神考之励精》,《苏轼文集》卷七)十二月,程颐门人、左司谏朱光庭即对苏轼的这道策题提出弹劾,认为有讥讪先朝皇帝之意,要求明正其罪。殿中侍御史吕陶,是苏轼的同乡好友,奋起反击,疏论朱光庭"假借事权以报私隙。议者谓轼尝戏薄程颐,光庭乃其门人,故为报怨。夫欲加轼罪,何所不可!必指其策问以为讪谤,恐朋党之弊,自此起矣"(《续资治通鉴》卷八〇《宋纪》)。右司谏王觌、御史中丞傅尧俞、侍御史王岩叟等言官,也纷纷入对论辩,洛蜀党争由此公开爆发。《续资治通鉴》卷八〇《宋纪》云:"时吕公著独相,群贤在朝,不能不以类相从,遂有洛党、蜀党、朔党之号。洛党以(程)颐为首,朱光庭、贾易为辅;蜀党以苏轼为首,而吕陶等为辅;朔党以刘挚、梁焘、王岩叟、刘安世为首,而辅之者尤众。"苏轼陷身其中而无法自拔。

洛蜀党争在很大程度上演为无休无止的人事倾轧和攻讦。苏轼在元祐三年(1088)的《乞郡劄子》(《苏轼文集》卷二九)中说:"臣所荐士,例加诬蔑","臣所举自代人黄庭坚、欧阳棐,十科人王巩,制科人秦观,皆诬以过恶,了无事实",致使他不得不要求离开中央朝廷。如黄庭坚之被劾:《续资治通鉴长编》卷四一一载,元祐三年五月,"诏新除著作郎黄庭坚依旧著作佐郎,以御史赵挺之论其质性奸回,操行邪秽,罪恶尤大,故有是命"。而右正言刘安世续有论章,认为黄庭坚"亏损名教,绝灭人理,岂可尚居华胄,污辱荐绅",而应加重处罚。

最突出的事例是秦观。《续资治通鉴长编》卷四四二载,元祐五年五月,"右谏议大夫朱光庭言:新除太学博士秦观,素号薄徒,恶行非一,岂可以为人之师,伏望特罢新命。诏(秦)观别与差遣"。果然,六月,诏令秦观充秘书省校对黄本书籍。次年正月,苏辙曾上书为之辩护:"御史中丞苏辙言:窃见新除给事中朱光庭,智昏才短,心狠胆薄,不学无术,嫉贤害能。本事程颐,听颐驱使,方为谏官,颐之所恶,光庭明为击之。……光庭亦自知人品凡下,专务仇疾胜己,如杨畏以母老屡乞闲官,至今侍养不阙,而光庭诬其贪冒官宠,遂致母亡;秦观以文学知名,朝廷擢为太常("常",应作"学")博士,而光庭加以暗昧之过,故遂废弃。朝廷知其诬罔,奖用二人,有加于旧。"(《续资治通鉴长编》卷四五四)这是秦观任职之争的第一个回合。元祐六年七月,秦观任正字,八月"诏秦观罢正字,依旧校对黄本书籍,以御史贾易言观过失,及观自请也"(《续资治通鉴长编》卷四六四)。这次激起苏轼亲自出面予以反击。他在《辨贾易弹奏待罪劄子》(《苏轼文集》卷三三)中有云:"秦观自少年从臣学文,词采绚发,议论锋起。臣实爱重之,与之密熟。""此人文学议论过人,宜为朝廷惜之。"对他与秦观的师弟关系,略无讳避,全力为之辩白;但直至元祐八年六月秦观才复为正字,已是二年以后了。

305

洛党把秦观作为攻击苏门的突破口,决非偶然。他们的选择纯属政治性的,反映出秦观在苏门中所扮演的政治舆论代言人的地位。在当时种种重大政争问题上,他与苏轼可谓同声相应,配合默契。他在元祐二年为举"制科"而作的"进策"(三十篇)、"进论"(二十篇),就是著例。苏轼主张对新法应"较量利害,参用所长",关于免役、差役新旧二法,苏轼认为:"差役、免役,各有利害。免役之害,掊敛民财,十室九空,钱聚于上,而下有钱荒之患;差役之害,民常在官,不得专力于农,而贪吏猾胥,得缘为奸。此二害轻重,盖略相等,今以彼易此,民未必乐。"(《辩试馆职策问劄子二首》,《苏轼文集》卷二七)秦观也指出:"士大夫进用于嘉祐之前者,则以'差'为是而'免'为非;进用于熙宁之后者,则以'免'为得而'差'为失。私意既摇于中,公议遂移于外。"因而建议"悉取二法之可用于今者,别为一书,谓之《元祐役法》"(《论议》上,《淮海集》卷一四)。他对新法所持的分析、区别的基本立场,以坚决阻遏当时的"专欲变熙宁之法"的势头,与苏轼是一致的。出钱以求免役的新法,自然也是人民的沉重负担,但跟从前以人服役的旧法相较,不能不说是一种进步。连激烈反对王安石变法的王夫之,在《宋论》卷六中从历代税制的演变过程立论,一面指责免役法是"庸外征庸",额外赋敛,一面又不得不承认"民宁受免役之苛索,而终不愿差役者,率天下通古今而无异情","宁复纳钱以脱差役之苦",见解跟苏、秦相类,较为中肯全面。苏轼受到洛党纠弹的馆职试题,秦观也有同样的言论。他说:"嘉祐之后,习安玩治,为日既久,大臣以厚重相高,小臣以苟简自便,肉食者鄙,未能远谋。谁能无偷,朝不及夕……元丰之后,执事者矫枉过直,矜钩距以为法术,任惠文以取偷快,上下迫协,民不堪命。"(《治势》下,《淮海集》卷一二)这里明确指出仁宗朝的政风是"偷",直袭苏轼的用语,而神宗朝的"矜钩距"、"任惠文"、"上下迫胁",不就是苏轼所谓的"刻"吗?他提出的"猛术"和"宽术"的治国命题,径可视作对苏轼所出考题的答卷。至于他的《朋党论》(《淮海集》卷一三)，力言"朋党者君子小人所不免也"，关键在于"人主……务辨邪正而已"。他写道："邪正不辨而朋党是嫉，则君子小人必至于两废，或至于两存。君子与小人两废两存，则小人卒得志而君子终受祸矣。"当然，这决不是多年前欧阳修《朋党论》、苏轼《续欧阳子朋党论》的简单重复，而是服务于现实政争的需要而发的。他继续写道：哲宗即位以来，"数年之间，众贤弹冠相继而起，聚于本朝。夫众贤聚于本朝，小人之所深不利也，是以日夜恟恟，作为无当不根、眩惑诬罔之计，而朋党之议起焉。臣闻比日以来，此风尤甚，渐不可长"。十分清楚，他的《朋党论》是针对洛党等政敌而为"苏门"护法的。正由于这些策论的重要性，苏、黄等人给予极高的评价。苏轼评论其文为"词采绚发，议论锋起"，主要应是对他策论的称许。黄庭坚也说："少游五十策，其言明且清。笔墨深关键，开阖见日星。"(《晚泊长沙示秦处度、范元实五首》其五，《山谷内集诗注》卷一九)"五十策"即特指这五十篇进策。附带提及，黄庭坚《答洪驹父书》(《豫章黄先生文集》卷一九)云"凡作一文，皆须有宗有趣，终始关键，有开有阖"，提出了他对诗文的旨趣、布置、法度方面的最高要求，可知他对秦观"笔墨深关键，开阖见日星"的评语，是极有分量的。

洛党的攻击秦观，其矛头直指苏轼，还隐含着具体的政治目的。《施顾注苏诗》卷一四《次韵秦观秀才见赠……》诗题下注云："东坡刚直忠正，二圣追神宗遗意，将付大政，台谏多悬间，凡所与辄攻之，少游其一也。"施宿的这段题下注并非捕风捉影，从当时高太后对苏轼的异常礼遇和同僚间的舆论来看，苏轼是有可能出任宰辅大任的。当元祐三年(1088)苏轼处于党争漩涡而进退维谷时，高太后特予召见，告他昔年神宗"饮食而停箸看文字，则内人必曰：'此苏轼文字也'。神宗每时称曰：'奇才，奇才！'但未及用学士，而上仙耳"。苏轼听罢"哭失声，太皇太后与上(哲宗)、左右皆泣"。高太后趁机又以"托孤"的口吻说："内翰直须尽心事官家，以报先帝知遇。"(《续资治通鉴长编》卷四〇九)这个极富煽情性的镜头,确切地传达了"天将降大任于是人"的信息。刘延世《孙公谈圃》亦记侍御史孙升之语云"若欲以轼为辅佐,愿以安石为戒",则反映出事情已提上日程。洛党的倾注心力攻击秦观等人,正是为了遏止这个趋势,促其流产。事情的发展果然如此。

洛党、蜀党之争与洛学、蜀学对峙并不是同一概念。前者偏重于政治上的人事倾轧、嬉笑怒骂,剑拔弩张,疾言厉色,势不两立;后者则属于学术思想的分野,但当时并未直接对阵论战。程颐的大量语录中很少发现正面攻击苏轼学术思想的言论,他一生唯一的一部经学著作《伊川易传》完成于晚年贬官涪州之时,正与苏轼的《东坡易传》最后在海南岛完稿相类,时间和环境却不能提供互相诘难的条件;而且,在程颐心目中,苏轼可能算不得思想家,没有当作学术上的论敌。这种情况使后世不少论者在评骘洛蜀党争时,有意无意地掩盖和忽视其学术思想冲突的背景。如明末清初的陈确,在《洛蜀论》、《补洛蜀论后》(《陈确集·文集》卷五)中说:"国忌行香,伊川令具素馔,东坡不欲,曲在东坡;歌哭之议,曲在伊川。是非各不相掩。伊川凡事欲守古礼,虽未必尽当。东坡每加玩侮,斯诚东坡之过;至以'奸'目之,尤过。"他还引邱濬语云:"邱文庄有云:'彼徒以文章自鸣,功名建事者,党同伐异,无足怪也。若夫以斯文为己任,自谓继千秋之绝学者,而亦视其徒为之、而不捄正何哉?'斯言谅矣。"这就停留在洛蜀党争起因的就事论事、细辨两造具体是非上了。他又说,"东坡虽不修小节,而表里洞然,忠直一节,卓乎君子之徒;伊川有意圣人之学,而失之固滞",这就接触到问题的一些实质了。

洛蜀党争的人事倾轧和攻讦,虽然部分地掩盖和冲淡了两者在思想、志趣和性格等方面的实质性分歧,但苏轼本人对此是十分清醒自觉的。他在元祐六年总结这场论争时说:"臣又素疾程颐之奸,未尝假以色词,故颐之党人,无不侧目。"(《杭州召还乞郡状》,《苏轼文集》卷三二)一个"奸"字，淋漓尽致地揭示出了对立面的本质。人们不禁要问：为什么苏轼和王安石从熙宁时由于政见不同而造成敌对，转到元丰末两人之间道德文章的互相倾慕，以致苏轼发出"从公已觉十年迟"(《次荆公韵四绝》其三，《苏轼诗集》卷二四)的感叹，而苏程两人初无政见分歧，却终成水火、"未尝假以色词"、毫不宽贷呢？《程子微言》(见《河南程氏外书》卷一一)的一则记事透露了个中消息："朱公掞(朱光庭)为御史，端笏正立，严毅不可犯，班列肃然。苏子瞻语人曰：'何时打破这"敬"字！'"我们再看看洛学传人朱熹的回答。他说，苏轼"他好放肆，见端人正士以礼自持，却恐他来检点，故恁诋訾"。又说，"东坡与伊川是争个什么？只看这处，曲直自显然可见，何用别商量？只看东坡所记云：'几时得与他打破这"敬"字！'看这说话，只要奋手挃臂，放意肆志，无所不为，便是。只看这处，是非曲直自易见"。又说，"东坡如此做人，到少间便都排废了许多端人正士，却一齐引许多不律底人来。如秦黄虽是向上，也只是不律"(《朱子语类》卷一三〇)。朱熹的这一大篇议论，明白无误地揭示出程苏之间深刻而不可调和的思想分歧：程颐的"敬"字，朱熹的"礼"和"律"字就等于苏轼的"奸"字。

洛学在宋明理学发展史上起着奠基性的作用。二程对宋明理学最高范畴的"理"作了系统完整的新的阐述。他们把"理"或"天理"看作世界万物的本源，是抽象思维才能体认的无形而实在的本体："在天为命，在义为理，在人为性，主于身为心，其实一也。"(《河南程氏遗书》卷一八)程氏又认为"性即理也"(同上卷二二上)，"灭私欲则天理明矣"(卷二四)，绝情去欲才能复性明理。他们提出的所谓"敬"和"礼"，都是为了"灭私欲"、"明天理"的内心修养术。程氏说"敬只是主一也"，"存此(即存敬)，则自然天理明。学者须是将敬以直内，涵养此意，直内是本"(卷一五)，在封闭的内心存之以"敬"，涵泳修养，便能去欲明理而践履封建伦理道德的规范。"敬"也就是"礼"。程氏说"敬即便是礼,无己可克"(卷一五);朱熹在《论语集注》卷六《颜渊第十二》训释"克己复礼为仁"时,曾引程颐之语云:"程子曰:非礼处便是私意。既是私意,如何得仁? 须是克尽己私,皆归于礼,方始是仁。""非礼"即"私意","礼"即无"私意",克尽私意便能达到"礼",也就是"敬"。要之,程氏主张通过格物穷理的自我修养,"居敬"、"复礼",要把封建伦理道德规范,化为个体内在的自觉要求,而不容许个体感情、欲望的存在,不容许"目则欲色,耳则欲声,以至鼻则欲香,口则欲味,体则欲安"(卷二五)等一切人类"物欲",直至否定文学艺术创作的必要,公开亮明"作文害道"的观点。

由此可见,程颐的"敬"在其思想体系中占据着一个重要的地位。它由其道论(理)、人性论直接推演而出,诚如朱熹所言:"自秦汉以来,诸儒皆不识这'敬'字,直至程子方说得亲切,学者知所用力。"(《朱子语类》卷一二)还应指出,在程氏这里,"敬"不仅仅是个体内心的修养术,而且也是治国平天下的大关捩。程氏说:"圣人修己以敬,以安百姓,笃恭而天下平。惟上下一于恭敬,则天地自位,万物自育,气无不和,四灵何有不至? 此体信达顺之道,聪明睿智皆由是出。"(《河南程氏遗书》卷六)导民以"敬",才能达到治民安邦、"天地自位、万物自育、气无不和"、四灵毕至的理想之境。朱熹也指出过程氏论"敬"的这一层含意。他说:"程先生所以有功于后学者,最是'敬'之一字有力。人之心性,敬则常存,不敬则不存。如释老等人,却是能持敬。但是他只知得那上面一截事,却没下面一截事。"(《朱子语类》卷一二)这里所谓的"上面一截事",即指内心自我修持,"下面一截事",则指治道政事。释老只知重己重内,程氏却由内及外,足见"敬"的意义的重大,也说明苏轼的反"敬"已成了他反理学的一个焦点。

全祖望等《宋元学案》把三苏之学标以"蜀学略"而不是"学案",并附于书末,表示其不能入于理学正宗之列。比之洛学,蜀学更多地接受佛学的影响,糅合三教,显示出"杂"的特征。第一位全面批判苏学的是朱熹。他的《杂学辨》(《朱文公文集》卷七二)首先指摘的就是《东坡易传》:"乾之象辞,发明性命之理,与《诗》、《书》、《中庸》、《孟子》相表里,而大传之言亦若符契。苏氏不知其说,而欲以其所臆度者言之,又畏人之指其失也,故每为不可言不可见之说,以先后之,务为闪倏滉漾不可捕捉之形,使读者茫然,虽欲攻之而无所措其辨。"尽管程子之学也是暗中援佛入儒的,但对苏轼明目张胆地违离儒学就绝不容忍了。汪应辰曾写信给朱熹,表示把苏学"以与王氏(王安石)同贬,恐或太甚"(《与朱元晦》,《文定集》卷一五),朱熹却仍坚持此说,并进而认为苏学比王学为害更甚:"至于王氏、苏氏,则皆以佛老为圣人,既不纯乎儒者之学矣(非恶其如此,特于此可验其于吾儒之学无所得)。而王氏支离穿凿,尤无义味……故其失人人得见之。至若苏氏之言,高者出入有无而曲成义理(如《易》说性命阴阳,《书》之人心道心,《古史》之中一性善,《老子》之道器中和),下者指陈利害而切近人情,其智识才辨谋为气概又足以震耀而张皇之,使听者欣然而不知倦,非王氏之比也。然语道学则迷大本,论事实则尚权谋,炫浮华,忘本实,贵通达,贱名检。此其害天理,乱人心,妨道术,败风教,亦岂尽出王氏之下也哉?"(《答汪尚书》,《朱文公文集》卷三〇)朱熹的这一批判,恰恰说出了苏氏之学的特点:不拘守于传统儒学的樊篱,在其自身丰富的生活体验和深刻的人生思考基础上,大胆地圆摄"异端","贵通达,贱名检",追求自我的最高生命价值。苏轼之学在理论形态上显然不及程氏的精细成熟,但他的"杂"和"不纯",决不能视之为一堆支离破碎的"大杂烩"。

朱熹指责苏氏对"性命之理"的"君儒之学"无所得,我们就不妨以人性论为中心,对程、苏二人的观点作一番比较对勘和分析。

原始儒学始终宣扬抑情复礼的思想。"礼之近人情,非其至者也"(《礼记·礼器》),"克己复礼"(《论语·颜渊》)之类,不胜例举。程颐的成名作《颜子所好何学论》(《河南程氏文集》卷八)中说:"真而静"的人的本性,"其未发也五性具焉,曰仁义礼智信。形既生矣,外物触其形而动于中矣。其中动而七情出焉,曰喜怒哀乐爱恶欲。情既炽而益荡,其性凿矣。是故觉者约其情使合于中,正其心,养其性,故曰性其情"。明确提出性善情恶论,作为其"顺天理,去人欲"的主"敬"修养术的理论前提。苏轼却不然。《东坡易传》卷一释彖辞"保合大和"条,可以看作他的人性论的论纲。他说:"……性至于是,则谓之命。命,令也。君之令曰命,天之令曰命,性之至者亦曰命。"他认为性具有"莫知其所以然而然"的人类自然本能,并把这种自然本能的极致提高到与"君命"、"天命"鼎足而立的地位。他又说:"情者,性之动也。泝而上至于命,沿而下至于情,无非性者。性之与情,非有善恶之别也","其于易也,卦以言其性,爻以言其情。情以为利,性以为贞。"苏轼的性、情合一而无善恶之别的观点,与程氏性善情恶、需要"性其情"的看法,判然有别。

程氏把他的顺理去欲的主"敬"术又与伪《尚书·大禹谟》的所谓"人心惟危,道心惟微,惟精惟一,允执厥中"所谓"十六字传心诀"比附起来。他说:"'人心惟危',人欲也;'道心惟微',天理也;'惟精惟一',所以至之;'允执厥中',所以行之。"(《河南程氏遗书》卷一一)"'人心',私欲,故危殆;'道心',天理,故精微。"(同上卷二四)然而苏轼在《书传》卷三中从合情于性、情性均无善恶分别的观点出发,作了不同的训释:"人心,众人之心也,喜怒哀乐之类是也;道心,本心也,能生喜怒哀乐者也。""道心即人心也,人心即道心也。放之则二,精之则一。桀纣非无道心也,放之而已;尧舜非无人心也,精之而已。"在他看来,"人心"、"道心",本源上是统一的,之所以歧而为二,仅在于"放"和"精"的差别而已。在《韩愈论》(《苏轼文集》卷四)中,更明确批驳把性与情割裂对立起来的观点——"儒者之患,患在于论性,以为喜怒哀乐皆出于情,而非性之所有",对人情人欲作了大胆的肯定。

因而,崇尚人情、肯定人欲成了苏轼学术思想的一个重要内容。在他早年所作的《中庸论》、《礼以养人为本论》(同上卷二)等一系列论文中,反复强调"情"作为人类与生俱来的自然本能的正当性和合法性。他说:"夫圣人之道,自本而观之,则皆出于人情;不循其本,而逆观之于其末,则以为圣人有所勉强力行,而非人情之所乐者。夫如是,则虽欲诚之,其道无由。"把人情规定为"圣人之道"之"本",换言之,"道"必须顺应人情,决不能"勉强力行"。他又说:"夫礼之初,缘诸人情,因其所安者,而为之节文。凡人情之所安而有节者,举皆礼也,则是礼未始有定论也。然而不可以出于人情之所不安,则亦未始无定论也。执其无定以为定论,则途之人皆可以为礼。"(《礼以养人为本论》)"礼"也必须顺应"人情",并由"人情"所决定。"礼"随"情"变,凡是与人情谐和者,都含"礼",从这个角度看,"礼"并没有固定的原则;但是,不能与"人情"违戾,这倒是"礼"的原则。"礼"没有违戾人情的固定不变的原则,这正是礼的原则,因而奔走于途的凡夫俗子、愚夫愚妇都是能实现礼的。这就把神圣邈远的"圣人之道"拉到芸芸众生的生动自然的普通生活。

苏轼的人性论带有很强的实践性的品格,已经成为他人生思想的一个基点。这不仅表现在他的有关学术性的论著里,更表现在他的全部诗词文创作和一生行事之中。秦观曾说"苏氏之道最深于性命自得之际",甚至比其文学成就、政治才具为高(《答傅彬老简》,《淮海集》卷三〇)。这固然不无弄笔狡狯之嫌,但就苏轼深于人生哲学、深于生活"自得"之道而言,确实有其俦。他的一生,无论是立朝为宦,抑或是贬谪蛮荒,一贯珍视自身的生命存在,努力超越种种窘逼和限制,执着于生命价值的实现,获取生活的无穷乐趣和最大的精神自由。崇尚本真自然,反对对人性的禁锢或伪饰,在苏轼的心目中,已不是一般的伦理原则和道德要求,而是一种对人类本体的根本追求。它比一般的政见之争要深刻得多,也重要得多。政治论战中的双方,可能都是"君子"。苏轼对他的不少政敌并不缺乏敬意。他从不轻易为人撰写碑志,却作《司马温公神道碑》(《苏轼文集》卷一七);所作《王安石赠太傅》(卷三八),把王氏视作"希世之异人",这也不能被硬说成违心之言;连刘安世,他许为"真铁汉"(《元城语录·附行》),都从人格道义上给予极高的评价。对比之下,他对程颐的确嫉"奸"如仇,"未尝假以色词",其原因即在于此。

我们并不认为程颐是"奸"人,但洛学中的这些消极成分恰为后世假道学所恶性推演,扼杀和窒息了一切新思想、新事物的成长和发展。在程朱理学刚刚形成,甚至还处于受困的初期,苏轼超前地成了反对伪道学的先驱者。我们应该充分评估洛蜀党争的意义。

总之,保持一己真率的个性,追求无饰的自然人格,是苏轼人生观、文学观构成的核心,通过洛蜀党争,这也给苏门带来深广的思想影响,从而促进了苏门崇尚自由的门风的形成。

(原载《河北师院学报》,1995 年第 1 期)

苏氏父子三篇《六国论》平议

　　苏洵父子三人各有一篇《六国论》，论及战国时代的魏、韩、赵、楚、燕、齐六国之事，我们不妨把它们看成命题作文的三份答卷。从三篇的比较中看苏洵此文的特点，是饶有兴味的。

　　一主旨。苏轼《六国论》的论题是"养士"。他认为六国久存的原因在于"诸侯卿相皆争养士自谋"，而秦国速亡是因为不能"养士"。苏辙的论题是探讨六国灭亡的原因。他提出六国团结御秦、免于灭亡之法，"莫如厚韩亲魏以摈秦，秦人不敢逾韩魏以窥齐楚燕赵之国"。苏洵的论题与小苏相同，也是探讨六国灭亡原因的，但他尖锐地提出"弊在赂秦"的命题。小苏主要从策略上着眼。秦国对付六国原有"远交近攻"的策略，以期分化瓦解，各个击破；小苏在此文中提出了齐楚燕赵四国支援韩魏以摈当强秦的论点，不失为一种有效的反策略。而苏洵则从战略原则着眼，严厉地批判屈膝求和的投降思想，认为这是六国自取灭亡的根本原因，比之小苏站得更高，看得更深。至于大苏的论点，实似是而非。他把"养士"看作安置天下"智、勇、辩、力"四种人才的办法，认为秦始皇不知"畏此四人者，有以处之"，因而导致覆灭，这并没有揭示出秦亡的真正原因。这篇文章作于大苏晚年贬居海南岛时期，是否针对王安石《读孟尝君传》之类（此文把孟尝君所得之士斥为"鸡鸣狗盗"之徒），就不得而知了。

　　大苏、小苏的文章都是就史论史，而老苏却是借古论今。北宋王朝对于当时辽和西夏的侵扰，没有采取积极抵御的政策，而是每年向

315

他们输币纳绢,乞取苟安。宋输契丹岁币达银 20 万两,绢 30 万匹;输西夏银 10 万两,绢 10 万匹,茶 3 万斤,成为宋王朝财政的沉重负担。苏洵在文章的最后,大声疾呼:"为国者无使为积威之所劫哉!"并直接警告北宋统治者不要"从六国破亡之故事",重蹈历史的覆辙,表现出本文鲜明的现实针对性。这又是高出于他两位儿子的地方。

二结构。苏洵此文为论说文,其结构完美地体现了论证的一般方法和规则,堪称论说文的范式。此文劈头提出六国破灭"弊在赂秦"的论题,然后分别从"赂秦"(韩、魏、楚)与"未尝赂秦"(齐、燕、赵)两类国家加以论证,又从赂秦则亡、不赂秦则未必亡正反两个角度予以深入申述,最后得出结论:六国被秦国的"积威"所吓倒,终于灭亡。末尾借古论今:今日北宋统治者切勿"从六国破亡之故事",而应取坚决御敌的态度。这样的行文结撰,一是把文章的重心始终牢牢地放在论证上,并使论点层层深入,反复论证,滴水不漏;二是脉络清楚,首尾照应,古今相映,完全符合逻辑推理的要求。因而论证有力,牢确不刊。相比之下,大苏之文提出论题时的文字过长,进入论证的过程太慢,而论证部分却又失之简略,没有紧紧抓住论说文应以论证为重心的一般规则。小苏之文,结构严整,前半偏重秦国方面立论,说明秦之所忌者为韩魏;后半从六国方面立论,说明弃韩魏以事秦为失策,但其论证缺乏层层展开、剥笋擘蕉之趣,则又稍嫌平板了。清沈德潜说:苏洵的论题"与子由篇相同,而笔力远过"。但日本著名学者赖襄却不同意:"沈评以为笔力远过子由,余未敢谓然","老泉论,其意平直,不如乃子文错综奇变"(均见《增评八大家文读本》卷一六、二五)。从结构的首尾完整和论点的逐层推进看,我以为沈评是有道理的。

三风格。在宋代古文家中,苏洵以取径战国纵横之文名世。南宋人黄震曾说:宋朝崇尚纵横之学者有四人(苏洵、李觏、王质、陈亮),而"苏老泉其巨擘"(《黄氏日抄》卷八四)。但是,苏洵并非简单地重演战国游士的纵横捭阖、徒逞口辩的故技，而是吸取他们的某些长处来加强文章的现实性和说服力。比如本文中讲"诸侯之地有限，暴秦之欲无厌"一段，引述"古人云：'以地事秦，犹抱薪救火，薪不尽，火不灭。'"这里所说的"古人"，就是指战国时的游士们。《战国策·魏策三》记孙臣谓魏安釐王曰："且夫奸臣固皆欲以地事秦。以地事秦，譬犹抱薪而救火。薪不尽，则火不止。今王之地有尽，而秦之求无穷，是薪火之说也。"这个有名的比喻，苏代说魏王（《史记·魏世家》）、苏秦说韩宣王（《战国策·韩策一》）、虞卿说赵孝成王（《战国策·赵策三》）都用过，在当时是颇为流行的。苏洵这段文字，明显地乃是师法战国游士之说，但并不是照抄照搬，而是引申发挥，融为自己文章的有机组成部分。这种"古为今用"的经验，也很有启发。苏轼的文章也颇有《战国策》之风，但他那篇《六国论》却不算成功之作。由于立论不确，反而显出游士们强词夺理的色彩。而苏辙之文，以"汪洋淡泊"著称（苏轼《答张文潜书》中语），他的《六国论》写得从容不迫，论证平实，与父兄异趣。元朝人刘壎说："老泉之文豪健，东坡之文奇纵，而颍滨之文深沉。"（《隐居通议》）所评甚是。

总之，就文论文，三篇《六国论》，公推苏洵第一。

（原载《历代名篇赏析集成》，中国
文联出版公司，1988 年 12 月）